美国税务实用指南

Guidance and Practice for U.S. Tax Law

〔美〕杨心传 著

U0993909

商务印书馆
创于1897 The Commercial Press

图书在版编目（CIP）数据

美国税务实用指南 /（美）杨心传著．—北京：商务印书馆，2018.4（2022.5 重印）
ISBN 978-7-100-15751-3

Ⅰ．①美… Ⅱ．①杨… Ⅲ．①税务工作—美国—指南
Ⅳ．① F817.123.2-62

中国版本图书馆 CIP 数据核字（2018）第 015031 号

权利保留，侵权必究。

美国税务实用指南
〔美〕杨心传 著

商 务 印 书 馆 出 版
（北京王府井大街 36 号 邮政编码 100710）
商 务 印 书 馆 发 行
江苏凤凰数码印务有限公司印刷
ISBN 978-7-100-15751-3

2018 年 4 月第 1 版　　开本 787×1092 1/16
2022 年 5 月第 3 次印刷　　印张 16¼

定价：98.00 元

序　一

杨心传先生毕业于南京大学中文系，1985 年赴美国深造，取得纽约勃鲁克商学院会计硕士学位，1996 年取得纽约州注册会计师执照，1998 年在纽约市创立了自己的会计师事务所（Myron Yang & Co,LLC）。经过几十年的精心耕耘，这家会计师事务所已经发展成为一支享誉全美的会计审计及税务的专业团队。

近 10 年来，杨心传先生致力于美国税务方面的研究，并且热衷于向移民美国的华人传播普及这方面的知识。他除了在理论上对于各个税种的形成及变革有着独特的见解外，在实践中对于如何省税以及如何避免税务风险也颇有心得。为满足华人的投资及创业需求，他不仅在报纸、电视上开办税务专栏和讲座，提供省税的策略分析，2013 年 10 月还通过纽约的世界书局出版了《机遇与挑战——省税策略》一书，3 年后又出版了《移民美国税务》，为新移民“入乡随俗”出谋划策。

自 2014 年起，杨先生多次受邀在中信银行举办移民美国税务讲座及答疑，广受好评，他在理论与实务中对于美国税法及移民税务方面的深入见解，引发了听众的热烈反响。因此，杨心传先生也萌生了在商务印书馆出版本书的构想。

我一直在中国人民大学会计系从事会计审计专业的教学与研究，非常了解税务方面的研究一直是中国各个学校会计审计专业的薄弱环节。不仅如此，政府机关以及一些研究机构在这些方面也有许多不足之处。造成这种情况主要有两个方面的原因：其一，我国的会计改革开始于 20 世纪 90 年代初期，计划经济开始转型为市场经济的时间很短，无论是在理论上还是在实践上会计专业的发展都受制于经济发展与改革的不同阶段；其二，我国的税务改革至今仍然在进行中，很多地方都不尽如人意，有些领域的问题没有深入研究，甚至没有涉及，例如房地产税、遗产税等等。所以，对美国的税法以及移民税务方面的研究，不仅对于移民美国或者非移民的投资行为非常重要，而且通过对比中美两个国家的税务理论与实践，汲取美国税务改革的经验与教训，对于我国的税务改革与发展也是十分有益的。

正因为如此，我受托为杨心传先生的大作写序，感到非常荣幸。我认为杨先生的著作不仅对于移民美国有益，而且对于会计工作者、会计师事务所及研究税务的学者也有重要的借鉴作用。预祝本书的出版在推动中美两国税务改革的交流上取得成功。

中国人民大学商学院教授 朱小平

序　二

杨心传先生在美国从事税务工作二十余年。在这本书中，他积二十年从业经验及深入体察心得，以移民或非移民的美国税务为切入点，详细阐述了一百年来美国税收制度的演变及发展，剖析了美国在移民和非移民方面相关个人、公司、遗产、信托、工资、销售、地产甚至非营利组织机构等领域的税收制度，其对中国赴美投资的企业家及广大读者全面深入地了解美国的税收制度必有很大的帮助。

《美国税务实用指南》从作者稔熟的美国税法简介入手，深入分析了投资移民或非移民面临的美国税务挑战，内容涉及居民或非居民的报税状态、模式、投资策略及节税规划。投资者读后可以迅速地“入乡随俗”，免予掉进“税务陷阱”，从而可以顺利地开启在美发展的新篇章。

作者由于长期与移民律师配合从事 EB–5 项目审计财务报告及税务申报，因此对 EB–5 投资人的税务结构了如指掌。由于中国的外汇管制，美国进行了投资移民改革，EB–5 投资人的申报模式也不同以往：区域或项目中心年底颁发给投资人的 K–1 年限将会加长；投资合伙人的利息及管理费用等随之调整。原先的格局改变后，从业者将面临 EB–5 模式更新的艰巨任务。对此，杨先生在他的著作中也进行了有益的探索。

尽管美国以其得天独厚的地理环境、优质教育及包容移民政策成为中国投资移民的首选，但也有越来越多的非移民投资者，把子女送到美国接受良好的高等教育，并在美国投资置产。但这部分人并不打算移民，并希望他们的子女学成后回国工作。因此，这部分人的税务申报模式和投资策略与 EB–5 投资者并不完全相同：他们的遗产税豁免额终身只有 6 万美元，其在认购医疗人寿保险及教育投资计划时也有不同的着眼点，而严密的遗产信托规划更是非移民投资人踏入美国本土后必不可少的“保护伞”。杨先生在这本著作中对这部分非移民投资人也提供了切实可行的税务规划方案。

《美国税务实用指南》犹如美国税法的汉译“百科全书”，涉及了美国税制几乎所有的税种，具体实例俯拾皆是，尤其难能可贵的是作者把美国税法中常用的表格全部译成了中文，以便于读者消化采纳，可见其用心之良苦。我相信这本实用指南将会使中国移民和非移民群体的读者从中受益，并有助于作者实现通过对中美税收制度的比较为中国的税制改革“建言献策”的良好愿望。我也深信，此书的出版对加强中美之间的税务交流也将作出重要的贡献。

中国人民大学财政金融学院教授 朱青

前　言

2021年1月6日美国历史翻开了新的一页，民主党逆转颓势，重掌参院，完成了总统、参院、众院选举的“三连冠”，为推翻特朗普 2017 年 12 月制定的《减税及就业法案》(Tax Cuts and Job Act，简称 TCJA)，重回“劫富济贫”方针大业奠定了基础。

鉴于特朗普税改法案对美国及世界经济发展的重要意义，该法案是美国近三十年来最大规模的税务改革，我们先简单概括其主要内容。

第一，促进中小企业减税的第 199A 条例，给予过渡实体（Pass - through Entities）更大的减税效益，对中小企业包括小公司（S Corporation）、合伙人实体（Partnership）、独资个体（Sole Proprietorship）、某些遗产（Estate）及信托（Trust）实体所实施的“合格商业收入扣减”（Qualified Business Income Deduction，简称 QBI 扣减）极大地刺激并推动了中小企业的投资。国税局眼见 2018 年过渡实体的申报比例显著增长，遂于 2019 年 12 月 12 日颁布了 8995-A 表（合格商业收入扣减，Deductions for Qualified Business Income），将第 199A 条例的申报标准化，其要点包括：

1. 企业合格商业收入扣减的适用对象为单身年收入低于 163,300 美元或夫妻年收入低于 326,600 美元的企业主，递减上限分别为单身年收入 213,300 美元及夫妻 426,600 美元。

2. 符合收入范围的小公司、合伙人实体、独资个体或遗产信托等过渡实体分发 K-1 表给其股东、合伙人或信托受益人，企业主的课税收入最高可享受 20% 的扣减。

3. 对于非特定行业（包括医生、律师、会计师、咨询师、运动员等依靠声誉或特殊技能赚钱者），单身收入超过 213,300 美元或夫妻超过 426,600 美元可按 W - 2 薪资的 50% 或未调整前折旧资产（Unadjusted Depreciable Asset）的 2.5% 予以计算，两者取大值，但扣减额不得超过合格商业收入的 20%。

4. 拥有多家过渡实体的企业主，其 20% 合格商业收入扣减将累计计算，盈亏合并，如果当年全部亏损，则当年和各商业收入扣减为零，负值转至下一年使用。

第二，为解决近年来愈演愈烈的“税基侵蚀”（通称“税负倒置”或“利润回流”），特朗普税改祭出了反侵蚀、滥用税基的 BEAT（全称 Base Erosion and Anti-Abuse Tax）条例。美国财政部和国税局于 2019 年 12 月 2 日发布了税法第 59A 条例的最终法规，BEAT 条例规定：如果一家公司在美国总收入超过 5 亿美元，并且其美国子公司向境外关联方支付了一定比例的可抵税款项，那么其美国子公司必须为在美国实现的利润按某个最低税率缴纳税款（2018 年为 5%，2019 年为 10%，此后至 2026 年为 12.5%）。根据彭博财经的引述，截至 2019 年 12 月 19 日，美国海外公司的利润回流已达 1.34 万亿美元，美国对外宣称利润回流总额可达 4 万亿美元，彭博财经的预估数字为 2.5 万亿至 3 万亿美元。

无独有偶，新税法对跨国公司征收利润回流税的同时，亦将矛头指向拥有海外公司的美国股东，与第 59A 条例相匹配的第 965A 条例规定持有 50% 以上外国公司投票权或股权总值的美国股东，不论海外收益是否转移到了美国母（子）公司，不论公司是否把钱汇回美国国内，都要在八年内完成缴税义务（第一至五年税率为 8%，第六年为 15%，第七年为 20%，第八年为 25%）。举一例：

董先生在三年前以投资移民（EB-5）获得临时绿卡身份，他拥有中国国内的一家产品加工及贸易公司（持股 50% 以上），2017 年年底及 2018 年年底公司未分配的利润近 5000 万元人民币。按照税法第 965 条款规定，董先生必须修改 2017 年起的税表或最晚在 2018 年起在个人所得税表 1040 表上披露国内母公司的资产及负债权益平衡表（Balance Sheet）及损益表（Profit and Loss），假定这 5000 万元人民币利润已分配给股东并汇入美国，董先生需要课征高达 360 万美元（50%）的税收，2017 年至 2021 年的利润回流税率为 8%，2017 年及 2018 年的分期付税为 3.6 万美元（分期八年）。

第三，新税法为刺激企业投资，国会授权国税局更新第 179 条例（对特定商业资产费用化的选择，Election to Expense Certain Depreciable Business Assets）及 168 条例（加速成本补偿体系，Accelerated Cost Recovery System），将企业购买设备的费用上限从原先的 200 万美元增加至 250 万美元，超出上限则扣减逐步递减，最高可以一次性扣减 100 万美元。在第 179 条例折旧后的剩余价值上，可再使用奖励折旧（Bonus Depreciation）。新税法将奖励折旧额从 50% 提高至 100%，即 2017 年 9 月 7 日至 2023 年 1 月 1 日期间购买并投入使用的特定资产，允许当年 100% 扣除，无需再做逐年折旧。2023 年 1 月 1 日至 2027 年 12 月 31 日购买并投入使用的特定资产，扣除比例以每年 20% 递减。

第四，参众两院经过近两年的酝酿规划，对退休金制度进行了三十年来的重大改革。2020 年 1 月 1 日起生效的《保障法案》（Secure Act）有两百多项关于现有退休方案的改变：

1. 延长强制最低提领（Required Minimum Distributions，简称 RMD），从原先的 70 岁半延长至 72 岁。RMD 规定适用于 401（k）、403（b）、457（b）、传统 IRA，SEP、SARSEP、SIMPLE IRA 和 Roth 401（k）等计划，但不适用于 Roth IRA。

2. 取消 IRA 存钱的年龄限制，原先民众在传统 IRA 账户中存钱的年龄限制是 70 岁半以下，70 岁半后只能取钱，不能存钱，现在已没有这一限制。

3. 增加提早取款的免罚条件，退休账户的最早提领年龄是 59 岁半，提早取款都会被征收 10% 的罚款，免罚条件除了原先的支付医疗账单、成为残障人士、账户持有人过世、房屋首购头期款（每人终限额 1 万美元）、支付高等教育费用之外，现增加有新生儿或者领养儿童，可以在第一年每人免罚取款 5,000 美元（夫妻 1 万美元）用来支付育儿费用。

4. 增加延长 IRA 的限制，新法案要求非配偶继承人必须在 10 年内领取完 IRA 的存款，除非是子女未成年、残疾人士这类特殊情况。此举是为了堵住原先在财富传承和遗产规划中为富人提供便利的漏洞。

5. 放宽 401（k）计划限制，在公司 1 年内工作时间超过 1000 小时，或连续 3 年至少工作 500 小时的兼职员工将有机会参与公司的 401（k）计划。规模较小的企业雇主可以联合起来为雇员提供 401（k）计划。

6. 鼓励小雇主开设“自动加入”退休计划，为雇员提供“员工自动加入”的 401（k）计划或 SIMPLE IRA 计划的小雇主可获“创业税收减免”。

第五，特朗普新税法第 1400Z1 和 Z2 条例中，提出了创建“机会区域”（Opportunity Zone，简称 OZ）的设想，经参院和财政部统筹规划之后，国税局于 2019 年 4 月 17 日发布了合格机会区域（Qualified Opportunity Zone）投资的细则。法规允许持有资本利得的投资者投资于国税局设定的全美 8500 多个区域投资中心之中，已获现的资本利益可延迟兑现，未实现的资本利得可投资于机会区域基金（Qualified Opportunity Fund，简称 QOF），并持有年份达到 5 年 /7 年 /10 年，将会通过逐步增加资产成本以减少甚至全部豁免资本利得税。若想达到合格机会区域投资的要求，必须在 2017 年 12 月 31 日后根据市价购买有形资产，所有交易必须在 2026 年 12 月 31 日前完成。

除以上五个方面外，美国国税局为贯彻实施新税法纲要，还出台了一系列举措，从房地产投资信托、非营利慈善组织不同经营性质的税务界定，到大型跨国公司更为严格的审计和协调法规，以及企业、个人税率的进一步调降，为刺激经济增长，保持历史性的低失业率营造了健康宽松的环境。

现在再来看新任总统拜登代表的民主党所要推行的施政主张。

第一，个人税务方面：

1. 提高个人所得税最高税率，个人所得税最高税率从现在的 37% 提高到 39.6%。

2. 保护中产阶级，承诺不会对任何年薪少于 40 万美元的人士加税。

3. 年薪超过 40 万美元收入的增收社安税，137,700 美元（社安税所征的收入上限）至 40 万美元中间部分则不需要多缴社安税。

4. 增加长期资本收益和合格股息的最高税率，对于年收入超过 100 万美元的纳税人，长期资本收益和合格股息的最高税率将从 20% 提高到 39.6%。

5. 限制年薪超过 40 万美元的纳税人的逐项扣除额上限为收入的 28%。

6. 逐步减少（Phase Out）应税收入超过 40 万美元的纳税人的合格企业收入扣除额。

7. 将遗产税税率提高到 45%，而免税额则降至 350 万美元，并且取消税基提升。

8. 将退休金的扣除额改成存入金额固定百分比的税收抵免形式。

9. 增加儿童退税，6 岁至 17 岁的儿童税收抵免从每人 2,000 美元增加至 3,000 美元，6 岁以下可得 3,600 美元，并且可或全额退税款。

10. 增加儿童及被扶养人抵税，从现在的 3,000 美元上限增加至 8,000 美元，多个被抚养人可申请最高 16,000 美元的税收抵免。

11. 增加照顾老人的税收抵免，允许照顾老年亲属的纳税人申请最高 5000 美元的税收抵免，老人购买长期护理保险也可以申请优惠。

12. 增加首次购房人士的 15,000 美元购屋税收抵免。

13. 增加医疗保费税收抵免，使得购买医保的费用不超过家庭收入的 8.5%。

14. 增加租客税收抵免，使得租金和水电费用等支出不超过纳税人收入的 30%。

15. 增加对高净值人士的审计项目，加大审计力度。

第二，公司税务方面：

1. 增加公司税，将公司税率提高到 28%，而全球无形资产抵税收入税率将由 5% 上调至 21%。

2. 对帐面收入（Book Income）制定最低税率，账面收入超过 1 亿美元但未缴纳联邦企业所得税的企业征收 15% 最低账面税。

3. 废除延期机制之类的营业税漏洞。

4. 可能会针对某些行业（包括房地产）提供有针对性的收益征税。

5. 鼓励制造业回归美国，为制造公司设立新的税收抵扣，修改税改条款以鼓励美国医药企业在美国生产并免除生产环节迁出美国的企业已经享受的税收优惠，制定“退还”条款以要求将制造环节迁出美国的企业返还曾享受的政府优惠。

6. 为可再生能源项目提供优惠，促进环保。

7. 提高美国企业的员工多元化，为低收入人群和新移民创造就业机会并增加其收入。

第三，国际税务方面：

1.《外国税务协调法》（Foreign Account Tax Compliance Act，简称 FATCA）会保留并扩大实施。

2. 中美政府间协议（即 IGA 协议）预计会正式签署生效。

3. 不同于特朗普政府，拜登政府可能会积极参与经合组织推动的反避税支付和对数字经济征税的全球计划。

在执政初期，拜登政府或会先考虑新冠疫情救济和经济复苏，例如通过基础设施投资等方式刺激经济。与此同时，他提出的一些税收政策也可为政府提供可观的收入来源，解决赤字问题。民主党增税政策动因主要是为新冠疫情提供资金，为特朗普签署的 CARES 法案向美国企业和个人支付财政补贴，以及支付不断升高的联邦政府国债，鼓励国内制造业发展和增加基础设施支出。

截至 2021 年秋，美国的新冠疫情局势仍然严峻，但美国经济已从 2020 年第二季度的低谷逐渐复苏，2020 年 4 月一度达 14.7% 的失业率已降回至 5%。拜登政府上台后，迅速贯彻了特朗普政府通过的《新冠病毒援助、救济和经济安全法案》（简称 CARES 法案）、第二轮纾困法案和美国救济法案（American Rescue Plan Act）救济民众，放宽失业保险金的申请，给予中小企业薪资保护计划、经济损失灾害可豁免贷款等补助，对缓和疫情、推动就业和复苏经济起着决定性的作用。

中国方面由于采取了较为严格的管控措施，已早先一步从疫情困境中走出，快速恢复了经济。世界经历了百年不遇的疫情重创，但风雨同舟之后必将迎来重建和繁荣。抗疫之战再次证明世界是一个共同体，中美作为当今世界最大的两个经济共同体，共存则双赢，携手并进是不二法则。在税务改革方面，特朗普主导的新税法及其三年来的发展和完善为中国政府、企业及民众提供了宝贵的经验。此次修订将国税局三年来的表格做了更新，并引进了相关重要章节，使本书保持了系统完整和与时并进，希望对中美两国关心和投身于税改的民众有所借鉴。

感谢我的挚友、江苏文艺出版社原总编辑蔡玉洗先生为引进推动本书出版所做出的巨大努力，同时感谢我办公室陈殷樱与萧瑞敏助理为编辑本书所做出的杰出贡献。

杨心传

目　录

001/　第一章　美国税法简介

001/　一、个人税务

005/　（一）社安金的计点与提取

007/　（二）退休金的储备与提取

010/　（三）逐项扣减的计算

012/　（四）利息和红利的计算

013/　（五）自雇收入的计算

014/　（六）股票投资与房屋买卖的资本利得税

016/　（七）房屋出租的盈利与亏损

018/　（八）替代最低税的计算

019/　（九）低收入、儿童、教育、健保四大退税

023/　二、公司税务

024/　（一）公司形态的比较

026/　（二）公司税务结构

027/　（三）工资税

029/　（四）销售税

030/　（五）过渡实体的税务优惠

032/　（六）外国利润回笼

034/　（七）非营利组织或公司税务

037/ 三、房地产税务
038/ （一）经纬划置，州市（郡县）掌控
039/ （二）房地产税率
041/ （三）房地产销售利得的豁免及延税
042/ （四）房地产专业人士经营亏损的无限扣减
044/ （五）促进社区发展的 421-A 及 ICIP 规划
045/ （六）地税减免的上诉申请流程
046/ 四、遗产税务
046/ （一）既“属人”又“属地”的美国遗产税
047/ （二）联邦及各州的遗产税豁免额及遗产税率
048/ （三）赠与税与遗产税的转换
050/ 五、投资理财保险及申请大学税务准备
050/ （一）合法省税与投资生财
053/ （二）人寿保险及长期护理保险
055/ （三）529 大学省税计划

059/ 第二章 移民美国税务
059/ 一、投资移民的税务申报
060/ （一）移民美国之后的税务“陷阱”
061/ （二）EB-5 的个人税务申报模式
062/ （三）EB-5 的公司税务申报模式
063/ （四）EB-5 改革新政策
064/ 二、“肥咖”对投资移民的税务影响
065/ （一）FinCEN 114 表与 8938 表
066/ （二）外国赠与的申报

067/ （三）外国公司股份的申报
068/ （四）国税局眼中的“大鱼”
069/ （五）弃籍与弃卡税
070/ 三、健保计划的选择
070/ （一）美国的健保改革
071/ （二）奥巴马健保及其前景
074/ （三）美国的健保类型
076/ 四、房地产投资策略
077/ （一）产权形式利弊分析
078/ （二）出租与自住、民宅与商用、贷款与付现的考量
079/ （三）不动产投资信托（REIT）
080/ （四）中国境内的房地产能否适用资本利得豁免与延税
081/ 五、遗产信托规划
082/ （一）家庭生前信托（Family Living Trust）
083/ （二）家庭住宅信托（Qualified Personal Residence Trust）
084/ （三）家庭基金会（Family Foundation）
087/ （四）遗产信托应及早规划
088/ 六、L-1 与 EB-5 的税务差异

091/ 第三章 非移民美国税务
091/ 一、非居民的报税状态
092/ 二、非居民的报税模式
094/ 三、非居民的外国收入税
095/ 四、非居民的房地产投资
099/ 五、非居民的遗产税

100/ 六、非居民的退休金

101/ 七、F-1、H-1B、J-1 的税务申报

101/ （一）F-1 签证

103/ （二）H-1B 签证

104/ （三）J-1 签证

105/ 八、非居民的公司申报

107/ 第四章 中美两国的税务比较

107/ 一、中美所得税制的比较

110/ 二、中国开启金融账户信息自动交换

112/ 三、美国税改的教训

115/ 附 录

116/ 一、美国个人所得税申报表（英）

121/ 二、美国个人所得税申报表（中）

126/ 三、A 副表——逐项扣减（英）

127/ 四、A 副表——逐项扣减（中）

128/ 五、B 副表—— 利息和普通股息（英）

129/ 六、B 副表——利息和普通股息（中）

130/ 七、C 副表——营业利润或亏损（英）

132/ 八、C 副表——营业利润或亏损（中）

134/ 九、D 副表——资本利得和亏损（英）

136/ 十、D 副表——资本利得和亏损（中）

138/ 十一、E 副表——补充收入与损失（英）

140/ 十二、E 副表——补充收入与损失（中）

142/ 十三、W-2 工资与税务申报表（英）

143/ 十四、W-2 工资与税务申报表（中）

144/ 十五、1099 非雇员收入表（英）
145/ 十六、1099 非雇员收入表（中）
146/ 十七、美国非居民外国人所得税申报表（英）
151/ 十八、美国非居民外国人所得税申报表（中）
156/ 十九、美国股份有限公司所得税申报表（英）
162/ 二十、美国股份有限公司所得税申报表（中）
168/ 二十一、美国小公司所得税申报表（英）
173/ 二十二、美国小公司所得税申报表（中）
178/ 二十三、美国合伙企业所得税申报表（英）
183/ 二十四、美国合伙企业所得税申报表（中）
188/ 二十五、美国合伙企业 K-1 副表（英）
189/ 二十六、美国合伙企业 K-1 副表（中）
190/ 二十七、外国特定金融资产申报表（英）
193/ 二十八、外国特定金融资产申报表（中）
196/ 二十九、外国银行和账户申报表（英）
203/ 三十、外国银行和账户申报表（中）
210/ 三十一、海外信托交易和某些海外赠与年度申报表（英）
216/ 三十二、海外信托交易和某些海外赠与年度申报表（中）
222/ 三十三、持有海外公司的美国人的信息披露申报表（英）
228/ 三十四、持有海外公司的美国人的信息披露申报表（中）
234/ 三十五、持有 25% 美国公司股份或在美贸易经营的外国公司申报表（英）
237/ 三十六、持有 25% 美国公司股份或在美贸易经营的外国公司申报表（中）
240/ 三十七、《美国法典》：第 26 标题——国内税收法典（英 / 中）

第一章　美国税法简介

一、个人税务

开国元勋富兰克林（Benjamin Franklin，1706～1790）曾说过“人的一生有两件事不可避免，死亡与纳税”（Two things are inevitable in one’s life,death and tax）。

美国税法主要特点是税负重、名目繁多、税法复杂，税法规则每年都可能发生改变，课税数额每年随通膨调整。美国的税收法律体系主要由美国国内税收法典（Internal Revenue Code）、财政法规（Treasury Regulation）和其他官方税收文件构成。美国采用综合税制，报税程序采用申报制，需要纳税人有一定的税务常识，自我判断所得收入是否需要申报，自我履行向联邦政府、州政府以及地方政府申报税务的义务。综合制的优点是全面反映纳税人的负担能力，实现公平税负、量能负担的原则，但劣势是太过复杂，征管成本较高。

美国的现行税制，是以所得税（Income Tax）为主体税种，辅以其他税种构成的。个人所得税与公司所得税不仅是美国税制中的主要税种，也是移民美国和赴美投资者最为关切的税种。美国个人所得税制兼用属人主义和属地主义，简单来说，若是美国公民或税务居民（Resident Alien for Tax Purposes），全球的收入都需要向美国国税局申报，若不是美国税务居民，只需就美国来源的所得向美国国税局申报。美国税务居民包括持有美国绿卡的外国人士、符合实质居住测试（Substantial Presence Test）的外国人士。实质居住测试是国税局确定外国人是否为税务居民的基础，一个人被定义为美国税务居民，必须同时满足以下两个条件：当年在美居留超过 31 天，并且过去三年在美居留超过 183 天，这 183 天是以加权平均法计算，即当年在美的全部天数与之前一年在美天数的 1/3 与之前二年在美天数的 1/6 的总和。另外，还有两类人士可选择是否以美国税务居民身份申报：美国公民的外籍配偶、与美国签订税收协议可对居民身份做出选择的缔约国公民。外国人可因身份转变，在同一税务年度以非居民及居民身份分开申报，例如从 F-1 学生转为 H-1B 工作签证，使用双重身份（Dual Status Alien）申报。

美国的报税表格多以数字编号，个人所得税表是 1040 表，美国多习惯称之为“Ten-Forty”（1040）。1040 表于 1913 年由美国国税局首创，几乎每年都随税法变更及税率调整而修改。美国个人所得税的申报季节，或称之为“税季”（Tax Season），通常从每年 1 月底开始至 4 月 15 日结束，纳税人需要申报的是上一日历年度（1 月 1 日至 12 月 31 日）的税务情况。例如 2020 年税季是从 2020 年 1 月 27 日开始至 2020 年 4 月 15 日结束，纳税人申报的是 2019 年的 1040 表，申报内容是 2019 年 1 月 1 日至 2019 年 12 月 31 日的税务情况。无法在 4 月 15 日前完成报税工作的纳税人可申请六个月延期，将申报延至 10 月 15 日截止，但税金必须在 4 月 15 日前付清，对于在 4 月 15 日前无法获得充分报税资料的纳税人，可根据自己的收入水平多预估点税，否则，若是少付了，会被国税局课征利息和罚款。

了解何人和何时申报之后，我们来简单介绍一下美国个人所得税申报表（U.S. Individual Income Tax Return，见 116 ～ 120 页）的结构。1040 表为所得税申报的主表，更为细节的项目在其副表中展开。

1040 表第一页的最上方为“报税身份”（Filing Status），美国报税以家庭为单位，每位纳税人都必须决定适用于自己情况的报税身份，报税身份关乎纳税人是否有资格申请某些扣除额和抵免额的条件。报税身份通常以该年度 12 月 31 日当天的婚姻状况为准，分为五类：

1. 单身（Single），纳税人在年度最后一天未婚或依离婚判决而与配偶合法分居可选择单身作为报税身份。

2. 夫妻联合报税（Married Filing Jointly），如果纳税人已婚，并且配偶双方皆同意以联合申报的方式报税，在联合报税表上，纳税人申报自己与配偶合并的收入并扣除双方合并的可允许支出。

3. 夫妻分开报税（Married Filing Separately），较为注重财务隐私、婚姻不和但尚未进入离婚程序、出于省税考虑的已婚夫妻也可选择分开申报。

4. 户主（Head of Household），如果纳税人在年度最后一天为未婚或“被视为未婚”，并在该年度为抚养“合格儿童”或“合格亲属”支付一半以上的持家费用。合格儿童（Qualifying Child）可以是纳税人的子女、继子女、养子女、孙子女、侄女（甥女）或侄子（外甥），但必须满足年龄不超过 19 岁（全时学生 24 岁）并且与纳税人在美国一同居住达半年以上的条件。如果多人申报同一子女，国税局会采取“近亲”规则。合格亲属（Qulaifying Realtive）包括纳税人父母、成年近亲属，但该名亲属必须与纳税人全年同住（父母不受此限）且收入水平不超过当年收入豁免额。

5. 抚养子女的合格寡妇（鳏夫）（Surviving Spouse），如果配偶在该年度亡故，纳税人仍可使用夫妻联合报税作为报税身份，配偶亡故后的两年，若纳税人独自抚养合格子女且一直没有再婚，可使用寡妇（鳏夫）作为报税身份。

除了上述五类报税身份，还有一些特殊情况需要分开报税，比如有些孩童有自己的打工收入需要申报，他/她既作为父母的被抚养人，被申报在父母的税表上，又需要以单身身份就自己的收入另外报一份税表。

接着是纳税人、配偶、被扶养人（Dependent）的基本信息，包括社安号或税号、住址、被扶养人与纳税人的亲属关系、被扶养人是否满足退税优惠。税表上的每个人都必须有社会安全号码（简称社安号）或税号（ITIN），没有美国移民身份但符合报税条件的人必须申请报税专用的税号。

1040 表第一页下半部分是对收入的计算和调整。第 1 行至第 7 行填报常见的“收入”（Income），包括工资薪金、利息（Interest）、股息（Dividends）、个人退休金取款（IRA Distributions）、养老金和年金（Pensions and Annnuities）、社安金（Social Security Benefits）、资本利得和亏损（Capital Gain and Loss）。第 8 行填报其他收入的总和，其他收入需要单独列明在 1040 表的副表 1（Additional Income and Adjustments to Income，附加收入和对收入的调整，见 118 页）的第一部分，其他收入包括需要课税的州市退税、离婚赡养费、商业活动盈亏、其他利得和亏损、房产出租、版权费、来自 S 公司或合伙人实体的企业主收入、农场收入、失业保险金等。美国个人所得税的税基非常之宽，除税法中明确规定的免税项目外（如州或地方政府的公债利息、赠礼、遗产、伤残险、人寿险），各种渠道的收入均应计入个人所得。第 9 行是第 1 行至第 8 行的总和，为纳税人的“总收入”（Total Income）。

第 10 行填报“对收入的调整”（Adjustments to Income）的总和，这是针对第 9 行总收入进行的调整，收入调整项目需要单独列明在 1040 表的副表 1 的第二部分，包括教育者费用扣除（Educator Expense）、健康储蓄金开支（Health Savings Account Deduction）、学生贷款利息、提早领出定期存款的罚金、离婚赡养费、放入个人退休账户的存款、自雇人士特有的收入调整项目（50% 自雇税、符合条件的退休存款额、健保费用）等。第 11 行是总收入减去收入调整项后所得到的“调整后总收入”（Adjusted Gross Income，简称 AGI），因为之后的逐项扣减（Itemized Deductions）、税负减免（Tax Credit）的计算大多以 AGI 为基数，故 AGI 可谓是决定最后课税收入的关键指标。

第 12 行是扣减额，纳税人可以取“标准扣减”（Standard Deduction）和“逐项扣减”（Itemized Deductions）两者的大值作为自己的扣减额。标准扣减是美国税法根据纳税人身份给予的定额扣减，每年按通胀率略微调升，2021 年标准扣减为单身和夫妻分报 1.255 万美元、夫妻合报和合格寡妇（鳏夫）2.51 万美元、户主 1.88 万美元。单身人士若是年满 65 岁或为视力残障人士，可获得额外的标准扣减额 1,700 美元；单身人士若是年满 65 岁并且为视力残障人士，可获得额外的标准扣减额 3,400 美元。夫妻合报者若是一方年满 65 岁，可获得额外的标准扣减额 1,350 美元；双方都年满 65 岁，则额外的标准扣减额为 2,700 美元。使用逐项扣减的纳税人应填报 1040 的 A 副表（Itemized Deductions，逐项扣减，见 126 页），详列各抵扣项目，如医疗费用（抵扣上限受 AGI 的 10% 限制）州市的税款、房贷利息，向美国慈善机构的捐赠等。根据新税法，逐项扣减不再受收入的限制。如何申报逐项扣减具体可见本章的“逐项扣减的计算”一节。

第 13 行是“合格业务收入扣减”（Qualified Business Income Deduction），这是新税法的新增内容。新税法第 199A 条款给予“过渡实体”（包括独资企业、S 小公司、P 合伙人）最多 20% 的税前扣除。合格商业收入（Qualified Business Income，简称 QBI）是指企业主从“过渡实体”挣得的收入扣除费用后的部分，QBI 不包括 S 公司企业主的工资和 P 合伙人的固定报酬（Guaranteed Payment），不包括利息、股息和资本盈亏，QBI 还要刨去与企业主相关联的调整后总收入项目，如可扣除的自雇税、自雇人士退休计划的供款、自雇人士的医疗保险。

第 14 行是第 12 行和第 13 行扣减额的累加，第 15 行是第 11 行“调整后总收入”减去累加的扣减额后得到的“课税收入”（Taxable Income）。课税收入也称之为上税收入，是总收入经过调整和扣减后最终需要为之征税的收入。

1040 表第二页是对税负的计算和调整。第 16 行是“税款”（Tax），这里指的是所得税款，计算税款并不是单纯地用课税收入乘以税率，而是根据纳税人的“报税身份”和其“课税收入”对照税率表计算出来。美国目前采用七阶累进所得税率，税率为 10% ～ 12% ～ 22% ～ 24% ～ 32% ～ 35% ～ 37%，税率随税基的增加而提高。累进税率能体现量能负担原则，使纳税人的负担水平与负税能力相适应，但计算较复杂。为了鼓励长期投资，美国还允许长期资本利得和合格股息以较低优惠税率课税，长期投资需要持有 1 年或以上，税率根据收入水平以 0% ～ 15% ～ 20% 课税，而短期（持有一年以下）资本利得的税率与普通的所得税税率相同。

“税款”并不等同于纳税人最终所需支付的税金，美国税法为保证公平税负，会给予低收入人群或特定群体不同程度的税负减免，对于高收入人群要求有额外的税务责任。第 17 行是“其他税款”，需要单独列明在 1040 表的副表 2（Additional Taxes，附加税，见 119 页），包括自雇税（Self-Employment Tax）、未申报的社安及医疗税、退休账户超额存款税、家庭雇主税（Household Employement Taxes）、首次买房者的还贷（Repayment of First-time Homebuyer Credit）、适用高收入人群的替代最低税、净收入所得税、提前领取保费退税的还款（Excess Advance Premium Tax Credit Repayment）等。第 19 行填报给予儿童和被扶养人的抵税额，其他不可退还的抵税额（Nonrefundable Credits）和可退还的退税额（Refundable Credits）的总和填报在第 20 行，详细抵退税项目需要单独列明在 1040 表的副表 3（Additional Credits and Payments，额外退税和付款，见 120 页）上面。不可退还的抵税包括外国税抵减（Foregin Tax Credit）、儿童和被扶养人照护费用抵税（Credit for Child and Dependent Care Expenses）、终身学习抵税（Lifetime Learning Credit），可退还的退税包括健保保费退税等。另外副表 3 上还包括了纳税人的部分付款额，比如从去年结转到今年的预付税、在申请延期报税时支付的税款等。

第 24 行是第 16 行的“税款”经过第 17 行“其他税款”和第 20 行“抵退税和付款额”加减计算后得到的“总税款”（Total Tax），总税款是纳税人应付的税款，但并不是实际需要随税表支付的税款。纳税人若有从 W-2 工资和 1099 自雇收入中预付所得税（Income Tax Withheld），纳税人的收入水平和家庭情况若能满足低收入所得退税（Earned Income Tax Credit）、儿童抵退税（Child Tax Credit）、“美国机会”教育抵退税（American Opportunity Tax Credit）等可退还的退税，需要相应地申报在第 25（a-d）行。

第 24 行的“总税款”与第 33 行累加的“预付所得税和可退还的退税”相比较，若前者小于后面，纳税人会获得退税（Refund），若前者大于后者，纳税人需要补上欠税（Amount Owed）。退税方式有三种：直接退到银行账户、邮寄纸质支票、往后结转到下一年算作预缴税。补税方式有三种：直接从银行账户过账、邮寄纸质支票、通过国税局授权的第三方网站进行信用卡付款（有手续费）。1040 表的最后是纳税人和配偶的签名栏，纳税人指定与国税局沟通的第三方信息，以及纳税人所聘用的报税人士（Paid Preparer）的信息。

（一）社安金的计点与提取

美国社会保障项目诞生于 1935 年，旨在为年老者、遗属和残障人士提供保险受益，几十年来已成为联邦政府最大的社会福利支出。《联邦保险供款法案》（Federal Insurance Contributions Act，简称 FICA）规定，凡有收入者应就其所得薪金缴纳一定比例的社会安全和医疗保险税（Social Security and Medicare Tax），用以资助由联邦政府发放的社会安全福利金（简称“社安金”，Social Security Benefits）、遗属福利金、残障金以及医疗保险（Medicare，俗称“红蓝卡”）。社安税占收入的 6.2%，上限随通胀率调整（2021 年需要课征社安税的工资收入上限为 14.28 万美元），医疗税为收入的 1.45%，不设限，单身收入超过 20 万（夫妻合报超过 25 万）美元的高薪阶层还须另付 0.9% 的附加医疗税（Additional Medicare Tax）。若你是受雇者（Employee），雇主会从你的 W-2 表（Wage and Tax Statement，工资和税务申报表，见 142 页）中预扣社会安全和医疗保险税，将其缴纳给国税局。若你是自雇者（Self-Employed），则在申报个人所得税时缴纳该税，税率为常规雇员和雇主的税率总和（15.3%）。据税法 Sec.3101 及 3111，凡在美国工作的外国人（F–1 及 M1 签证的留学生、J–1 访问学者及 Q1 文化交流者除外）都应缴交社安和医疗税。

表 1–1　2021 年社安及医疗税

劳资关系	社安税	医疗税	附加医疗税
W-2雇员	6.2%（应税收入上至14.28万美元）	1.45%（无收入上限）	0.9%（仅针对单身收入超过20万美元、夫妻合报超过25万美元的高收入者）
自雇者	12.4%（应税收入上至14.28万美元）	2.9%（无收入上限）	

纳税人在缴纳社安税的同时也在赚取符合领取社安金所需的“点数”（Work Credits），2021 年每挣得 1,470 美元便可累计 1 点，每年最多只能获得 4 个点数，通常一个人需要工作 10 年（40 个点数）才有资格享受社安福利，以下四类特殊情况除外：

1. 纳税人配偶，即使从未工作，将来也可获得纳税人社安金一半数额的社安福利。

2. 劳燕分飞的前任夫妇，假如此前婚姻达十年或以上，一方没有再婚，亦有资格同享第 1 类情况里的配偶待遇。

3. 若纳税人不幸亡故，即使未赚满 40 点，其遗属也可取得福利。

4. 纳税人因残障无法工作，可符合领取残障金的资格，但需视条件而定。

目前，全美约有 1.66 亿人工作并缴付社安和医疗税，逾 6,000 万人领取社安福利。独立的联邦机构“社会安全保障管理局”（Social Security Administration，简称“社安局”）负责管理一切社保事务，包括发放社安卡（俗称“工卡”）、计算纳税人可领取的福利金额。美国没有国民身份证，而是由一张登记着持卡人姓名及 9 位社安号（Social Security Number，简称 SSN）的社安卡作为个人申报收入及缴税的身份证明，不论是向政府缴税，又或是银行开户、申请信贷、入职入学，均会被要求填报社安号。

社安金的数额视申领人的年龄、工作年限、收入多寡而定，美国实行渐进式退休制度，到法定退休年龄（1943 年至 1954 年间出生者为 66 岁，1954 年至 1960 年间出生者逐步增加，1960 年后出生的人士为 67 岁）可领取全额社安金（PIA）。若选在 62 岁提前退休，申领人只能拿到全额社安金的 75%；若选择延迟退休，可在原有的社安金基础上获得奖励收益（Delayed Retirement Credits）；等到 70 岁古稀之年才开始领取社安金的耆老可多领 32%。延迟领取社安金虽颇具吸引力，但申领人的健康情况、经济需要也应纳入考量，找到盈亏平衡点并非易事。社安金的计算从一个人 21 岁起至退休时止，取最高的 35 年折算收入（Inflation–Adjusted Amount）。所谓折算收入是指每年实际薪金乘上通胀指数后的调节收入，将折算收入总和除以 420（35 年乘以 12 个月），得到社安金每月收入的计算基数（AIME），AIME 将被分为三档，每一档乘上相应的百分比（90%、32% 和 15%）后得到最终的基本保障金（PIA）。举一例：

> 张先生和李先生同于2016年到达法定退休年龄，该年分档点（Bend Point）为856美元和5,157美元/月，张先生退休前属于中产阶级，AIME为6,000美元/月，那么他的PIA应为［90%× 856+32% ×（5,157−856）］+｛15% ×［6,000−856−（5,157−856）］｝=2,273.17（美元/月）。李先生退休前则为低收入者，AIME为2,000美元/月，李先生可得的每月社安金收入为［90% ×856+32% ×（2,000−856）］=1,136.48（美元/月）。

表面上看，虽然高收入者所领取的金额高于低收入者，但实际上低收入所获得的替代率要远高于高收入者。社安金的计算显然向低收入和弱势群体倾斜，这体现了社保制度再分配的重要功能，保证了社保系统的公平性和共济性。

一般来说，社安金是不需要上税的（Nontaxable），尤其是把社安金作为唯一收入的耆老，单身户主 2.5 万美元、夫妻合报 3.2 万美元以下的社安金收入免税。但当调整后总收入、免税利息与 50% 社安金的总额超过社安金“免税门槛”后，社安金（最多不超过 85%）将计入家庭总收入上税。

（二）退休金的储备与提取

美国退休养老体系由三大部分组成，除了上文所述的社安金之外，还有政府和部分公司的养老金计划（Pension Plan），以及个人参与缴费的 401（k）和 IRA 系列。随着出生于“婴儿潮”时代的民众步入退休行列，加上人们预期寿命的延长，近年来美国老年人口激增，社保成本不断加重，也使得个人退休规划压力剧增，美国民众相比以前更倚重退休储蓄。

常有人混淆养老金计划和 401（k）计划，其实两者有显著差异。养老金计划属于雇主支持型的固定收益计划（Defined Benefit Plan），雇员无须参与缴费，雇主在员工退休或丧失就业能力后按工龄、职位等因素，按月发放一个固定的津贴数额直至受益人去世。雇主每年缴入的金额不必固定，可由精算师所提供的分析数据决定当年的应缴款额，确保员工在养老时可领到预定数额的养老金。无论采用哪种计算方式，通过固定收益计划得到的养老金都是可以免税的。这类计划的优势在于员工可以预先知晓退休后能拿到多少养老金，方便规划养老生活。其劣势在于雇主需要承担较高的风险，若某年所需缴款数额剧增，超出预期范围，缴款压力可能会使公司发生动荡。这类养老金计划也并不适用于频繁跳槽者，由于支付金额由任职时间的长短而定，雇员换新工作时不得不从零累加，这将减少他们的最终收益。自 20 世纪 90 年代起，由于资金无法得到保障、开支无法预知等因素，公司纷纷削减或取消养老金计划，转为需要雇员参与缴费的固定缴款计划（Defined Contribution Plan）。

近年来，固定缴款计划在参与人数和资产总数上都快速增长。自发参与计划的员工拥有自己独立的退休账户，雇主和员工单独或共同向该账户按期缴款，账户基金通过投资方式保值增值。退休金收益不与员工的工龄、职位挂钩，而取决于每年缴入计划的资金数额、养老金计划的管理和员工参与计划的年限。最著名的例子有 401（k）计划、利润分享（Profit-Sharing）计划、股票所有权（Stock Bonus）计划。固定缴款计划的优势是每年的缴款数额都预先确定，不随公司经营状况而定，这类计划的创建和维护都较为简单。劣势是员工无法得知自己养老时的收益，员工养老金收益取决于养老基金的投资成果，一旦投资管理失败，很可能要承担损失。

没有雇主或是雇主不提供 401（k）的民众可开设 IRA（个人退休账户），夫妻双方工作，一方可以为不工作的配偶开设传统 IRA，2021 年可抵税额自单身调整后收入（AGI）6.6 万美元（夫妻合报 10.5 万美元）起逐步减少直至单身 7.6 万美元（夫妻合报 12.5 万美元）"殆尽"。自雇业者如小企业主，可以选择 SEP IRA，供款额为净收入的 25%，最多不能超过 5.8 万美元。国税局规定 IRA 持有人每 12 个月之内可以免税转存（Rollover）IRA 一次，提领出来的钱 60 天免征税，IRA 信托人（Trustee）之间的转存以及传统 IRA 到罗斯账户（Roth IRA）的转存（Conversion）不受"一次之限"。

401（k）和 IRA 有相似之处：一是两者都有供款上限，2021 年 401（k）或其他类似退休计划存款上限为 1.95 万美元（年满 50 岁者为 2.6 万美元），IRA 上限为 6,000 美元（年满 50 岁者为 7,000 美元）。二是资金通常要到规定年龄或特殊情况（大病或者购买首套房首付等）时才可以自由取出，否则会有 10% 罚款。三是两者都是税收优惠（Tax Advantage）账户，供款额可以抵税，401（k）供款数目被列为税务资料申报在雇员 W-2 工资表第 12 格，IRA 的供款直接在 1040 表副表 1 的第 19 行扣除，不过在未来提取 401（k）和 IRA 账户的本金和收益的时候需要按当时的税率缴纳所得税（Income Tax），相对一般投资账户，401（k）和 IRA 无须缴付资本利得税（Capital Gains Tax）和红利税（Dividend Tax）。

401（k）和 IRA 的区别：一是 401（k）由雇主提供投资计划，而 IRA 账户可投资范围要大得多，债券、股票、基金都可以。二是 401（k）通常会有雇主的匹配（Match）计划，比如雇员将月收入的 5% 存入 401（k），雇主将等量的钱存入该雇员的账户，而 IRA 作为个人退休账户，自然没有任何雇主的"匹配"福利。三是 IRA 的税收抵免受到收入限制，而 401（k）不受收入限制。

对于大部分中产阶级而言，退休后收入减少，税率也会相应降低，因此趁有工作能力时多往 401（k）、IRA 里存钱，既可减少当前税负，也能让自己的晚年生活更有经济保障。但对于高收入家庭而言，退休后的抵扣项减少［不再有公司 401（k）、孩子独立无法作为被抚养人、房贷利息或已偿清等]，税率可能不降反增，因此这类人更倾向于使用罗斯账户。罗斯账户虽无传统退休账户（Traditional IRA）的抵税作用，但能享受账户中增值部分免缴所得税和不必在 72 岁半强制最低提款额（Required Minimum Distribution，简称 RMD）的双重优惠，投资可无限制复利增长。401（k）计划同样分为传统 401（k）和罗斯 401（k），预估自己年老时低收入低税率的人可选择传统 401（k），反之高收入高税率的可选择罗斯 401（k），或者同时拥有传统和罗斯两种 401（k）账户。选择罗斯 401（k）的计划参与者可向自己独立的“指定罗斯缴费账户”存入税后本金，取出时无须为本金及收益纳税，开户者可将账户资金转存入另一个指定罗斯缴费账户或罗斯 IRA。

凡是从退休账户取款的人都会收到银行或金融机构发出的 1099-R 表，该表第 7 格的取款代号（Distribution Code）决定了退休金是否需要上税或是缴 10% 罚款。退休账户的持有人应谨记以下几个关键年龄段。

1. 50 岁：年满 50 岁者可利用追加缴款（Catch-Up Contributions）提高退休账户的缴纳额度。

2. 55 岁：加入固定收益计划的人年满 55 岁且退休后，可以从退休计划拿钱并免予 10% 的罚款（Early Withdrawal Penalty）。

表 1-2　退休金计划比较

项目	401(k)	IRA	Roth IRA
适用对象	• 由雇主提供 • 雇主匹配（Match） • 无收入或年龄限制	• 可在美国合法工作者 • 未满70岁半 • 供款无收入限制	• 可在美国合法工作者 • 无年龄限制 • 有收入限制，2021年为单身14万美元、夫妻20.8万美元
优势	• 延税（Tax-Deferred） • 雇主匹配 • 可供款额较高	• 延税 • 投资标的较多	• 投资收益免税 • 投资标的较多 • 无年龄限制
供款上限	• 1.95万美元 • 年满50岁为2.6万美元	• 6,000美元 • 年满50岁为7,000美元	
资本利得税	不用缴纳		
个人所得税	• 可抵当年所得税 • 提取时须缴税	• 可抵当年所得税，但有收入限制，2016年单身收入不超过7.1万美元夫妻收入不超过11.8万美元 • 提取时须缴税	• 不可抵当年所得税 • 提取本金和收益均免税
提取年龄限制	59岁半，提前提取处以10%罚金		开户满5年即可提取本金，59岁半后自由提取
强制提取年龄	年满70岁半必须每年开始提取		无
可提前提取的特殊情况	• 支付医疗账单 • 成为残障人士 • 账户持有人过世 • 55岁后失业或提前退休	• 支付医疗账单 • 成为残障人士 • 账户持有人过世 • 房屋首购头期款（每人终身限额为1万美元） • 高等教育费用	

3. 59½ 岁：一旦年届 59 岁半，从各类合格退休计划［如 IRA 和 401（k）］和不合格退休计划（Non–Qualified Pension Plan）账户提款都可免予支付 10% 的罚款。

4. 72 岁：个人退休账户和固定缴款计划既不允许提前支取，同时也不允许延后甚至终身不取，不受 72 岁半强制提领要求的是罗斯账户（Roth IRA）和不合格的退休计划（Non–Qualified Pension Plan）。IRA（包括 SEP IRA、SIMPLE IRA 和 SARSEP IRA）的参与者在达到 72 岁半的那一年（不能迟于年满 72 岁半第二年的 4 月 1 日）开始提取强制最低提款额（RMD），分配金额取决于年龄及账户价值，国税局 590 号刊物（Publication 590）提供了计算最低分配的信息。

（三）逐项扣减的计算

如果逐项扣减额高出标准扣减额，纳税人可采取逐项扣减法以达到最大的减税目的。纳税人应在 1040 的 A 副表，逐项扣减（Schedule A，Itemized Deductions，见 126 页）上计算允许扣减的金额。逐项扣减项目包括六大类支出：医疗和牙科费用、向所在州或市缴付的税款、利息费用、慈善捐赠、意外和盗窃损失及其他扣减。

1. 医疗和牙科费用（Medical and Dental Expenses）

医疗和牙科费用虽在 A 副表上"独占鳌头"，但它却在省税上往往"成事不足"，究其原因是纳税人只能扣除实际费用超过调整后总收入（AGI）7.5% 的部分。可扣减的医疗费用包括但不限于纳税人为自己、配偶和被抚养人支付的医疗保险、就诊费、住院费、药费、器材费等，看病的交通（2021 年每英里 0.16 美元）和住宿费用亦可计入。殓葬、非处方药、生活用品、健身、整容的开支不可算作医疗费用，纳税人可参阅国税局 502 号刊物（Publication 502）查看符合扣除资格的医疗和牙科费用范围。如果保险公司退补医疗费，纳税人应相应减少申报保险费用。在年度中有净盈利（Net Profit）的自雇人士若符合自雇保险扣除的资格（Self–Employed Health Insurance Deduction），可直接在 1040 表副表 1 第 16 行扣除自付的所有医疗费用（如果自雇者的配偶有参加雇主提供的长期护理团体险则无法扣除），超过的部分则计入 A 副表作逐项扣减。

2. 向所在州或市缴付的税款（Taxes You Paid）

新税法限制了州及地方税款的扣减，总和至多在税表上扣减 1 万美元。州及地方的所得税或销售税、房地产税、个人资产税（如汽车、船舶等）都是可抵扣的税款，付给外国的所得税、房地产税也可计入，但联邦所得税、社会安全税、消费税（Excise Tax）、出售财产的转让税、屋主协会会费（HOA）、遗产和继承税以及水、下水道或垃圾收集的服务费都不可以计入。从工资中预扣的州及地方所得税在当年的 W–2 表上反映，若纳税人所在的州不征收所得税（如佛罗里达州、华盛顿州），可选择扣减州及地方的一般销售税。这两种税只能选其一，不得同时抵扣。

可扣减的房地产税包括地方政府对不动产的课税（Property Tax），部分地方福利税如果用来保养或修理是可以扣除的，选择由贷款机构定期从代管账户支付房地产税给当地政府的纳税人会在年底收到贷款机构发出的 1098 表，该表会详列纳税人在该年度已付的房地产税和贷款利息。贷款期间的房地产税账单会有一笔特别估税，该税不可作为可抵扣的房地产税。

3. 利息费用（Interest You Paid）

A 副表上可以进行扣除的利息种类包括符合房屋贷款条件的利息以及投资利息。一般每户可以有两处住房（自住房和度假屋）同时享受利息扣减，有关合格住所的利息及点数（Points）会在 1098 表上注明。新税法规定，若用于扣减利息开支，则购买、建造或改善住家的房贷总额不得超过 75 万美元，房屋净值贷款（Home Equity Loan）总额不得超过 10 万美元（只可用于买房或房屋修缮）。房屋借贷时，银行或借贷公司有时会收取“点数”，一般视作预付利息的形式，在满足一定条件时可以作为住宅借贷利息。

投资贷款利息（不包括“消极”投资）可以与借贷当年的投资课税收入相抵，如当年投资利息大于投资收入，超值部分留作抵减下一年的投资收入。借贷投资不包括用于购买州或地方政府的债券（因属于联邦免税）。借贷利息（如信用卡利息、购车贷款利息等）同样不允许扣减，但用于自营业务的借贷利息可放入 C 副表扣除。

4. 慈善捐赠（Gifts to Charity）

慈善捐赠必须是捐给符合条件的美国机构才能进行扣除，提供给个人的付款不予扣除，如果捐赠使得纳税人获得物品或服务（如慈善活动入场门票），纳税人只能扣除超过奖励品市价的部分。除了现金、支票等货币捐赠，纳税人可以捐赠非现金物品（最常见如衣物、家庭用具、书籍等），为慈善机构做善事可以扣减未被慈善机构补偿的相关费用，例如帮助教会载运物品，可以扣减实际汽油费用或用标准扣减（2021 年每英里 0.14 美元）外加停车费等开销。义务服务不能扣减，向任何政治团体、游说组织等的捐赠也不能扣减。

对于任何在 250 美元以上的现金或财物捐赠，必须取得慈善机构开具的书面确认书并标明现金或财物的描述，确认书必须说明该机构是否提供任何物品或服务以交换该项捐赠，以及对于物品和服务的市价估值。如果纳税人申报扣除了一项 500 美元以上的非现金捐赠，必须填写 8283 表，如果捐赠了 50 万美元以上的非现金财产，必须将估价单附在税表上。捐赠股票、艺术品、房地产等需要特殊计算扣减，捐赠贬值股票没有意义，因为捐赠无法“实现”亏损，只能按当时的市价在 A 副表扣减。一般慈善捐赠扣减上限是调整后总收入（AGI）的 60%，对家庭基金会的捐赠和一些增值物品的扣减则不超过当年 AGI 的 30%，在当年因扣减上限而未用完的超额可以结转到下一年使用（五年为限）。除现金外，纳税人可以捐赠其他各种物品。

5. 意外和盗窃损失（Casualty and Theft Losses）

新税法只允许扣减天灾造成的财产损失（如地震、飓风、车祸、盗窃等），但保险公司的理赔应与损失互抵后才能决定损失扣减额，纳税人必须把发生在当年的每件意外或盗窃事件减去 100 美元，然后加总，再减去调整后总收入（AGI）的 10% 来计算那一年予以扣减的意外或盗窃损失额（4684 表）。

（四）利息和红利的计算

1040 的 B 副表，利息及普通股息收入（Schedule B，Interest and Ordinary Dividends，见 128 页）用来申报超过 1,500 美元的利息和合格红利，低于该数额直接在 1040 表第 8 行和第 9 行填报。需要上税的利息通常包括：

1. 银行账户、货币账户、定存账户、分红保险（Deposited Insurance Dividends）产生的利息，美国公民及绿卡人士的境外利息收入也应一并呈报，国外金融账户的持有人必须在 1040 的 B 副表第三部分中列出，无论其是否需要填写 FinCEN 114 表（Report of Foreign Bank and Financial Accounts）。

2. 国库券、票据和债券的利息收入，需要缴纳联邦层面的所得税，但免缴州市的所得税。

3. 储蓄债券（Savings Bond）的利息，在债券到期或被赎回前，纳税人通常不需要申报EE系列和I系列美国储蓄债券的利息，如果1989年后发行的EE系列和I系列的某些债券用于支付高等教育并满足相关规定，不被计入应税所得。州及地方政府债券的利息无须缴纳联邦税（部分州要求缴纳州及地方税），但需要作为免税利息进行申报。如果一个债券、票据或其他债务票据最初以折扣的方式发行（Original Issue Discount Instruments），原发行折让的一部分可列入每年的利息收入。若收到 10 美元或以上的利息收入，纳税人会收到银行或金融机构寄来的 1099-INT 表，利息收入（Interest Income）或 1099-OID 表，初始发行折扣（Original Issue Discount），其中列明应纳税或可报告的免税利息。

红利（Dividends）可归类为普通或合格红利，普通红利按一般收入纳税，符合规定的合格红利（Qualified Dividends）则以较低的资本利得税率征税（0 ～ 15% ～ 20%）。如果在一家公司、信托、产业拥有权益便会收到作为财产分配的股息红利，如果该公司替其股东支付债务，或者股东从公司得到服务，或者允许股东使用该公司的财产，均可视为收到红利。如果一个股东提供服务并收到超过市价（Market Value）的报酬可被视为收到红利，如果一个股东收到公司增发的股票或分配的股权，这些分派（Distributions）也可能会被认定为股息收入。退还原投资股本的分配金不属于红利，因为该项资本分配金是返回投资人先前在公司的部分或全部股本，资本回报（Return of Capital）降低了投资人股票的调整成本基础（Adjusted Cost Basis）。当收到 10 美元或以上的红利收入，纳税人会收到 1099-DIV 表，股息及分派（Dividends and Distributions）。

（五）自雇收入的计算

1040 的 C 副表，业务收入（Schedule C，Profit or Loss From Business，见 130 页）用来计算“自雇收入”（Self-Employed），顾名思义，就是“单干”劳务收入，不同于年终收到 W-2 的“受薪族”，自雇收入者年底会收到 1099-NEC 表（见 144 页），其与 W-2 的区别在于 1099 自雇者被视为“合约人”（Contractor），而领 W-2 者被视为“员工”（Employee）。自雇者一般有灵活的工作时间，自己租办公室（或在家办公），登广告，买工具设备，如房地产经纪、保险经纪、美甲业者、出租车司机等。反映在预扣税（Withholding Tax）上，W-2 员工由雇主支付 7.65% 的社安及医疗税，雇员自己预扣 7.65% 的社安及医疗税，而 1099 自雇业者拿的是“佣金”（Commission），因此不用预扣税，但高收入者需自己按季度付预付税（Estimated Tax）。由于自雇收入需要兼付个人所得税（Income Tax）与 15.3% 的社安及医疗税（Social Security and Medicare Tax），所以统称为“Double Tax”，但自雇收入在税务申报上也有灵活的优势，即国税局允许自雇业者把相关工作开销予以扣减，现举一例：

黄女士为纽约市皇后区房地产经纪，2015 年 1099-Misc 佣金收入为 10 万美元，她可扣减的开销如下：

1. 与开车有关的费用，国税局规定汽车开销可选择“标准扣减”（Standard Deductions）或“实际扣减”（Actual Deductions），一旦选定不可每年更改。黄女士 2015 年用车 2 万英里，业务用车 80%，每英里“补贴”0.575 美元，因此“标准扣减”用车扣减为 9,200 美元。如采用“实际扣减”，可包括汽油费（根据加油用卡或现金收据）、过桥（Toll）及停车费、修车费及汽车折旧，总共 8,600 美元。经比较，黄女士决定采用“标准扣减”。

2. 广告费，包括报纸、电视、电台及网页等，约 6,000 美元。

3. 房地产公司租台费（含房源网登记使用），4,800 美元。

4. 手机、上网、有线电视电缆（Cable）费，3,600 美元。

5. 更新手机、平板电脑及软件设备，2,500 美元。

6. 与专业相关的书报杂志，600 美元。

7. 因业务需要添置服装，3,500 美元。

8. 工作午餐（包括咖啡、招待客户晚餐，予以 50% 扣减），2,500 美元。

9. 个人医疗保险，6,000 美元。

10. “家庭办公室”（8829 表，Expenses for Business Use of Your Home）扣减。自雇业者的工作性质决定了黄女士需要在家工作，她的“家庭办公室”是家中专门用于工作的部分，以面积计算大约占四分之一，因此黄女士所有家中的开销，包括“供房”抵押贷款利息、地税、房屋折旧（或房租）、水电煤气等，均乘以四分之一，共 1.575 万美元。因此黄女士 2015 年可扣减支出为 5.445 万美元，纯收入 4.555 万美元，需缴社安税 6,436 美元（45,550 × 15.3% × 92.35%）。

除了自雇人士以外，法定雇员（Statutory Employee）和个体户（Sole Proprietor）也通过C副表申报收入和支出。保险从业者大多属于法定雇员，不坐班的销售员（买主需是零售）、食品或农产品公司的司机也均属于此类，法定雇员所收到的W-2表会在第13格上标记“Statutory”，W-2收入可在C副表中扣减开销。“个体户”是最简单也是小生意经营者最常选用的公司形式，个体业主可以在地方政府（郡县）申请经营名称（Trade Name）或在州政府成立LLC（在税务上以Sole申报），个体户不需要单独填报公司税表，而是在个人税表1040的C副表申报，个体经营的盈亏计入当年家庭总收入，按个人税率纳税，个体业主需要为净盈利（Net Profit）上缴15.3%的自雇税。

个体业主、出租车司机、网店店主通常会在年底收到信用卡公司或第三方支付服务商寄来的1099-K表（若成交额超过2万美元或成交量在200次以上），1099-K表让商家和自雇者的信用卡收入透明化，进而减少“闷声发大财”的可能。举个例子：

投资个体李先生使用“贝宝”（PayPal）作为第三方支付平台，他在 2015 年欲盖一栋新房，他把材料设备及人工以 5 万美元承包给王先生的施工队，“贝宝”将李先生公司的报税号码和王先生的个人社安号码以及 2 万美元的转账信息上报给国税局，王先生在收到“贝宝”寄来的 1099-K 表后，不仅要在个人的 C 副表中申报这 5 万美元收入，他也要为两个帮工出 1099-Misc 表。

（六）股票投资与房屋买卖的资本利得税

2012 年，美国“股神”巴菲特在接受 ABC 访谈时提到他的综合税率是 17.4%，而其秘书黛比（Debbie Bosanek）的综合所得税率则高达 35.8%，如此高的税率差距，究其主要原因是美国富人的收入主要源于资本投资收益，而资本利得所得（Capital Gain）及合格股息（Qualified Dividend）的税率相对低于一般收入所得税率。

资本利得税（Capital Gains Tax）是对资本资产增值带来的收益所征收的一种税，对于一般纳税人来说，资本利得主要来自股票交易和房屋买卖。国税法规定要合计一个纳税年度中发生的全部资本利得和亏损，以便确定该年度的资产交易净值（Net Gain or Loss）。第一步，纳税人要在 8949 表，资本资产的销售和其他处置（Sales and Other Dispositions of Capital Assets）上申报大多数买卖及其他资本交易，计算资产的成本价和售价之差以得到资本利得或亏损。根据持有资产的时间区分短期和长期，持有时间在 1 年或以下视作短期（Short Term），1 年以上则为长期。第二步是将净短期盈亏和净长期盈亏填报在 1040 的 D 副表（Schedule D，Capital Gains and Losses，见 134 ～ 135 页）上，如果第二步的计算余额一个是利得，一个是亏损，那么将两个余额合并计算该年的净资本利得或亏损。短期资本利得适用一般所得税率，而长期资本利得分为三档（0 ～ 15% ～ 20%）：2021 年单身课税收入不超过 4.04 万美元、夫妻课税收入不超过 8.08 万美元的人，其长期资本利得税率为 0；单身课税收入介于 4.04 万美元至 44.585 万美元、夫妻课税收入介于 8.08 万美元至 50.16 万美元的人，长期资本利得税率则为 15%；单身课税收入超过 44.585 万美元、夫妻课税收入超过 50.16 万美元，其长期资本利得税率将采用 20%。有三类可对资本利得课以高于 15% 税率的例外情况：出售第 1202 条款下符合小型企业股票的利得部分课以最高 28%的税率；出售收藏品（如硬币或艺术品）的净资本利得课以最高 28%的税率；净资本利得的部分是来自出售任何第 1250 条款下的物业按最高 25%的税率予以课税。

先说股票投资，美国对于资本亏损的规定相比一般亏损较为不利，原因是资本盈亏采用“实现原则”（Realization Principle），纳税人可以自行选择出售股票的时间，以便转“盈”为“亏”减少税负，对于这种不对称的情况，政府要限制其资本亏损的扣除，每年每人可以申报 3,000 美元的净投资损失，不能抵扣的部分结转到下一年度资本盈亏净值的计算中。如果纳税人预期今年可能要支付一大笔资本利得税，可利用以下方法合理节税。

1. 延长持有期：长期利得税率较短期更低，如果手中的证券已经持有了 11 个月，可以将交易推迟 1 个月。

2. 税务盈亏收割：资本亏损可用来抵销资本利得和收入所得，如果今年的长期资本利得是 5,000 美元，而长期资本亏损是 1 万美元，那么你的净亏损 5,000 美元中的 3,000 美元可以用来抵销收入所得，降低今年的所得税，余下的 2,000 美元亏损可以结转到来年。

3. 利用免税或税延账户：利用 401（k）和个人退休账户（IRA）、罗斯账户（Roth IRA）等税收优惠账户可以推迟或免去利得税。

再说自住房买卖，税法规定个人资产（如住家或汽车）利得需要上税，但亏损不予扣除。卖房售价（Sale Price）减去售房开支（Selling Expenses）和调整后成本得到资本利得或亏损，调整后成本为原始成本（Basis）和成本调整之差（Basis Adjustments）。售房开支包括中介佣金（Commissions）、律师费、广告费、为买家垫付的贷款费用。原始成本包括房屋买价、过户费、装修费、修缮费。如果曾享有房屋折旧（Depreciation）抵税，折旧部分必须作为“成本调整”加回（Recaptured Depreciation）。根据税法 Sec.121，自出售日起向前推算 5 年，如果在此期间出售者至少有 2 年将该房产作为主要居所（Main Home），那么出售者可获得 25 万（单身）或 50 万美元（夫妻合报）的资本利得税豁免份额，该豁免额仅适用于自住房，纳税人每两年可享受一次。

房屋交易还有非自用房出售、混合房出售两类。非自用房包括除出租物业、度假屋等，非自用房无法享受 25 万美元（夫妻合报 50 万美元）的资本利得豁免份额。混用房产是指部分自住，部分用于出租，如果在售房前 5 年拥有和自住达到 2 年，自住部分按自用住宅处理，享受每人 25 万美元的豁免额，超出部分上税，商用或出租的部分按房屋使用比例计算净利。

（七）房屋出租的盈利与亏损

房屋出租在华人家庭中颇为普遍，当前房地产市场趋旺，出租房屋不仅可以增加收入，还享有比其他投资方式更为弹性的税务优惠。房屋出租应在 1040 的 E 副表，补充的收入和亏损（Schedule E, Supplemental Income and Loss，见 138 ～ 139 页）上填报。所有与租房有关的必需支出都可抵销租金收入，常见的租房支出包括：贷款利息、房地产税、房屋保险、水电煤气、维修费、清洁费等，民用住宅（Residential）按 27.5 年做直线折旧，商用楼宇（Commercial）按 39 年折旧。举一例：

吴小姐于 10 年前以 51.5 万美元在纽约市皇后区北法拉盛购入一家庭独立屋出租，2015 年月租为 2,850 美元，全年偿还贷款利息 1.45 万美元，地税 8,000 美元，维修管理 3,600 美元，房屋保险 800 美元，水费 1,950 美元，草坪整修 1,000 美元，折旧 1.87 万美元，净亏损 1.435 万美元。吴小姐虽然“积极”（Actively）并且“实质性”（Materially）地参与了出租管理，但她调整后总收入（AGI）超过 15 万美元（夫妻合报），因此当年的亏损不能扣减，转入 1040 中的 8582 表——间接运作亏损限制（Passive Activity Loss Limitations），存在那里直至吴小姐把房子卖掉时或年收入低于 15 万美元时，便开始扣减。还有第三种可能，就是吴小姐（或先生）取得房地产专业人士执照，国税局从 1995 年起为刺激房地产业复苏繁荣，允许专业人士出租亏损“上不封顶”（一般积极实质参与者最多每年扣减消极亏损 2.5 万美元）。

新税法引入了“合格业务收入扣减”（Qualified Business Income Deduction，也称为

QBI 扣减）的概念，只有过渡实体的活跃贸易或商业收入才能被算作合格收入，享有最高 20% 的扣减，过渡实体包括了房地产投资者。屋主可以将相似物业的权益视作单独的“出租房地产企业”（Rental Real Estate Enterprise，简称 RREE），或者将所有相似物业的权益视作合并的 RREE。注意，住宅物业与商用物业不能视作同类，商住混用物业可以算作单独的 RREE，或者分开为住宅和商用的两部分权益。为了符合 QBI 扣减的资格，出租物业必须由纳税人或过渡实体直接拥有，或者是为税收目的而直接拥有，并且满足以下四项规定：

1. 每个出租物业有单独的账簿和记录以反映收入和支出。

2. 纳税人对于每个出租屋每年进行至少 250 小时的租赁服务，需要注意的是 250 小时不是总体要求，而是每个 RREE 的要求。所以大部分纳税人都会根据通知选择将他们所有的物业“合并”到一个单独的 RREE 中。租赁服务包括出租或租赁房地产的广告、谈判和执行租约、验证潜在租户申请中包含的信息、收取租金、物业的日常运作、维护和修理、房地产管理、购买材料和监督工人和独立承包商等。这些租赁服务可以由所有者或企业所有者的雇员，代理商和 / 或独立承包商执行。而不符合资格的服务包括金融或投资管理活动，如安排融资、采购财产、研究和审查财务报表或业务报告、规划或构建长期资本改进、往返房地产的小时数等。“三重净租赁”（Triple-Net Lease），即租户自行承担房地产税、维修等运营花费，不符合“安全港”条款。2023 年将要求变为“满足 5 个要求”，每个 RREE 必须满足过去 5 年中至少 3 年的每年 250 小时要求，包括当年。

3. 自 2020 年 1 月 1 日之后的纳税年度起，纳税人必须保存管理活动的同期书面记录，包括所有服务的小时数、服务的描述、执行此类服务的日期和谁执行了这些服务。

4. 纳税人或过渡实体必须在申报 QBI 扣减时附上声明，表明他们对与陈述有关的事实和情况有个人了解。

E 副表的第 2 页用于申报小公司（S Corp）、合伙制企业（Partnerships）、遗产和信托的盈利或亏损，通常纳税人会收到作为股东或合作人所在公司、作为受益人的遗产或信托寄来的 K-1 表（见 188 页）。该表列出纳税人作为公司股东或合伙人分摊到的收入、费用和其他项目。以合伙人 K-1 表（1065）为例，该表有三个部分：第一部分是合伙制企业的相关信息；第二部分是纳税人（合伙人）的相关信息，比如身份号码，合伙人身份（一般合伙人或有限合伙人、国内或国外合伙人、个人或公司），合伙人利润、亏损、资本和负债的份额；第三部分是收入、扣减、优惠及其他项目，纳税人可参阅 K-1 代码说明书（Code Instruction），将各项数额填在相应的副表上。代码 1“普通业务收入”、代码 2“净房地产出租盈亏”、代码 3“其他净出租收入”、代码 4“固定报酬”（Guaranteed Payments）、代码 7“版税收入”（Royalties）需要填报在 E 副表上，而其他如利息及红利收入（B 副表）、资本利得或亏损（D 副表）、合伙人自雇税（SE 副表）、外国税（1116）则是在其余副表上反映。K-1 收入多数属于“消极收入”（Passive Income），因此也应像房屋出租亏损一样受“风险规则”（At-Risk Rules）和 / 或“消极投资规则”（Passive Activity Loss Rules）限制（8582 表）。税法规定，消极活动亏损只能与消极收入相互抵扣，不可抵减工资、利息等其他收入。如果合伙人积极参与管理（Actively Participate），有权扣减最高 2.5 万美元的亏损，扣减额在合伙人再调整后总收入（MAGI）超过 10 万美元时逐步减少（Phase Out），直至 15 万美元时“殆尽”（Disallowed）。“实质并积极参与管理”（Materially and Actively Participate）的合伙人（如一般合伙人）则可享受无限扣减。

（八）替代最低税的计算

替代最低税（Alternative Minimum Tax，简称 AMT）是个人所得税的“另类”计算，AMT 通过对税前减免额的限制，以确保高收入者缴纳他们所应承担的最低税款。如前文所说，纳税人可用“标准扣减”或“逐项扣减”减少上税收入，逐项扣减包括医疗和牙科费用、向所在州或市缴付的税款、利息费用、慈善捐赠、意外和盗窃损失等，对于有些纳税人来说，逐项扣减可带来一个相当可观的数额。如此，所需缴纳的税也会大幅减少。2021 年触发 AMT 的课税收入门槛为夫妻合报 104.72 万美元或单身 52.36 万美元，AMT 统一宽免额（Exemption）也调高至夫妻 11.46 万美元或单身 7.36 万美元。AMT 根据课税收入分为 26% 和 28% 两档税率。先前年份的替代最低税额（AMT Credit）可以抵销常规所得税或替代最低税欠款，当年未用完的可以继续结转。

暂定最低税通过如下步骤计算得出：

1. 计算上税收入，免除或减少某些豁免额和扣减额，考虑计算常规上税收入与替代最低上税收入（AMTI）时应纳入考虑的某些项目的差别，包括免税的利息收入、行使奖励购股权（Exercise of Incentive Stock Options）、大部分逐项扣减项目等。

2. 减去 AMT 宽免额。

3. 将第二步算出的金额乘以适当的 AMT 税率。

4. 最后减去 AMT 外国税收优惠额。

AMT 是一套有着特定“优先”顺序的“复核”系统，举一例：

沈氏夫妇 2018 年收入为 174,593 美元，房贷利息 1 万多美元，地税 7,000 美元，州及所得税 9,000 美元，但受限于州及地方税最多只能扣减 1 万美元的新规（SALT 税上限），地税和所得税只有 1 万美元抵减总额，无法“激活”逐项扣减（Itemized Deductions），故采用标准扣减（Standard Deduction）2.4 万美元，与年收入相减得到课税收入 150,593 美元，常规税负 2.5 万多美元。现来进行 AMT 的计算，首先加回各项税前减免，在沈氏夫妇常规课税收入 150,593 美元的基础上加回 2.4 万美元标准扣减额，得到 AMT 规则下的最低替代课税收入（Alternative Minimum Taxable Income，AMTI）为 174,593 美元。再减去 2018 当年夫妻 AMT 宽免额 10.94 万美元，得到 65,193 美元。乘上 26% 税率，暂定最低税为 16,950 美元，因低于常规所需缴纳的税负 2.5 万多美元，故不产生 AMT。

若调高沈氏夫妇的收入为 156 万美元，看看如何触发 AMT。156 万美元常规课税收入，加回标准扣减 2.4 万美元，得到 AMT 规则下的课税收入 158.4 万美元。因此时高于夫妻 AMT 课税收入门槛 100 万美元，不再享有宽免额，分阶以 26% 和 28% 税率，得到暂定最低税，与常规税负的差额为 AMT。

再回到实际例子上来，因为沈氏夫妇 2018 年不需要缴纳 AMT，但他们在 2017 年缴纳 AMT 2,452 美元，他们有资格在 2018 年的常规税负上获得最低限额税的优惠（8801 表）。他们 2018 年常规税负减去儿童退税抵减额为 19,309 美元，与暂定最低税 16,950 美元的差额为 2,359 美元，那么上一年的 AMT 可最多抵税 2,359 美元，未用完的 93 美元继续结转至下一年使用。

如果下一年的常规所得税高于替代最低所得税，纳税人可用最低限额税（AMT Credit）抵减常规所得税。纳税人也可反其道而行之，考虑把下一年的普通收入提早认列或延缓逐项扣减，如此就可提高常规税，将常规税基本和AMT持平，不会白缴 AMT，且将会减少下一年的所得收入。

（九）低收入、儿童、教育、健保四大退税

1. 低收入所得退税

低收入所得退税（Earned Income Tax Credit，简称 ETEC）是一项针对中低收入工作群体可退税的抵免优惠（Refundable Credits），即使纳税人无须缴税或是不需要报税，也有可能获得退税。若想取得 EITC 资格，申领人必须有有效的社安号（SSN），身份是美国公民或绿卡人士，或是与上述两类人采用夫妻合报的非居民外籍人士，不得作为他人的“合格子女”，在年底时年满 25 岁但是未满 65 岁，当年有半年以上的时间住在美国。申领人还必须有通过劳力挣得的收入，调整后总收入（AGI）在一定限额内，投资收入（如股票、共同基金）不超过 3,650 美元，申报国外收入免税额（2555 表）、夫妻分报者均不得申领 EITC。

申领人可获得的低收入所得退税取决于其报税身份，是否有合格子女，合格子女的人数以及收入金额。2021 年有至少三个孩子的单身家庭年收入 51,464 美元（夫

妻合报 57,414 美元）以下，有两个孩子的单身家庭年收入 47,915 美元（夫妻合报 53,865 美元）以下，有一个孩子的单身家庭年收入 42,158 美元（夫妻合报 48,108 美元）以下，以及单身年收入 15,980 美元（夫妻合报 21,920 美元）以下者，皆可申请 EITC。2021 年 EITC 的最高退税额为：有三个或以上合格子女的为 6,728 美元；有两个合格子女为 5,980 美元；有一个合格子女的为 3,618 美元；没有合格子女的为 543 美元。部分州政府也提供 EITC 优惠，如纽约州依照联邦的标准，给予本州居民至多 30% 联邦 EITC 的退税优惠。

没有合格子女的申领人只需将 EITC 金额填上报税表 1040 表第 27 行，有合格子女的申领人则须填 EIC 副表（Earned Income Credit）附在 1040 表上。国税局自 2012 年起强制报税人（如会计师或律师）申报 8867 表即申请低收入补助人背景调查，低收入自雇业者（无 1099 表）需提供雇主证明或银行报告证实收入来源，国税局为外国人发放的个人纳税识别号码（Individual Taxpayer Indentification Number，简称 ITIN）不能用于领取 EITC。有子女的退税申领者必须向报税人提供子女在校就读或医生证明，子女必须未满 19 岁或是未满 24 岁的全职学生，子女必须与纳税人在美国同住超过半年，把孩子送回中国抚养的华人纳税人在申报低收入退税时应特别注意。

2. 儿童抵退税

儿童抵退税（Child Tax Credit）是为家中有 17 岁以下合格儿童的纳税人设定的税务优惠，旨在为纳税人减轻联邦所得税负担，并于纳税义务已尽后，将剩余的退税款退给纳税人。儿童抵退税通过 8812 表填报，每位 17 岁以下合格儿童可为家长带来最高 1,000 美元抵税金额，抵税金额直接从税款中扣除 1040 表第 19 行，儿童退税的多寡取决家长的收入以及单亲抑或是双亲，双亲家庭调整后总收入（AGI）超过 40 万美元（单亲家庭超过 20 万美元）开始以超出部分 5% 的金额逐步减少（Phase Out）直至殆尽。儿童退税可先用来减少或完全抵免纳税人的应付税款，再通过附加儿童退税（Additional Child Tax Credit，1040 表第 28 行）使纳税人收到全部或部分儿童退税余额，2016 年劳力收入超过 3,000 美元的家庭还可得到下列两者中数额较低的一种退款：(1) 该家庭儿童退税余额；(2) 家庭收入超过 3,000 美元部分的 15%。

一个“合格儿童”必须未满 17 岁，与纳税人为子女、孙辈、继子女、领养子女、甥侄关系，该儿童必须在美国与纳税人共同生活超过半年，也必须是公民或合法外籍人士，儿童也必须有社安号或个人身份号码（ITIN）。该儿童必须在税表上作为纳税人的被抚养人（Dependent），且没有经济实力支付他 / 她一半以上的生活费。

同 EITC 一样，部分州政府也为本州居民提供儿童退税优惠，纽约的帝国州儿童优惠（Empire State Child Credit）为符合资格的中低收入家庭提供每位合格儿童（4 岁以上，17 岁以下）至少 100 美元或联邦退税额 33% 的税务优惠。举一例：

许女士独自抚养两个儿女，她在 2015 年的 W-2 收入为 1.9 万美元，无须缴纳收入税，她可获得 2,000 美元或是收入超过 3,000 美元部分 15%（2,400 美元）两者较低数额的联邦儿童退税款，即 2,000 美元，并获得纽约州儿童退税 660 美元。此外，她也具备资格获得 5,548 美元的联邦低收入所得退税及 1,574 美元的州税优惠，共计 9,782 美元退税款。

享受儿童退税并不影响纳税人获得 EITC 或儿童及被抚养人照顾费用抵税优惠（Credit For Child And Dependent Care Expenses）的资格，但是，由于联邦儿童及被抚养人照顾费用抵税数额先于儿童退税被计入，并可能完全抵销了一个家庭应付税款，因而影响到该家庭可以收到附加儿童退税款的金额。

3. 美国机会教育抵退税

1997 年《纳税人救助法案》推出“希望”抵退税（Hope Credit）和“终生学习”抵退税（Lifetime Learning Credit）两项税收抵免优惠，旨在帮助纳税人减轻教育负担，2009 年《美国复苏与再投资法案》又颁布一项可退还的税收抵免——美国机会教育抵退税（AOTC）以取代“希望”抵退税。美国机会教育抵退税适用于高中毕业后的前四年大学教育，纳税人依照收到的 1098-T 表填报 8863 表，教育退税（Education Credits）每年至多可获得 2,500 美元的抵免额，即第一个 2,000 美元学费的 100% 及第二个 2,000 美元学费的 25%，学费包括书本材料费但不包括住宿费等其他费用。举一例：

吴氏夫妇调整后总收入为 10.705 万美元，儿子迈克就读大学一年级，2015 年学费为 3.2451 万美元。除学费外，吴氏夫妇还为迈克支付书费 726 美元，注册费 75 美元，学习材料 134 美元及授课所需的手提电脑和上网服务费 1,541 美元，总计 2,476 美元。因此在 8863 表中，全部教育支出等于 3.4927 万美元。国税局对其他费用的定义为直接付给学校的相关费用，举例来说，迈克从学校的书店中买一本教科书约需 130 美元，如在网上购买只需 42 美元，根据国税局的定义，只有 130 美元的收据才可作为申报书费抵税的凭证，42 美元因不是付给学校所以不能算入其他费用。

合格的学生（Qualified Student）必须在合格的教育机构至少修了全职学生一半的课程，若一学生收到的奖助学金超过学费，即学费都以奖助学金形式支付，这些学费则不可用于抵免，但若学费超过奖助学金，超出的金额便是“符合条件”的教育费用（Qualified Education Expense）。当个人再调整后总收入（Modified Adjusted Gross Income，简称 MAGI）超过 8 万美元（夫妻合报超过 16 万美元）时，美国机会教育抵退税额将按占超过部分 1 万美元的百分比减少（夫妻合报按 2 万美元的百分比减少），例如夫妻两人的调整后总收入为 17.6 万美元，那么这项抵免将减少 80%（1.6 万美元除以 2 万美元），只能按 20% 计算。当个人调整后总收入超过 9 万美元（夫妻合报超过 18 万美元）时则无法享受该项抵免。美国机会教育抵退税相较于"终生学习"抵退税最大的优势在于有 40% 抵免额是可退还的（Refundable），即便完全无须缴税的家庭也可获得 1,000 美元的退税。

4. 健保保费退税

通过"欧记"健保市场（Marketplace）购买保险的民众通常会在 1 月底 2 月初收到保险公司寄出的 1095-A 表（Health Insurance Marketplace Statement），该表详列了参加健保的所有资料，包括全保的纳税人家庭成员名单、受保时间、每月支付的保费（Premium）、每月提前获取的健保抵税金额（Advance Premium Tax Credit）等信息。欧记健保类别分为铜级（自付额 40%）、银级（自付额 30%）、金级（自付额 20%）和白金级（自付额 10%）。自付额是看病就诊后自己先负担的医疗费用，而自付保健费是受保人每月要履行健保合约所支付的固定金额，其按照低于联邦贫穷底线的 133%、150%、200%、300% 及 400% 五个不同等级，将年收入乘以对应的百分比（2% ～ 9.5%）得出，一般于申请时以前一年的再调整后总收入（MAGI）预估当年的收入，计算出可提前获得的健保抵税额，用此抵税额来补贴个人或家庭购买"欧记"健保的保费成本。

纳税人可据 1095-A 表填写 8962 表，健保保费退税（Premium Tax Credit）确认已提前支付的健保抵税额度，8962 表适用于通过各州健保市场购买医保，无法通过雇主或政府的计划受保并且收入在四倍联邦贫穷线（Federal Poverty Line）以下的群体（以 2016 年为例，年家庭人口一人则为 4.708 万美元，在此基础以每增加一口人限额增加 1.664 万美元类推，如两人则 6.372 万美元，三人则 8.036 万美元）。"欧记"健保的税务补助是各类别保险（白金、金、银、铜）"欧记"健保费用与投保人自付保费的差额，计算税务补助时，以银级保费为参考点，选取较高级健保（如白金级或金级）时，较高级保费与银级保费的差额必须自行负担，没有税务补助。举一例：

张先生单身，年收入为 2.376 万美元（200% 贫穷线），健保自付保费依规定是年收入的 6.3%（1,496.88 美元），若他选择参加某保险公司"银级"计划，每月保费 450 美元，一年共支付 5,400 美元，那么他一年可以获得的健保退税为 3,903.12 美元（5,400 － 1,496.88）。张先生可以选择每月提前领取补贴（Advance Tax Credit），在报税时再根据 2016 年实际的调整后总收入计算出正确的保费与预估额进行比较，决定是否需要退税或补税，若应获得的抵税高于收到的抵税金额便可在税表中申请退税，反之则须在税表中再补差额。

值得注意的是，若民众有在年中停保或有在年中转去白卡等特殊情况，收到的1095-A表却显示是整年都有保，必须及时联系保险经纪填申诉表做更正。由政府或雇主提供健保以及向私人保险公司购买健保的人没有预付健保抵税。1095-C表（Form 1095-C）适用于由雇主提供健保的人，1095-B表（Form 1095-B）适用于持有医疗补助计划（Medicaid，俗称“白卡”）、Medicare红蓝卡、CHIP儿童健保等其他健保的人，从2016年起保险公司按规定将这两类表格寄给受保人。

借此再谈一下“欧记”健保罚款和豁免方法，2016年健保罚款将取每人695美元（儿童减半，每家庭最多2,085美元）或2.5%再调整后总收入（MAGI）的较高值。符合以下条件的无保人士可自动获得罚款豁免：没有保险的时间不超过三个月（Short Gap）；最低保险费（铜级计划）超过家庭收入的8%；收入低于报税标准；在美国没有合法身份。满足下列条件同样可以申请困难豁免（Hardship Exemption）：过去六个月中遭受自然灾难引起财产巨大损失；过去六个月中申请破产；过去二十四个月有巨额医疗账单无法支付；父母申请白卡或子女申请CHIP被拒，法庭已经命令父母提供子女健康保险资助，申报子女的父母不必为孩子的保险费负责，因此也不必受罚。另一种非自动健保罚款豁免方式是填写8965表格，勾选豁免理由。因此建议无力承担保险自付费用（Deductible）的低收入人群寻求州医疗补助计划的帮助，申请该计划的人必须证明其收入有限，个人拥有可计数财产（Countable Asset）未超过2,000美元，可计数财产包括个人储蓄、退休账户、投资及现值保险余额，但不包括汽车、自住房（各州对住房资产的限额有不同规定）和部分基金。

二、公司税务

美国联邦税以个人所得税和公司所得税为其主要收入来源，州税以销售税（Sales Tax）和使用税（Use Tax）为其主要收入来源，地方税以财产税（Property Tax）为其主要收入来源。

美国公司的所得税税表主要分为1120、1120S与1065三种形式，公司税表与个人税表的最大区别在于，个人税着重于收益及其扣减，公司税则不但包括损益表（Profit and Loss），还包括公司资产及债务权益的平衡表（Balance Sheet）。公司所得税分联邦、州、地方三级征收，是除个人所得税和工资税外的第三大税种。公司所得税以美国公司和外国公司作为纳税主体，凡是根据各州法律注册成立的公司，不论其设在美国境内或境外，也不论其股权属谁，均为美国本土公司（Domestic Company），需申报全球所得；凡是向外国政府注册，依据外国法律成立的公司，不论其设在美国境内或境外，都视为外国公司（Foreign Company），只需申报来源于美国境内的所得（包括经营收入、资本利得、租金等）。公司所得税采用超额累进税率（15% ～ 35%），应税所得是公司所得减去税法允许扣除的费用与损失后的余额。纳税公司可选择各自的起讫日期，一般应税期限为一年（日历年度 Calendar Year 或财政年度 Fiscal Year），特殊情况可少于 12 个月（Short Year）。公司年度税表应于税务年度结束后第三个月的 15 日之前提交（采用日历年度的股份公司则为每年的 4 月 15 日之前），公司可以申请 6 个月延期申报（但缴税义务不得延期）。纳税公司可选择权责发生制（Accrual Basis）、现金收付制（Cash Basis）或其他会计核算方法作为计税基础。不同的公司形式很大程度上决定了公司如何纳税，美国公司在股东责任方面分为无限责任和有限责任，在税法方面分为双重纳税和股东单层纳税。

（一）公司形态的比较

股份有限公司（Corporation，简称 C 公司，申报 1120 表）是一种独立于其股东而单独存在的实体，这种形式可以使公司所有者承担有限的债务责任并通过发售股份来吸引资本。相比于其他形态，C 公司最大的优势是可以融资，可以上市，并且股东身份不限，允许各类机构和个人持股，有相对自由的股东权益转让和永久存续。C 公司的优势在于集中管理，体现分权与制衡的原则，股东选举董事会，董事会任命管理层，管理层对董事会负责，董事会对股东负责。C 公司最显著的劣势是双重税收，公司先以单独个体缴税，公司利润通过股息、红利的方式发给股东后，再由股东缴交个人税。由于双重税负的问题，在股份有限公司的基础上出现了 S 公司（小公司）。试举一例：

> 腾飞公司 2015 年盈利 1 万美元，公司税率 15%，该公司需缴纳联邦所得税 1,500 美元，税后利润 8,500 美元按各自股份分给两位股东，股东 A 和 B 分别获得 5,000 美元和 3,500 美元。假设两人的个人税率为 10%，股东甲和乙各需缴税 500 美元和 350 美元，针对 1 万美元的盈利，公司和股东共计缴税 2,350 美元，实际税率为 23.5%。

相较 C 公司，S 公司（申报 1120-S 表）在税务上的优势是“税负流转”（Pass-Through），即公司盈亏直接转嫁给股东个人。仍引用上文例子，腾飞公司向国税局申请转为 S 公司，在公司层面没有税收，该 S 公司 1 万美元盈利按各自股份直接“转嫁”给两位股东，股东甲和乙以各自税率缴交个人税。若 S 公司产生亏损，同样也可以“转嫁”给公司股东，冲抵他们的个人收入。S 公司的股份转移较为简易，但无法像 C 公司那样发行各类股份（例如发行 A、B 两种股份，A 股一份可得红利 100 美元，B 股一份仅得 10 美元）。成立 S 公司需满足多项税务规定：美国本土公司，股东必须是自然人且人数不得超过 100 名，而且股东必须为美国公民或绿卡持有人。选择成为 S 公司必须得到国税局和各州的批准，因此成立时的文书工作比较多。S 公司股息时每股必须"一碗水端平"，S 公司的盈亏必须按股东的持股份额分配，不可像合伙人实体，由成员自行商议。S 公司的股票只能私人交易，不能上市。但 S 公司区别于 C 公司的好处是，S 公司的盈亏、优惠项目、扣减项目都会"过渡"给企业主，在个人层面课税，公司层面联邦不课税，仅需在各州支付费用。

个人投资者可选择成为"个体户"（Sole Proprietors），所有经营活动都以个人名义开展。个体企业的优势在于注册手续简单，税务申报亦不复杂，个体业主不需要单独填报公司税表，而是通过个人税表 1040 的 C 副表申报即可，个体经营的盈亏计入当年家庭总收入，按个人税率纳税。虽然个体企业税务灵活，但稍有不慎（如谎报支出、隐藏获利），极易遭到国税局稽查。个体经营也并不一定比传统公司更为省税，个体业主需要为净盈利（Net Profit）上缴 15.3% 的自雇税（Self-Employment Tax）。个体企业缺乏法律保护，若出现法律纠纷或无力偿还借贷，个人业主必须拿出个人财产抵债。因此，商业风险较低、欲进行小规模试探性经营的人可采用个体经营的形式。

个人投资者也可以选择与他人合伙，在美国，合伙制企业（Partnership，简称 P 合伙人实体，申报 1065 表）通常由两名或多名法人和自然人组成，合伙企业可分为一般合伙制（General Partnership）和有限合伙制（Limited Partnership）。一般合伙制企业，所有合伙人皆有一定的企业经营权限，但同时要对企业发生的错误承担连带责任。有限合伙制企业由两类合伙人组成：一般合伙人对该企业有绝对的管理权和控制权，因而承担无限责任；有限合伙人不参与日常事务管理，只对企业承担自己出资比例的有限责任。合伙企业的优点：一是避免双重征税，企业盈亏由合伙人个人申报；二是成立手续简单，对合伙人身份不设限。合伙企业的劣势：一是合伙人必须为未分配的利润支付个人税，为固定报酬（Guaranteed Payments to Partners）支付自雇税；二是一般合伙人需要对公司债务承担连带责任。合伙企业在责任制度上有着和个体经营相同的缺点，因此，兼具股份有限公司对股东的责任保护以及合伙企业税务优惠的有限责任公司"孕育"而生。

在美国，有限责任公司（LLC）的概念与中国大相径庭。LLC 是一种混合型的商业实体，它有着股份公司的优点，所有者按法定权益（Interest）承担有限责任。LLC 是法定意义上的独立实体，具有与合伙企业相同的"税负流转"优势，可在税务上选择申报 1065 或 1120-S，甚至 1120 或 1040-C 副表。LLC 虽起步较晚（1977 年才出现），却是如今最受公司和投资者青睐的公司架构。不过，它也有缺陷，公司发展与成员息息相关，成员的退出、退休或去世都可能导致公司停业。另外，LLC 的法定权益不可像股份有限公司的股权自由转让，LLC 一般也不可以上市。

在 LLC 和有限合伙（LP）的基础上，20 世纪 90 年代初期又诞生了混合两者特点的有限责任合伙（LLP，申报 1065 表）。LLP 没有有限合伙人，合伙人之间更为独立、平等。同 LLC 一样，LLP 也为合伙人提供有限责任保护和税务优惠，但 LLP 多涉及律师、会计师、医师、建筑师等专业领域，因此合伙人必须购买责任险或抵押保证金以防不测。此后，在 LLP 的基础上，还发展出有限责任有限合伙（LLLP），LLLP 全体合伙人均享受有限责任，但只有一般合伙人拥有经营管理权，有限合伙人没有实权。除 LLP 和 LLLP 之外，提供专业服务的人士也会选择成立专业股份有限公司（Professional Corporation）。

（二）公司税务结构

公司报税的三种基本形态为 C 公司（1120 表，U.S. Corporation Income Tax Return，见 156 ～ 161 页）、S 公司（1120-S 表，U.S. Income Tax Return for an S Corporation，见 168 ～ 172 页）及 P 公司（1065 表，U.S. Return of Partnership Income，见 178 ～ 182 页）。C 公司与 S、P 公司的主要区别在于留存收益（Retained Earnings）的分配形式。C 公司的留存收益分配给股东需出具 1099-Dividend 表（股息及分派），因此要付“双重税”。首先在公司层面，新税法统一税率为 21%，股东个人的股息则视留存收益产生的长短期限（以一年为界）而纳入个人税率。S、P 公司的留存收益（合伙人权益）分配则通过 K-1 副表（见 188 页）“转嫁”（Pass Through）到股东（合伙人）个人，随个人税率征税。唯“一般合伙人”的常规收入（Ordinary Business Income）类似于自雇者（1040 的 C 副表）的盈利，需加付 15.3% 的社安及医疗税。

C、S 和 P 公司的税务结构大同小异，在税表的顺序上为损益表（Profit and Loss），然后是平衡表（Balance Sheet），再后是比较公司的基本账目（Book Basis）与国税局要求的基本项目（Tax Basis）内的差异，（1120、1120-S、1065 副表 M-1），以及这些差异对公司留存收益（C）、股东累计盈亏（S）或者合伙人投资金额（P）的影响（1120、1120-S、1065 副表 M-2）。

由于 S、P 与 C 公司的主要区别之一是净收益（亏损）的分配形式是通过 K-1“过渡”到个人，因此对收入（亏损）的性质是属于“正常、积极”活动还是“非正常、消极”活动有进一步的划分。S 和 P 公司中的房地产投资类型属于“消极”（Passive）活动，股东或者合伙人的亏损会受到限制（单身户主年收入不超过 7.5 万美元，夫妻合报不超过 15 万美元，全年亏损不能超过 2.5 万美元）。举一例：

Henry 和 Julia 成立 LLC 中的合伙制企业（Partnership），H&J LLC 投资法拉盛

的 6 套出租公寓。由于购买价高达 150 万美元,每年折旧约为 5.5 万美元(27.5 年),虽然 6 套公寓每年租金 10.8 万美元，但扣除贷款利息 4 万美元、地税 1.5 万美元、保险 2,500 美元，以及水、电和煤气等，2021 年净亏损 3 万美元。由于 Henry 和 Julia（夫妻合报）年收入超过 15 万美元，因此 3 万“消极”亏损不能在 1040E 表中扣减，而被“存入”8582 表以备将来使用。至于拥有房地产经纪人执照的 S 或者 P 公司则不受消极活动的限制。

公司损益表(Profit and Loss)的设计基本上与会计软件系统(如 QuickBooks)相对应，按照收入、成本导出毛收入，再减去工资（包括工资税）、设备折旧（包括 Section 179 直接扣减）、非直接成本管理费用导出税前的盈（亏），再计算联邦、州、市的赋税而得出净益（损）并入（Post）平衡表。

平衡表的设计同样对应会计系统的设置，以流动资产（现金、应收、库存等）以及固定资产（厂房设置及改良加建）来平衡负债（应付、抵押贷款、股东或合伙人及外部贷款）和股东（合伙人）权益。虽然公司亏损时不用缴联邦税，但州和市除盈亏外还将公司的毛收入（Gross Receipts）、权益（资产减负债）、股东的工资等作为计算最低税（Minimum Tax）的标准。换句话说,一个公司虽然亏损,但如果有较高的营业额，或较高的净资产，或较高的股东工资，则州和市的公司税会按照不同的标准来计算。

毋庸置疑,国税局(州、市政府)会用比个人税更严格的标准(设标靶)来审视公司税，并且往往从公司税中的“蛛丝马迹”追溯到股东或合伙人（包括 C 公司），因此对公司税务结构的把握更显得至关重要。

（三）工资税

工资税（Payroll Tax）并不是税法上的一个单一税种，它是所有与雇佣关系相关税种的统称。工资税包括：由雇主（Employer）替 W-2 雇员（Employee）代扣代缴的预付所得税（Income Tax Withheld），以及替员工代扣代缴并为员工承担相应部分的社安及医疗税。社会安全税（Sosial Security Tax）的现行税率是雇主和雇员各为 6.2%，合计 12.4%,应税收入每年都有上限(2021 年为 14.28 万美元);联邦医疗保险税（Medicare Tax）的现行税率是雇主和雇员各为 1.45%，合计 2.9%，没有收入上限；0.9% 附加医疗税（Additional Medicare Tax）仅由高收入工作者（单身收入超过 20 万美元，夫妻合报超过 25 万美元）自行承担，但雇主有责任从这些雇员的薪资中预扣该税，提前缴给政府。

当雇主聘用一位雇员时，必须要求该名雇员填写 W-4 表（Employee's Withholding Allowance Certificate，员工预扣税证明书），该表将作为其婚姻状况、被抚养人尤其儿童的数额，以及其他用途的预扣金额。如果雇员无法填报完整的 W–4 表，雇主必须视其报税身份为单身且没有其他抵税优惠用以支付联邦所得税。如果雇员因为结婚或其他因素想要改变 W–4 表上的抵税数额，应当向雇主及时通报并填写修改版的 W–4 表。W–4 表包括详细的试算表，以帮助雇主和雇员正确地计算预扣税的优惠金额，非居民外籍员工在填写 W–4 表时必须遵循特殊的要求（参阅国税局 1392 号刊物［Publication 1392］）。只有在国税局要求查阅时，雇主才需将 W–4 表提供给国税局，雇主要妥善保存 W–4 表至少 4 年。美国对雇主采用“现收现付”法，如雇主每周开给雇员 2,000 美元薪资，必须预先从中扣除 7.65% 的社安及医疗税，雇员实际到手 1,847 美元，如再刨去预扣的联邦及州所得税、401（k）退休账户供款、残疾保险（SDI）等，该雇员的薪水单（Paycheck）数额还将减少。

雇主必须提交 941 表（雇主季度联邦报税表）或 944 表（雇主年度联邦报税表）申报其支付的薪资（Wage）和员工申报的小费（Tips）、雇主与雇员共同支付的社安及医疗税，以及雇员预缴的联邦所得税。小企业（年度税务 1,000 美元以下）或政府机关雇主申报 944 表，农场业主申报 943 表。941 表的申报截止日通常是每季结束后下个月的最后一天，例如申报第一季度（1 月至 3 月）的 941 表必须在 4 月 30 日前提交。通常，纳税义务为 2,500 美元及以上的雇主应依照每月一次的规定进行税金存缴（Deposit），5 万美元及以上每周两次，10 万美元及以上一般在发出工资的下一个工作日预存税款。延误缴存的罚金范围是 2% 到 15%，以延误时间长短而定。

每年年底，雇主需要使用 940 表申报并递交年度联邦失业保险税（FUTA Tax），同时还要着手准备 W–2 表（工资年结表，Wage and Tax Statement）分发给员工，并以电子或邮寄方式报告给社会安全局。正式的 W–2 表是多联的一套表格，此六联单（A 联、第 1 联、B 联、C 联、第 2 联及 D 联）用以提供给不同的使用者，A 联单与传送书 W–3 表（Transmittal of Wage and Tax Statements，工资年结表的传送书）在下一年度的 1 月 31 日前送交社安局，W–3 表申报的总金额应当与 941 表（或 944 表）的申报总金额一致。如果将 W–2 表寄给社安局后发现错误，雇主应补交一份 W–2C 表（Corrected Wage and Tax Statement，纠正工资及税务说明）和 W–3C 表。

除了联邦税负，雇主还要承担州里的税负，以纽约州为例，纽约州的雇主需要每季度填报 NYS–45 表申报雇员的薪资收入及预缴税，并缴纳州失业保险金（Unemployment Benefit Insurance）和再就业服务基金（Re–Employment Serivce Fund），失业保险金每年有固定的应税收入上限（2021 年每位雇员 1.18 万美元），每个雇主按一定比率（UI Rate）缴纳。纳税义务在 700 美元以上的雇主需要每月一次或每周两次申报 NYS–1 表并预存税金。此外，雇主必须为雇员购买工伤保险（Worker’s Compensation Insurance），在某些行业，雇主还须购买意外责任险（Liability Insurance）、残疾险

（Diability Insurance）、工资保证金（Wage Bond）。雇主可为雇员提供的附加福利（Fringe Benefits）包括医疗保险、人寿险、退休计划、健康储蓄账户（HSA）、灵活储蓄账户（FSA，免税供款上限为 2,500 美元）、股票期权（Employee Stock Options）、教育援助、因公搬家费、通勤福利等（可参阅国税局 15-B 号刊物［Publication 15-B］）。

除 W-2 雇员外，还有一种领取 1099 收入的独立合同工（Self-Employed），雇主无须为独立合同工支付社安及医疗税和失业保险金，因此在判定一名员工究竟是 W-2 雇员还是 1099 合同工时需要格外谨慎，通常房地产经纪为 1099 员工，而保险经纪为"法定雇员"（W-2 Statutory Employee）。独立合同工需要向雇主提交类似 W-4 的 W-9 表（Request for Taxpayer Identification Number and Certification），以便雇主在年底发出 1099 工资表时使用正确的纳税人信息。雇主要在下一年度的 1 月 31 日前将记录此类员工的非雇员收入（Nonemployee Compensation，如果超过 600 美元）的 1099-NEC. 表和总结所有 1099 受薪员工的 1096 表申报给国税局。

（四）销售税

美国没有联邦层面的销售税和增值税，销售税（Sales Tax）由各州自行征收和管辖，对各州及地方政府的财源可谓挹注颇大。目前全美 46 个州及哥伦比亚特区征收销售税，田纳西州居综合税率之首（9.46%），阿肯色（9.30%）和路易斯安那（9.01%）分别为榜眼和探花。综合税率最低的三个州是阿拉斯加（1.78%）、夏威夷（4.35%）和威斯康星（5.41%），特拉华、新罕布什尔、俄勒冈、蒙大拿四州全免。郡（市）地方政府及都会地区（Metropolitan Area）也会在州税的基础上加征一定比率的地方税，纽约市的销售税 9.375% 由州（4.5%）、大都会地区（0.375%）及市（4.5%）三部分组成，略高于与之比邻的长岛纳苏郡（Nassau County）8.625%（州 4%+ 郡 4.625%）。

销售税通常包括普通销售税和零售销售税。普通销售税以从事工商经营的个体或公司为纳税人，以商品或劳务流转产生的收入为课税对象，零售销售税则是对商品零售环节的销售额所征收的税，政府借助零售业者实行销售税的征收及缴款，但实际税负由最终用户（消费者）承担。批发商（Wholesales）无须向进货的零售业者收取税款，只有零售商将货物卖给终端客户时才需要征收和汇缴销售税。如果销售者与某地有"关联"（Nexus），即在该地实质性存在（Substantial Physical Presence），那么该销售者就有义务对消费者收取销售税。"关联"是指销售者为了经营目的在某地有长期或临时居住的个人（包括雇员、销售人员、服务代理商），或是在某地有财产（包括仓库、办公室、存货）。举一例：

东华贸易公司在免缴销售税的特拉华州注册成立，将从中国运来的商品卖给美国买家，在这种情况下，该公司只与注册所在地特拉华州有实体关系，所以不必担心销售税。但如果东华使用美国的直运批发商从纽约州和新泽西州的仓库发货的话，东华必须向买家收取上述两个州商品的销售税。除非直运批发商负责收款，东华必须在纽约州和新泽西州申请销售许可证（Certificate of Authority）。

美国各州对销售许可证申请条件的规定各不相同，但绝大多数州都规定电子销售商（eBay）或在线广告商（Craigslist）都应申请许可证。

为促进消费，美国各州及地方政府会对部分商品或服务实行免税政策。以纽约州为例，政府对大多数食物免税，但糖果、酒、软饮料、需要加热或准备的膳食（如三明治、色拉）、餐馆里提供的食物则不能免予征税。单价 110 美元以下的衣鞋、书本、药品及农用货物免收纽约州 4% 的销售税。由于各州只具有对本州税收的管辖权，这也导致很多人为了逃避税负而从其他州的零售商处购买无形动产。鉴于此种情况，很多州都开征了与销售税并行的使用税（Use Tax），主要是对在其他州购买，但在本州使用、贮藏或进行其他消费的动产征收。

大多数州采用季度报税（Quarterly Return），如纽约州第一季（3 月至 5 月）、第二季（6 月至 8 月）、第三季度（9 月至 11 月）和第四季度（12 月至来年 2 月）的申报截止日分别为 6 月 20 日、9 月 20 日、12 月 20 日和 3 月 20 日，任何在纽约州从事业务的商家都需要向州税务署申报 ST-100 表并缴交税款。当季销售额超过 30 万美元的商户应按每月申报（ST-810 表），整年税负低于 3,000 美元的商户可选择年度申报（ST-101 表，财政年度 3 月 1 日至来年的 2 月 28/29 日）。

（五）过渡实体的税务优惠

税法定义中的“过渡实体”（Pass-through Entities）通常包括小型公司（S Corp，申报 1120-S 表）、合伙人实体（Partnership，申报 1065 表）以及独自个体（Sole Proprietorship，申报 1040 个人所得税表的副表 C）等。其优势在于企业所得、亏损、抵扣和税务优惠直接“过渡”到股东、合伙人、业主，按其利益份额计入个人收入上税，从而避免了传统 C 公司“双重税负”的问题。新税法对“过渡实体”的纳税规则做了较大改动，并加入了允许企业主扣减 20%“合格业务收入”的第 199A 条例（Sec. 199A，Qualified Business Income Deduction，合格业务收入扣减），一般称为 QBI 扣减。“合格业务收入扣减”有助于降低所得税，但不会影响自雇税（Self-Employment Tax）和替代最低税（AMT），第 199A 条例于 2017 年 12 月 31 日生效，于 2025 年 12 月 31 日期满。

据新税法规定，“合格业务收入”包括积极经营所得，也包括被动租金收入。从税表上看，S 或 P 的 K-1 表上的“一般业务收入”（Ordinary Business Income）、“租金收入”（Rental Income）、1231资产获利（Sec.1231 Gain，请注意与一般的资本利得Capital Gains区别），1040表的副表C“净盈利”（Net Profit）都属于“合格业务收入”的范畴。“合格业务收入”不应包括支付给S公司股东的合理报酬（Reasonable Compensation）或P合伙人的固定报酬（Guaranteed Payment），也不包括外国收入，如果公司在境外经营，则无法使用QBI扣减优惠。

QBI扣减有诸多限制：企业主的收入水平，企业所处行业是普通行业还是特定服务行业，特定服务行业（Specified Service Trade or Business）是指靠技能和声誉谋职的服务类行业，如医生、律师、会计师等。2021年QBI扣减的课税收入（Taxable Income）门槛是单身163,300～213,300美元，夫妻326,600～426,600美元。根据收入水平分三段，如果单身课税收入小于等于163,300美元、夫妻课税收入小于等于326,600美元，则不论普通行业还是特定服务行业，都能得到20%全额QBI扣减。如果单身课税收入大于213,300美元、夫妻课税收入大于426,600美元，普通行业将受限于“工资和资产限制”（该限制最多不能超过QBI的20%），QBI扣减取(1) 50%W-2工资和(2) 25%W-2工资加上2.5%合格资产初始买价的两者较大值，而特定服务行业不予享受QBI扣减。如果单身课税收入介于163,300～213,300美元之间，夫妻课税收入介于326,600～426,600美元之间，则QBI扣减逐步抵减，需要根据抵减比例（Phase-In Percentage）和超额部分（20%QBI减去“工资和资产限制”），计算出缩减额，再用20%QBI减去缩减额，得到最终缩减后的QBI扣减额。

那么新税率下过渡实体孰优孰劣呢？QBI扣减为中小企业主省下可观的税费，但在“W-2工资限制”下，S公司将比P合伙企业、独资个体有更大的扣减弹性。不过除了联邦税负的比较，还要考虑各报税形式在州市上的差异。比如S公司在纽约市税率8.85%，P合伙企业的盈利在9.5万美元以上才需要按4%征税（9.5万～14.5万美元仍有部分抵减），总体税率比S公司低。但P合伙企业获利时一般合伙人（General Partner）需要缴纳15.3%社安及医疗税，固定报酬（Guaranteed Payment）同样要缴纳15.3%的社安及医疗税。因此如果P合伙企业盈利并且支付合伙人薪酬，总的税率会超过S公司，但P合伙企业的优越性在于没有S公司对于股东人数以及身份的限制，也没有S公司股东必须是单独个体之限，P合伙企业的合伙人可以是个人、C公司、S公司、P合伙企业、LLC等任何形式。独资个体相较于S公司或P合伙企业的优势一是可以没有“被动亏损”（Passive Loss）限制，二是独资个体可以“名正言顺”申报许多S或P难以申报的“家庭办公室”（Home Office）等开销。

不少S公司企业主听闻C公司最高封顶21%税率，询问是否应该转换企业报税形式。具体事例需要具体分析，举一例：

许先生（37% 个人最高税率）是一家华尔街投资类 S 公司的所有者，该公司有积极业务收入，同时投资房地产而出现大额的被动亏损（Passive Loss），公司盈亏通过 K-1“过渡”到许先生个人，由于许先生收入过高，被动亏损部分无法在总收入中扣减，只能抵扣其他被动收入，再加上税法规定 S 公司分摊给股东用于冲减其应税所得的亏损额不得超过该名股东在公司的投资总额，所以 S 形式可发挥的税务优势有限。若转为 C 公司，积极收入与消极亏损可互相抵消，即使分到股东股息（Dividends）也比 S 公司税率更低。

再看一个建议由 C 转为 S 的例子：

肖氏夫妇在康州经营一家美容院，是 C 公司，公司年收入约 137 万美元，运营费用 118 万美元（其中开给夫妇 W-2 工资共 10 万美元），净收益 19 万美元。在 C 公司形式下，2018 年公司将在联邦纳税近 4 万美元（21%），康州付税约 1.4 万美元（7.5%），肖氏夫妇获股息（Dividends）约 13.5 万美元，家庭 AGI 收入 23.5 万美元，减去 2018 年的标准扣减额 2.4 万美元之后，上税收入约 21 万美元，个人税负近 4 万美元（个人税率 22%，其中所得税近 1.4 万美元，股息部分按长期资本利得优惠税率课税近 2.5 万美元），公司加个人税总额逾 9 万美元。若转为 S 公司，2018 年公司在联邦层面不上税，只需要付康州的最低税 250 美元，若不考虑“合格业务收入扣除”，肖氏夫妇上税收入约 18 万美元，个人税负约 4.7 万美元（个人税率 22%，其中所得税近 1.4 万美元，K-1 税率 25% 约 4.6 万美元），公司加个人税总额逾 6 万美元，相比 C 公司税负额减少 34%，若再算上“合格业务收入扣除”，其减幅将更大。

（六）外国利润回笼

新税法将原本全球征税的属人制改为不再征外国利润税的属地制，但对于2017年12月31日前未向美国政府缴税的旧利润，美国股东需要按其在外国公司的持股比例缴纳汇回税（Transition Tax），可一次性或八年分期缴纳。税改前，美国对外国公司收入征收所得税的时点可以推迟到该收入作为股息分配或由外国公司以其他方式汇回其美国股东时征收。过渡税旨在将这些课税基础从属人原则向属地原则转换，现阶段公司新收到的相关收入享有优惠税率。

需要申报的群体是特定外国公司（Specified Foreign Corporations，简称SFC），包括受控外国公司和持有外国子公司股份10%及以上的美国C公司、S公司、P合伙人实体、个人，特别是此前已申报5471表的公司和个人。受控外国公司（Controlled Foreign

Corporation，简称CFC）是指所有美国股东总计持有超过50%的总投票权或50%的股权总值的外国公司。不论外国收益是否转移到了美国母公司，不论公司是否把钱汇回美国国内，都要在八年内完成缴税。

征税形式：现金或现金等价物投资按15.5%税率。现金等价物包括特定的净应收账款，在金融市场上有活跃交易的个人财产、商业票据、定期存单、政府证券、外国货币、短期债务（期限少于一年）等。计算截至2017年12月31日的现金和现金等价物，或截至2016年12月31日和2015年12月31日的现金和现金等价物的平均值。非流动资产产生的外国收益按8%税率，包括动产和不动产。外国累计收益总额计算截至2017年11月2日或2017年12月31日，以较高者为准。公司以35%的最高公司税率征收净税额，根据要求产生15.5%或8%的净有效税。举一例：

孙先生在 A、B、C 三家外国公司分别持股 100%、50%、15%，均大于 10%，因此这三家公司都可以被算作是特定外国公司（SFC），孙先生有义务进行申报。外国累计收益总额的计算是截至 2017 年 11 月 2 日或 2017 年 12 月 31 日，以较高者为准。A、B、C 三家公司在 2017 年 11 月 2 日的利润分别为 20 万美元、亏 1 万美元、7.5 万美元，A 公司减去与国内经营活动实际有关收入（ECI）、税前净利（PTI）、2017 年 F 分章收入（Subpart F，受控外国公司未课税收入），按持股比例得到孙先生三家公司税法 965 章节定义下的利润为 14.7 万美元、亏 5,000 美元、1.125 万美元。A、B、C 三家公司在 2017 年 12 月 31 日的利润为 21 万美元、0 美元、6 万美元，A 公司减去与 11 月 2 日相同额度的 ECI、PTI、Subpart F，按持股比例得到孙先生在三家公司税法 965 章节定义下的利润为 15.7 万美元、0 美元、9,000 美元。然后取 11 月 2 日和 12 月 31 日 965 章利润的较高者，按 15.5% 和 8% 的等效税率比值，得到净课税收入 33,779 美元和 19,923 美元，总和 53,702 万美元。

若美国股东是C公司：资产要扣除负债及股本，同时排除关联公司的对应账户。新法规允许将一个外国公司的收益与其他外国公司的赤字相抵消，但是否能抵扣外国税和股息，需要看美国股东的形式。为促进资本回流，消除在外国累计利润的动机，新税法允许持有外国企业10%及以上股份的美国C公司就其收到的股息收入在企业所得税前进行100%股息收入抵扣（Dividends Received Deduction，简称DRD）。此项规定对2017年12月31日以后收到的股息有效，替代了此前为避免双重征税而采用的外国税扣减（Foreign Tax Deduction）。DRD要求美国C类公司必须持股达到一年以上，仅适用于美国公司从所持有的外国公司获得的外国股息部分（Foreign-Source Portion of Dividends）。若外国公司在境外已经就这部分股息享受过税收优惠，不得使用DRD。

同样地，使用DRD之后不得再抵扣为这部分股息所支付的外国税款。

若美国股东是其他企业实体：只有C公司才可使用DRD，S公司、P合伙人实体、个人等其他类型的美国股东仍需就其来源于境外的股息收入缴纳美国税。不过在支付或视同支付股息时，可使用外国税抵免。纳税人可以选择按八年分期支付由此产生的税款。S公司的股东可以选择推迟纳税，直到发生特殊情况。特殊情况包括改变公司形式、出售所有重要公司资产、公司或业务终止。美国股东只需为未分配的股息收入征税，此前已征税的部分无需再上过渡税。纳税人可以使用现有的净营业亏损（Net Operating Loss，简称NOL）来抵消过渡税，若在未来利润将采用高税率，而非过渡税税率，则用NOL来抵消未来的利润会更有利。个人与企业不同，例如最高税率为37%的纳税人将最终支付17.5%或9.1%的有效税率（Effective Tax Rate）。有效税率在公司或个人边际税率基础上通过适用扣除得到，因此取决于纳税人适用的边际税率（Margin Tax Rate），实际税率可能会不同。

申报形式：填报965表，在填具 965表申请外国资金汇回税优惠时，还要根据计算项目额外填报副表：副表A外国盈余总额计算、副表B递延外国收入公司盈余计算、副表C累计外国亏损计算、副表D和E现金状况及现金明细、副表F美国国内公司已完税的部分，副表G和H计算已在国外纳税部分的税负抵减。个人和类似实体则填报965-A表，逐年逐项申报自己的税负、选择分期支付的金额、已付税款、S公司股东的税负和选择、S股东的递延税款。

公司可做的选择（Election）：选择用八年的时间支付税款，选择推迟支付S公司产生的税款，选择不使用NOL来抵消过渡税。八年分期是指允许一次性或分八年缴纳税款，八年分期为第一年至第五年8%、第六年15%、第七年20%、第八年25%。过渡税缴纳，除另有规定，一般不接受延期支付，八年分期的头款必须在2018年4月15日前缴纳，迟交者将有利息和罚款。

（七）非营利组织或公司税务

非营利组织（Nonprofit Corporation，申报 990 系列表）在美国被称为政府和企业之外的第三类社会组织，据国会研究服务部发布的报告显示，全美约有 160 万个非营利组织和慈善机构，年收入 2.5 万美元以上的非营利组织资产总额约 3 万亿美元，向国税局申报的年收入约 2 万亿美元，雇佣员工占全国就业人口近 10%。非营利组织，顾名思义，不以赚钱为目的，而是出于支持公众事业或个人考虑，与营利公司不同的是所有盈余（Earnings）必须保留在机构内部，用于发展与其宗旨相关的事业，组织拥有者或股东不可将盈余用作个人利益的分配。税法 501(c) 条款规定了不同类型的非营利组织，其中包括慈善机构、社会福利组织、商会、工会、社区联合会等，如果非营利组织想要取得免税资格，就必须按 501(c)(3) 规定的要求来运作，501(c)(3) 免税条款适用于慈善、宗教、教育、科学、文化等领域，两类免税组织为公共慈善机构（Public Charities）和私人基金会（Private Foundations）。前者收入大部分来源于公众捐款或政府拨款，后者收入主要来源于投资和捐赠，如比尔·盖茨夫妇基金会（Bill & Melinda Gates Foundation）。政府对这些非营利组织提供两类税收优惠。

第一类是对机构自身收入的税收予以免除（Tax-Exempt），除教会相关机构、政府部门相关机构和其隶属机构之外，大部分非营利组织需要每年填写 990 税表（Return of Organization Exempt From Income Tax）汇报收入、支出和活动。年收入（Gross Receipts）在 5 万美元以下的申报 990-N 表（又称 e-Postcard），年收入介于 5 万至 20 万美元且总资产（Total Assets）小于 50 万美元的可选报 990-EZ 表或 990 表，年收入大于 20 万美元或总资产大于 50 万美元的必须申报 990 表。近些年，蓬勃发展的私人基金会则应申报 990-PF 表，其净投资收入（Net Investment Income）会被征收 1% ～ 2% 的投资收益税（Excise Tax）。但不论以何种方式申报，一旦从事不相关业务的收入（Unrelated Business Income）达到 1,000 美元以上就必须申报 990-T 表，不相关业务的活动不包括公益劳动、社会帮助、销售捐赠品和宾果游戏（Bingo），不相关业务的收入不包括股息、利息、特定的租金收入、特定的其他投资收入、特定的研究活动收入、处置财产的盈亏等，如某一教会出售房产则无须申报 990-T 表。

第二类是给予向非营利组织捐赠的机构和个人税收抵扣（Tax-Deductible），个人捐赠可以享受税收优惠的部分最高可达当年税前收入的 50%，公司捐赠可享受税收优惠的部分最高可达当年税前收入的 10%，对超过当年扣除额的捐赠部分可以在以后的年度中顺延抵扣（Carryover of Excess Qualifying Distributions），最长可延至五年。

非营利组织应当严格遵守联邦和州法使其保持合法永久性免税资格。501(c)(3) 组织被禁止从事任何政治竞选活动，被限制进行游说、支持或反对立法，可以参与部分非立法活动的公共政策活动。私人基金会不能从事税法第 4941(d) 条款规定的任何“自利交易”（Self-Dealing Transactions），税法第 4944 和 4945(d) 条款限定了私人基金会的投资和支出范围。非营利组织必须记录其财务情况，制作财务报表，保留能证明收支的所有材料，财务报表的披露不同于申报 990 表（Financial Reporting Differs a Deal from Tax Reporting），现实中，不少非营利组织“挂羊头，卖狗肉”，巧取豪夺，在财报中百般掩饰，990 税表与财务报告完全脱节，没有监管对应关系，使教会、慈善和非营利组织的舞弊丑闻时有发生。举一例：

“光明信仰”（Good Faith）教会近年来致力于开拓房地产投资，成绩卓越，2015 年教会财务报告显示投资利得（Capital Gain）上百万美元，但教会下属的基金会（Good Faith Foundation Inc）税务申报（990）却不需要“披露”教会的投资所得，因为税法“豁免”教会的“相关收入所得”（Related Business Income），但在现实环境中，“相关”与“非相关”之间存在着许多“灰色地带”。

美国税法对私有基金会关联交易行为的规制并非自始即有，而是几经完善才有了如今的严格章法，税法第4941条款明确禁止私有基金会进行“自利交易”，但在现实中仍不乏私有基金会出现公私不明、与公益目的背道而驰的利益冲突行为。“自利交易”通常可归为两类：第一类是直接交易，指慈善基金会与利益冲突者之间直接发生的交易行为。第二类是间接交易，指基金会控制的组织与利益冲突者之间，或两个利益冲突者之间会影响基金会财产的交易行为。利益冲突者包括但不限于（1）主要捐赠者；（2）基金会管理人员；（3）拥有主要捐赠者20%及以上股份的所有人；（4）上述三类人或公司的相关亲属；（5）由上述四类人持35%及以上投票权的公司；（6）由上述四类人持35%及以上权益的合伙人公司；（7）由上述四类人持35%及以上受益权的信托或遗产；（8）由基金会成员掌管的其他非营利机构；（9）政府官员。

直接交易大致可分为七种：

1. 出售或交换财产，无论基金会所得财物是否高于市场价格，皆属于自利交易行为，利益冲突者将设有抵押的财产（如房贷未偿清的房产）捐献给基金会实为转嫁个人债务的行为，亦应被视为自利交易。

2. 佃租财产，除非无偿地向基金会提供财产租赁。

3. 贷款或其他授信活动，除非向基金会提供的是无息贷款，且该贷款不得为贷款人带来税务好处。

4. 提供商品、服务或设备，除非是义务行为，基金会若向其管理人员、雇员或志愿者提供商品、服务或设备，必须与慈善活动相关且必要（例如向工作人员提供工作餐）。

5. 向利益冲突者支付费用或报销。

6. 将基金会收益或财产交给利益冲突者私用。

7. 向政府官员提供金钱或财产。

国税局已加强对非营利机构的监管，基金会成员切不可滥用免税优惠，国税局对于违反税法的当事人或基金管理者可强制征以惩罚税（Excise Tax）。初犯者如在90天宽限期内改正自利交易行为，仅以非法交易金额的10%课税（Initial Tax），知情默许的基金会管理者以所涉金额5%课税（罚金最高不超过2万美元），未在宽限期内改正或屡教不改者则会被征以涉事金额200%的附加税（Additional Tax），更甚者，慈善基金会将被剥夺免税优惠并被课以更重的终止税处罚。

三、房地产税务

房地产税（Real Estate Property Tax）在美国的税务体系中同样扮演着不可或缺的角色。美国的房地产可分为两类——民宅（Residential）与商用（Commercial），民宅的平均税率为政府估价的 13%（Condo 或 Co-op 公寓楼）至 20%（一至三家庭民宅），商用楼宇的税率现为政府估价的 11%。为了提高土地的利用率，政府近年来推行社区民商混用楼宇减税计划，即三楼以下加地下室的商业楼层如用于社区服务，如老人中心、托儿所、图书馆、药店、诊所、健保等非营利组织或教会服务，则可享受无限期的地税减免（50% 以上），而三楼以上的公寓房则享受 15 年至 25 年的地税减免。

不同类型不同用途的房产，所适用的税率、征收模式也不相同。美国的民宅通常可分为共有公寓（Condo）、合作公寓（Co-op）、单家庭独立屋（Single Family House）、多家庭独立屋（Muti-Family House）、联排屋（Townhouse）五个类型。公寓式架构如 Condo 和 Co-op 常出现在人口密集区，而别墅型房屋则常出现在非人口密集区或郊区。

Condo 全称 Condonomium，业主拥有独立产权和处置权，房地产税和物业管理费分列。Co-op 全称 Cooperatives，整栋大楼归公司所有，购买 Co-op 相当于买进该公司的股份，股份多少取决于购买的公寓面积和楼层，住户每月支付的维持费（Maintenance Fee）不仅包括物业管理费，还有按持股比例所应承担的大楼地税和贷款还息。Condo 和 Co-op 最大的差异来自财产结构，此差异也造就了所有权、税务等方面的不同。

1. 所有权：Condo 为个人有形资产，可以直接行使该单元的使用权；而 Co-op 的住户是借由公司的股份拥有间接的使用权。

2. 管理方式：Condo 业主可自行对所属单元进行买卖、租赁及装修；Co-op 住户因只拥有大楼的股份，故买卖、租赁及装修等活动必须接受大楼管理委员会（“董事会”）的规章制约。

3. 物业管理费：Condo 的物业费一般用于支付大楼水费、保险、公共区域的电费、维修等项目，房地产税由业主单独支付；而 Co-op 的维持费则将物业管理费用和地税合二为一，大楼费用均以维持费的名目呈现。

4. 税务抵扣：Condo 和 Co-op 都可以在税表上抵扣个人房贷的利息，Co-op 还可多抵免一项由大楼分摊给每位住户的大楼房贷利息。

Condo 因独立产权、购房手续简单的特点广受中国买家的青睐，不过相较于相同面积、相同区域的 Co-op，价格要贵出许多。Co-op 的优势在于公寓内部布局合理，购房者通常能获得比同等价位的 Condo 更为适宜的居家环境和条件，但劣势是“进出”难、“家规”严，“董事会”为确保大楼全体持股人的共同利益，势必在买卖、租赁环节严加管理，购买者需要呈交自己财务能力和人格信用的证明，诸如银行存款证明、个人税表和工资单、雇主证明、信用报告、他人推荐信等，“董事会”有权拒绝购房者的申请。

单家庭独立屋指的是不与其他建筑相邻、为一家庭设计的建筑，通常还包括地下室、庭院、车库，是不少美国人成家立业后的梦想。单家庭独立屋大约占全美市场的67%，它的优点一是属于屋主的独立财产，二是提供最大可能的个人空间，可以通过翻修扩展住宅面积。劣势是维护成本较高，地税较贵，屋主在拥有土地和房屋所有权的同时，也有负责维护自家和部分公共区域的责任，比如平日对自家庭院的花草浇灌或修剪，下雪天对自家车道和门口人行道铲雪。

多家庭独立屋约占全美市场的8%，虽在外观上和单家庭独立屋大致无差别，但建筑面积却可以容纳2至4户单元（超过4户将被视为商业住宅），优缺点和单家庭型类似，多家庭型多为自住、投资两用。

联排屋类似于中国的联体别墅，是一种独门独户、结合公寓和独立屋特色的联排式住宅，由于联排屋公共区域为小区共有，所以业主需要支付类似公寓物业费的社区管理费（Homeowners' Association Fee）。相对于独立屋而言，联排屋的庭院和车库面积往往有限，居住密度较高，但因为价格上的明显优势，成为欧美中产阶级的经济首选。

房地产税有狭义和广义之分，狭义的房地产税指的是对房屋和土地本身价值所征收的税，属于财产税范畴，而广义的房地产税则包括买卖环节的增值税及交易税、租赁活动的所得税、财产转让的遗产税及赠与税等，这些税项均会在本书中涉及。

（一）经纬划置，州市（郡县）掌控

美国是一个分权（Decentralization）程度很高的联邦制国家，实行联邦、州、地方三级框架和财政分权体制。一个州由若干郡县（County）组成，在郡县下，一般按平均40平方英里的地区划为乡（Township），在人口密集的地区还可以申请有法人资格的市，经过公民决议还可以组成学区（School District）或特区，学区和特区由专门的部门管理，负责该区域内的教育或公共服务。美国有48个州使用“郡县”作为行政区划，路易斯安那州使用“堂区”（Parish），阿拉斯加州使用自治市（Borough）。美国各个地方政府（郡县、市、乡、学区、特区）属于平级机构，各自负责管辖地区内的事务。联邦和州两级政府都拥有税收立法权，郡县（市、乡）级政府由辖区居民选举产生，也有一定的立法权包括征收权。各州议会（Legislature）有权决定是否征收某个税种，并制定相关政策，地方政府有权确定税率，自主征收和使用，并接受州政府监督。

美国在建国初期便有州开征房产税，1796年美国有4个州按照评估价值征收，1818年伊利诺伊州首先采用了统一的评估征税条款，密苏里州和田纳西州紧随其后，到了19世纪末，共有33个州出台法律要求财产按照评估价值课税，房地产税在州和地方财政收入的分配关系发生根本变化，成为地方政府的主要财源。1930年经济大萧

条后，家庭收入和房产价值大减，不少州及地方政府开始征收销售税（Sales Tax）和所得税（Income Tax）来降低对房地产税的依赖，房地产税占地方财政收入的比重逐步从大萧条前的 97.3% 下降到现在的 75% 左右。

秉着取之于民、用之于民的理念，房地产税款主要用于当地市政建设、环境维护、公共治安、医疗卫生、教育发展等方面，随着各项设施的完善，当地的房产价值也随之升高。由于美国实行中小学义务教育，教育费用是一笔相当大的支出，绝大部分的房产税收被地方政府用于教育事业，也就是所谓的学区税（School Tax），学区的优劣通常与该地区的房地产税的高低呈正比，学区税用来支付教学设备、校车费用、学生餐费、师资和福利改善等庞大开支。以纽约纳苏郡（Nassau County）著名学区耶利哥（Jericho Town）的一栋单家庭独立屋为例，屋主在 2015 财年共支付房地产税 1.3991 万美元，其中学区税为 9,449 美元（占总额约 67%）。

房产的市场价值（Market Value）不同于房产的市场价格（Market Price），房产具有不可再生的稀缺性，对通货膨胀异常敏感，如果按房屋成交价征税，普通百姓势必要为房产泡沫的“虚高”部分多缴税，因此政府对当地的房产估值，往往远低于当年的成交价。房地产税收政策由政府根据本地财政需要“因地制宜”，政府必须本着公开透明的原则，将税款去向列在政府官网上，接受民众监督。美国房产税采用调节机制，退伍军人、老人等特殊群体都可以申请一定额度的减免或退税返还。对缴税额有异议的屋主有权依循房产估价的裁议程序，提起申诉，要求政府重新估价。

（二）房地产税率

目前，全美 50 州及哥伦比亚特区都已征收房产税，税率介于 1% 至 3%，该项税收一般要占到地方财政收入的 50% 至 80%。房地产税率因地而异，目前新泽西州名列全美之首（有效税率 2.29%），夏威夷州则为全美最低（0.28%），没有其他税收来源的地区通常会征收较高的房地产税，如不征个人所得税的德克萨斯州（1.93%）或不征销售税的新罕布什尔州（2.1%）。

房地产税的税基是以房产的市场价值（Market Value）为标准得出的评估价值，各地方的征管机构的评估机构一般 1 至 5 年会对各类房地产价值进行评估，评估后得出市场价值，将该价值乘以评估比率（Assessment Ratio）后得到计税价值（Assessed Value）。计税价值是税务部门征收房地产税的征税依据，在计税价值的基础上扣除税收减免（Exemption），乘以税率，得到最终应纳财产税额。房地产税多以季度或半年征收，多数人在缴纳房屋贷款时将当月的房地产税缴给银行，再由银行转交给政府。

以纽约市为例，纽约市根据房地产的民用（Residential）或商业（Commercial）用途，税务等级相应划分为四级（Class）。一级为民用一至三家庭住宅，估税额为市场价值的

6%，地税为估税额的 16.787%。二级为民用多家庭（四至十家庭）及共有、合作公寓。三级为公用事业（Utility）单位。四级为商业楼宇、仓库、旅馆、博物馆、影院设施等。举一例：

赵先生拥有法拉盛六家庭三层楼宇（二级）全部出租，市场估价 105 万美元，扣除土地价值 4.549 万美元，上税额 44.226 万美元（44.02%），由于是新建（建于 2010 年）享有 15 年减免税，免税额为 43.9827 万美元，上税额为 2,433 美元。民用六家庭属于地税等级 2A（七至十家庭为 2B），税率为 13.241%，因此 2015/2016 年度地税为 322 美元。

现在许多拆建的新共有公寓提供 15 年（或 25 年）免税，实际上是 11 年（或 21 年）免税，4 年减税，从第 12 年（或 22 年）起，地税便以 20%、40%、60%、80% 攀升，在第 16 年（或 26 年）时达到 100%。

房产价值不仅取决于面积，同样取决于地理位置，为了保证纽约市房地产税的逆势上扬，估税额比例从 6% 放宽到 20%，以确保即使你的房产估价下跌，但估税额却照升不误。纽约市财政局每年 1 月 15 日在网上公布并邮寄给屋主新一年的地税估价报告（Notice of Property Value），报告包括屋主姓名、地址位置（Block and Lot）、商业或民宅划分、税务等级、市场值、计税估价、减免额等。纽约市的房地产税务年度为当年的 7 月 1 日至来年的 6 月 30 日，财政局每一个季度都会寄出税单（Property Tax Bill Quarterly Statement），评估值 25 万美元及以下的物业可以选择按季度纳税，评估值超过 25 万美元的物业需要每半年支付一次。

各地政府的减税优惠政策不同，税务减免的申请应由屋主提出，申请表格可以从政府办公处或网站下载获得。纽约市和纽约州向屋主提供数项房地产税减免（Exemption）：第一个是基本型减免（Basic STAR），可被用于所有调整后总收入（AGI）50 万美元或以上的屋主，每年节税约 300 美元；第二个是长者优惠型减免（Enhanced STAR），可被用于全年 AGI 为 8.6 万美元或以下且年满 65 岁的年长者，每年可节税 600 美元；第三个是年长者屋主减免（SCHE），可被用于全年 AGI 为 3.74 万美元或以下且年满 65 岁以上的年长者，根据获益水平和房屋评估值，节税额有所不同；第四个是残障屋主减免，收入不高于 3.74 万美元的残障人士可获得此项减免。此外，政府针对退伍军人、神职人员、见义勇为者提供不同程度的减免，在特殊时期也会给予屋主减税优惠，例如在 2012 年“桑迪”飓风过后，纽约市政府对 8 万多栋房屋的市场价值给予重估，许多屋主的房地产税得以削减，平均降幅为 14%。

（三）房地产销售利得的豁免及延税

出售自住屋的屋主可以利用个人 25 万美元、夫妻 50 万美元资产增值免税额，只要满足过去五年拥有产权并作为主要居所（Main Home）住满两年的条件。这里的两年不必连续，也不必同期，比如居住了一年后将房屋出租，出租三年后收回再自住一年，其后再出售，同样符合免税规则。五年期是在售出后用来计算自住的时间范围，并不意味着必须要持有房屋满五年，卖出时也不必非得自住，即便当时在出租也无妨。如果在自住期间曾将房屋一部分出租则另当别论，需要按面积比例与自住的部分分开计算。如果是多人共同拥有房屋，只要每个业主都符合自住条例，那么每人都能享受 25 万美元的免税额。

再说投资房，1922 年诞生的“1031”同类置换（Like Kind Exchange，也称为 1031 同类置换）旨在鼓励房地产交易的活跃。1031 同类置换是指在处置投资用房时，将买卖作为“转换投资”，如果新房地产的价值高于旧房地产的价值，只要满足在卖掉后的 45 天之内书面确认所置换的房地产、180 天内完成交割（不可延期）的话，原投资用房处置的资本利得即可递延（Tax Deferred）。投资人可以不断置换，直至最后一套物业出售后方才缴纳资本利得税。如果新的房产价值低于旧的房产价值，那么只能有等于或者低于新房产价值的部分可以被置换，多余的部分则算为补价，补价是指任何交易中不是“同类资产”的资产，比如现金、债务减免等。通常房产出售所产生的亏损既无法得到退税，也无法冲抵其他资本盈利。

新税法限制了 1031 同类置换条例，从 2018 年 1 月 1 日起，只有房地产才可适用同类置换，其他诸如机器、设备、车辆、艺术、收藏品、专利和其他知识产权等个人或无形财产不再适用，但属于个人财产的房屋共同沟渠、蓄水池、水渠除外。房地产的范围里，只有用于商业用途的房地产适用 1031 同类置换，建筑商自己盖房子买卖这类单纯以出售为目的的房地产不符合置换条件。商业用途指持有房地产用于贸易或商业或投资，包括出租宅，公寓大楼，商业建筑，商场，零售房产、农田等。

1031 条例虽好，但有诸多限制：

1.1031 置换只适用美国境内的房地产买卖交换，若是卖掉中国房产来买美国房产，或者卖掉美国房产去买中国房产，都无法享受 1031 的延税优惠。在此一提，不论是海外买家，或是牵涉美国人的海外房产，都无法享有针对美国本土居民的 1031 置换、逐项扣减中的地税或房贷利息抵扣、121 条例等税收优惠。121 条例是指自住用房处置时，纳税人若过去五年将该住宅当做主要居所住满两年即可享受单身 25 万美元、夫妻 50 万美元的资本利得抵减额。121 条例仅限美国境内自住宅，不适用国外房产，即使美国公民或绿卡持有人因公在海外工作，海外自住宅同样不可享有 25 万或 50 万美元的资本利得豁免。

2.1031 置换不能用于自住宅的买卖，对于自住和出租的混合房产，只能置换出租部分，因此要分开自住和出租，向国税局汇报两次交易。如果是卖餐馆、旅馆、加油站等，要明确分开不同的资产，比如房产、设备、生意，根据新法，只有房产的部分才可以置换。

3. 财产交换必须是同样性质，但可以质量高低或级别不同，房地产不管是否改良，一般都视作同类。使用 1031 条例的买卖双方不得是关联方甚至亲属关系。

4. 置换部分的房产必须具有相等或更高的价值，1031 条例允许同时锁定至多三个房源，只要不超过房产原值 200% 规则即可。若新物业价格超过原物业 200%，则需要在成交时支付 95% 以上的款项才可以使用 1031 置换。

对于许多家庭的自住投资混合用屋，1031 与 50 万美元 /25 万美元豁免条例可兼而用之。举一例：

李先生于 2016 年卖掉自己在纽约市皇后区贝赛镇的两家庭屋约 120 万美元，20 年前购入底价约 40 万美元，因此一楼出租（50%）和二楼自住（50%）部分各赚 40 万美元，李先生与太太在过去五年中住满两年，因此 40 万美元资本利得可全部豁免。二楼的投资部分可使用 1031 条款，唯 45 天之内要寻得“目标”，180 天之内过户，新屋底价等同二楼 20 万元美元（40 万美元底价的 50%），资本利得 40 万美元随新屋取得延税。

（四）房地产专业人士经营亏损的无限扣减

申报出租亏损（8582 表）通常受“风险规则”（At-Risk Rules）和 / 或“消极投资规则”（Passive Activity Loss Rules）限制，屋主先按“风险规则”计算损失，再以“消极投资规则”判断亏损是否予以在总收入中扣减。税法 Sec.469（a）规定，消极活动亏损只能与消极收入相互抵扣，不可抵减工资、利息等其他收入。如果屋主实质并积极参与管理（Materially and Actively Participate），则有权扣减最高 2.5 万美元的租房亏损，扣减额在屋主再调整后总收入（MAGI）超过 10 万美元时逐步减少（Phase Out）直至 15 万美元时“殆尽”（Disallowed）。如果屋主每年投入 750 个小时以上（平均每周 15 个小时，每处物业 100 个小时）且超过一半的工作或生意时间从事房地产租赁活动，住房出租将转化为非消极活动（Non-Passive Activity），屋主不仅免予收入限制，还能无限扣减租房亏损。联邦及州税务署一向对房屋出租者审查甚严，尤其是享受亏损扣减“上不封顶”的“房地产专业人士”（Real Estate Professional），稍有不慎便会面临被查账的风险，且看下例：

房地产经纪高女士于 2015 年初收到纽约州税务稽查署关于她 2012 年房地产出租的“问卷”（Questionnaire），要求她提供纽约市三处、佛州两处出租物业的参与时间表，高女士答复后却收到纽约州的补税单，不但 2012 年约 6.6 万美元的出租亏损不允扣减，还“殃及”2013 年遭到稽查，两年共欠联邦及州税近 7 万美元。稽查署判定高女士的“问卷”不及格，并不代表她没有实质性地参与房地产活动，此案的转机在于高女士能否证明她亲身（实质性地）参与出租管理，而“日志”（Daily Log）恰是记录高女士每天活动时间、地点的关键证物（Contemporaneous Document）。如果高女士 2012 及 2013 年的工作“日志”能够证实累积工作时间超过 750 小时，纽约市的每处出租物业（佛州除外）累积工作时间超过 100 小时，则高女士满足国税局对于房地产专业人士实质性参与活动的要求，房租亏损得以扣减。高女士在征得稽查署的同意后，两年各选若干页作为“例证”送稽查署，3 个月之后，高女士收到稽查署的欠税调整通知，2012 年欠税为零，2013 年欠税降至 1,410 美元（佛州两处亏损不允许扣减），稽查署接受了纽约州两年的出租亏损扣减。

我们来进一步比较一下房地产专业人士实质参与的不同形式。高女士属于专职专业人士，她自己有两家房地产管理公司（均为 1120S），还有 3 处（纽约市）物业在个人名下出租，再加上她“挂靠”的房地产公司（Real Estate Brokerage），因此时间（全年 750 小时，每处出租物业 100 小时）对她来说不是问题，但对于某些非专职“挂牌”经纪来说，情况就有所不同。举一例：

何女士任职银行预算部门，因与先生的收入超过 15 万美元，所以个人及小公司（1120S）名下的出租亏损都无法扣减，为此她于 2013 年底考取房地产执照，“挂牌”家附近的房产公司，于 2014 年“名正言顺”地扣减了约 5 万美元的亏损。假定何女士 2015 年同样面临纽约州的稽查，她能否“化险为夷”呢？何女士是银行朝九晚五的雇员，房地产只能算作她在业余或周末从事的“副业”，所以她的“日志”必须出示周一至周五晚间“习惯性”（Regularly）地从事房地产业务，同时显示周六、日“规律性”（Routinely）地现身于出租房，“展示屋”（Open House）、验房签约等一系列实质性的房地产活动。何女士要保证每周至少工作 15 个小时（全年 750 小时）方能达到国税局对房地产专业人士实质性参与的要求。如果何女士的本职工作是“弹性工作时间”（如保险公司经纪或自雇业者等），她的日程安排就会轻松许多，相对来说被稽查的几率也会低得多。

房地产专业执照是调降中高档收入家庭税率的有效“杠杆”，唯有投身于“副业”之前，充分了解与评估房地产业的艰辛（竞争最激烈，耗时最长久）与风险，在此房地产业特别是华人市场持续复苏、欣欣向荣之际，才能收获实至名归。

（五）促进社区发展的421-A及ICIP规划

由于20世纪70年代移民大量涌入，房屋数额供不应求，纽约市政府为缓解住房压力，特别出台《421-A房地产税减免法案》以鼓励开发商新建可负担住房（Affordable Housing Production Program）。若想获得421-A提供的10至25年减免优惠，开发商通常有三个选择：一是从建造廉价房的开发商处购买证书，由后者建造住房；二是实行80/20政策，在某一处建设房屋，其中至少20%为可负担住房（售价或租金）；三是在待开发地区（如皇后区的杰克逊高地、可乐娜）新建房屋。每年纽约市政府根据421-A减税政策给予高达10亿美元的让利，如果屋主在地税账单上看到“421a（10 Yr Not Cap）”的减免项，代表该住房享有10年的421-A税务优惠，最初该住房在前2年全额免税，此后8年按80%、60%逐年减少免税额。15年优惠有效期的住房为前11年全额免税，后4年开始递减；20年优惠有效期的住房为前12年全额免税，后8年开始递减；25年优惠有效期的住房为前21年全额免税，后4年逐步递减。

不过421-A已于2016年1月15日到期，政府只给多于5家庭的新住房以房地产税优惠政策，很多开发商都在停工观望，业者期望政府再有421-A延长或出台新优惠政策的可能。在他们看来，白思豪市长提出的“可负担住房”（平价房）计划虽然可行，但关键在于“重新规划”，纽约市各社区居民担心规划调整会助涨房价，“可负担住房”如何实现，各界唯有拭目以待。

ICIP（Industrial and Commercial Incentive Program）是纽约市政府为工业及商用楼宇提供的房地产税减免，该项优惠的初始申请已于2008年到期，不过受益方仍能向政府申请继续使用（Certificate of Continuing Use，简称CCU）直至有效年过期，2021/2022财年的CCU申请通道于2020年10月开启，2021年1月5日截止。ICIP（现更名为ICAP）为工业及商业楼宇的业主节省了可观的税金，以皇后区法拉盛一家停车场为例：

> 由于新业主未及时申请2015/2016财年的CCU，导致停车场的上税股价（Taxable Assessed Value）猛增回81.495万美元，新业主不得已在该财年支付了8.684万美元的房地产税，第二年在会计师的帮助下，该停车场申请2016/2017财年CCU后通过“退税申请”（Property Refund Request）追回5.8952万美元（上税估价降至26.172万美元）。

（六）地税减免的上诉申请流程

传统经济理论一向认为房地产税与房地产价格并行，由一只“看不见的手”在起着调节市场的作用。不过沿海地区的屋主们已经发现，在过去几年房价大跌的危机中，即便房屋的计税价值（Assessed Value）跟随着市场价（Market Value）一同降低，但地方政府总有方法让房地产税不降反升。据调查显示，近六成的房屋评估价值高出实际市场价值，换言之，有许多家庭多缴了地税却并不自知。屋主们虽无法“挑战”地方财税政策，但有权就自家房屋的税务估价“据理力争”，削减了本应多付的税额。

由于减免地税申请涉及法律、建筑、财政、会计及地产众多领域，又要填写市府财政或税务局的一系列表格，手续颇为繁杂，在很大程度上阻碍了屋主抗辩的意愿，因此屋主在决定与政府“对簿公堂”前，要熟悉地方房地产税制定和调升（降）的法律根据和程序，如觉得自己难当此任，可委托会计师、律师或专业人士帮助评估胜算的概率后再做决断。各地规章不同，本节仅以纽约市为例。

每年 1 月 15 日市财政局会向屋主发出地税估价报告（Notice of Property Value），列明税务年度为当年 7 月 1 日至来年 6 月 30 日的房屋市场价格（Market value）、计税价值（Assessed Value）、免税额（Exemption Value）及上税额（Taxable Value）。收到通知后，屋主应仔细检查税率、计税价值并确认减税优惠已在税款计算中应用。如有疑点，应及时了解地税评估的方式、申诉期限，迅速行动。 纽约市府的财政局和税务局平行作业，互相“协调”，财政局负责估价，税务局受理上诉。税务局受理上诉申请的截止日期分别为 3 月 1 日（二、三、四级税务等级）或 3 月 15 日（一级税务等级）。税务局接到上诉申请后会进行评估，决定受理后便会通知申请人出庭（Hearing）日期，给予申请人向政府抗辩的机会。财政局受理纠正评估的截止日期为 4 月 23 日（个案受理可延迟到 9 月 30 日），申请人应填写“要求重新评估”（Request for Review of Property Tax Assessment）表格，提供房产估价、三个参照对比目标等资料。屋主可以通过纽约市官网查找周边的房屋信息，如周边房屋房龄、面积、房间数和自家相仿，但地税却低出 10% 或以上，屋主便有很大概率能赢得申诉。财政局审查后同意纠正，便会在下一年的税务估价报告中调整屋主的地税。若是屋主未能如愿获得减税或是减税额度不理想，还可以向更高级别的上诉委员会（Appeals Board）提出上诉。举一例：

赵先生发现 2014/2015 年的税务估价报告中，财政局的资料有两处错误：一是他的六家庭属于 2A，但市府列为 2B；二是他的屋宅面积为 5,625 平方呎（25×75×3），市府却列为 9,375 平方呎（25×125×3）。赵先生请建筑师公证房屋的测量报告（Survey），当赵先生收到 2014/2015 年税务估价报告时，他的税务等级和屋宅面积已被更正，上税额也随之降低。但赵先生的税务诉讼并未就此结束，虽然财政局已更新了他的税务等级和住宅面积，但在税务局的记录中，他的房租净收入过高，仍有可能被矫正回原来估税额的“隐患”。因此赵先生决定“双管齐下”，于3月1日前请会计师递交上诉申请，根据他历年的报税记录，更正税务局对他的房租收入和开销记录，不仅解了后顾之忧，也把现有的估税额尽可能降低。

申请减免地税的过程冗长复杂，不易把握，但只要屋主做好充分准备，适时咨询专业人士，有足够的耐心，坚持行使自己的一份权利，就能把房地产税调降到合理的水平。

四、遗产税务

美国是一个“万万税”的国家，尤其对财产转让毫不留情，1916年联邦政府开征遗产税（Estate Tax），后为防止纳税人通过生前转移财产规避遗产税，继而开征赠与税（Gift Tax）和隔代转让税（Generation-Skipping Transfer Tax）。政府划定的财产范围包括动产和不动产、有形和无形财产，如房产、股票、公司股份、退休金、收藏品、知识产权收益等。遗产税和赠与税自1977年起适用统一的税率表，目前两税采用超额累进制，分为12个等级（18%～40%）。

（一）既“属人”又“属地”的美国遗产税

美国税法兼有属人（Residency）和属地（U.S. Situs）原则，“属人”意味着只要是美国公民和绿卡人士，全球资产都在遗产税和赠与税的课税范围内，而“属地”意味着但凡拥有在美的财产，即便从未踏上过美国土地的外国人也必须向“山姆大叔”履行纳税义务。公民、绿卡人士、外国人之间的财产转让因征税对象身份不同有着不同的适用规则。

如果财产持有人是美国公民或绿卡持有者，不管是留给公民、居民，或非居民外国人，都能获得1,170万美元的豁免额（2021年），未用完的豁免额可转让（Portable）给未亡配偶。夫妻双方或继承人一方是美国公民，则可享有无限婚姻扣减（Unlimited Marital Deduction），如果一方过世，不论多大额的财产都可以免税转给配偶，待配偶过世后，转给子女或他人时再缴遗产税。如果夫妻双方都是绿卡人士，则不享有无限婚姻扣减，需要为超过豁免额的财产上税（最高税率40%）。既不是美国公民也不是绿卡人士的非居民外国人，一旦过世，其在美国的财产留给任何人（夫妻除外）只有6万美元的遗产免税额。现在不少外籍人士在美国置业，如果没有做好规划，遗留一栋在美国的房产给亲人，届时上缴政府的遗产税是惊人的。

（二）联邦及各州的遗产税豁免额及遗产税率

美国税法规定遗产税由继承人申报（706 表，United States Estate Tax Return）并缴纳，继承人必须在原财产所有人去世后的 9 个月内（可申请 6 个月延期）以现金形式缴清税款之后方能进行财产分配。当然，并非所有的遗产都会计入课税，继承人可先扣除债务、丧葬费用、慈善捐款，再为遗产超过赠遗统一免税额的部分纳税。美国遗产税实行的是累进税率，是美国所有联邦税里税率最高的税种。2021 年联邦赠遗统一免税额为 1,170 万美元，夫妻合计为 2,340 万美元。对超过豁免额 1 万美元以下的遗产征收的税率就高达 18%，最高税率上至 40%。

1976 年以前美国遗产税重在“劫财”，1937 年亿万富翁洛克菲勒（John D. Rockefeller）过世，他个人财产的 70% 被政府以遗产税的名义征收，高额征收遗产税的结果不仅让富人的财富更多地转移到政府手中，也殃及众多中产阶级家庭。因此从 1977 年后，美国遗产税征收出现了个人豁免额逐步增加、最高税率逐步下降的趋势。据统计，2001 年以来全美仅有 0.2% 的高净值人士需要缴纳遗产税，平均有效税率 16.6%（即应税遗产价值的 1/6）。现行税法下，遗产税可在未来 10 年为政府带来 2.75 兆美元税收。

对于有意向移民美国的中国高净值人士来说，在获取绿卡前，美国境外资产的转移是不受美国税法管辖的，对于拥有庞大资产的人士来说，是否事先做好规划会对今后的缴税额有天壤之别。例如赵先生在成为投资新移民前有 3,000 万美元的境外资产，但他完全忽略了事先规划，直至需要向美国政府进行全球报税时才想起将财产转移给两名子女，这些赠与以及赵先生以后的遗产都需要依循相关规则缴纳赠与税和遗产税。钱先生与赵先生资产情况大致相同，但他在计划移民前已将部分财产转让给子女（中国尚未立法开征赠与税），所以免去了后顾之忧。

除联邦政府之外，各州也纷纷在遗产税上插上一脚，例如纽约州 2021 年的遗产免征额为 593 万美元，税率从 3.06% 起跳，最高可达 16%。不过，各州税法每年都可能修改，例如加州自 2005 年起便不再征收遗产税。征收遗产税的州大多集中在美国东部，中部和西部征收遗产税的比例不高。特拉华是豁免额最高的州，为 1,170 万美元（税率 0.8% ～ 16%），华盛顿州最不手软，豁免额为 219.3 万美元，且最低税率从 10% 起，最高税率更达到 20%。

近些年来，已有不少州纷纷取消征收遗产税，主要原因是遗产税过高，财富难以传承（以华盛顿州居民为例，超过千万的财富有七成进了联邦及州政府“腰包”），私人资本投资也会受到冲击，对经济造成负面影响。遗产税是美国最有争议的税种，共和党主张废除遗产税，而民主党则力保遗产税实施，遗产税政策随着政权更迭几经变化，近年来更成为两党博弈的工具。

表 1-3　2021 年遗产税豁免额

<table>
<tr><th>继承人
财产所有人</th><th>美国公民</th><th>绿卡持有人</th><th>非居民</th></tr>
<tr><td>美国公民</td><td rowspan="2">配偶：无限
其他：1,170万美元</td><td colspan="2" rowspan="2">配偶：1,170万美元
其他：1,170万美元</td></tr>
<tr><td>绿卡持有人</td></tr>
<tr><td>非居民（美国资产）</td><td>配偶：无限
其他：6万美元</td><td colspan="2">配偶：6万美元
其他：6万美元</td></tr>
</table>

（三）赠与税与遗产税的转换

遗产税可谓是赠与税（Gift Tax）的延续，在联邦层面，赠与可分为年度赠与和终身赠与，2021 年的年度赠与免税额（Annual Exclusion）为 1.5 万美元，即 2021 年每人最多可赠与他人 1.5 万美元的财物，如果超过上述数额，赠与人需要向国税局申报 709 表并为超额部分缴纳赠与税。赠与人可利用终身赠与免税额（Lifetime Gift Tax Exemption）"宽免"当年所需缴纳的赠与税，不过相应地，其遗产税的豁免额也会减少，终身赠与免税额和遗产免税额相连，简称为"赠遗统一免税额"（Unified Gift Tax & Estate Tax Credit），将两者相连的目的是杜绝逃避缴遗产税而在生前将财产悉数转给受益人的现象。举一例：

王先生在 2016 年赠与儿子 10 万美元现金，因为超额的 8.5 万美元赠与并没有累积超过 1,170 万美元的赠遗统一免税额，王先生无须为此缴交赠与税，但其身后财产将扣除其生前转移仅余下 1,160 万美元免税额。

赠与人身份也决定了纳税与否。夫妻双方或接受人一方是美国公民，则可享有无限婚姻扣减（Unlimited Marital Deduction)。任何人向非公民配偶进行赠与，都可享受 15.9 万美元的年度免税额（2021 年），但外籍人士不论将其美国财产赠与非公民配偶还是他人，都不可适用终身赠与的豁免额。若外籍人士向美国公民或绿卡人士相赠外国资产，并且受赠金额在一年内合计超过 10 万美元，受赠人虽无须纳税，但要向美国国税局填报 3520 表（Annual Return to Report Transactions with Foreign Trusts and Receipt of Certain Foreign Gifts，见 210 ～ 215 页）。特别需要注意的是，赠与税和遗产税上定义的"税务居民"（Tax Resident）比所得税上定义的"税务居民"更加严格，除了要求纳税人有永久居住权以外，还要有长期居住美国的意向，美国国税局对长期居住意向的判定比较主观，主要考虑因素包括留美时间、家庭及朋友居住地及商业活动所在地等,仅仅持有绿卡不能自动符合赠与税和遗产税上定义的“税务居民”要求。

隔代转让税（Generation-Skipping Transfer Tax）是指祖父母直接向孙子女（或小于赠与者 37.5 岁的个人）赠与财产，政府认为“隔代相传”不利于“代代”征税，因此在遗产税和赠与税的基础上加征隔代转让税。假设王先生在 2016 年过世，除了赠遗统一免税额之外还有 100 万美元留给孙子（王先生生前并未做任何遗产规划），这 100 万美元首先要缴 40 万美元的遗产税（40%），余下的 60 万美元再缴隔代赠与税。遗产税和隔代资产转让税都属于资产转让，只是继承人与留下财产之人的关系可能存在着直系亲属还是非直系亲属之分、传给一代人还是两代以上人之分。由于两者性质基本相同，所以这两种资产转让方式所征收的最高税率都是一样的。

表 1-4　2021 年赠与税豁免额

<table>
<tr><th>受赠人
赠与人</th><th>美国公民</th><th>绿卡持有人</th><th>非居民</th></tr>
<tr><td>美国公民</td><td rowspan="2">配偶：无限
其他：
年度赠与1.5万美元
终身赠与1,170万美元</td><td rowspan="2" colspan="2">配偶：
年度赠与15.9万美元
终身赠与1,170万美元
其他：
年度赠与1.5万美元
终身赠与1,170万美元</td></tr>
<tr><td>绿卡持有人</td></tr>
<tr><td>非居民
（美国资产）</td><td>配偶：无限
其他：
年度赠与1.5万美元
没有终身赠与</td><td colspan="2">配偶：
年度赠与15.9万美元
没有终身赠与
其他：
年度赠与1.5万美元
没有终身赠与</td></tr>
</table>

为后代留下遗产是众多华人理财观的重要组成部分，但大多数人却对遗产规划感到陌生。遗产规划包括对财产的权益安排、税务安排、收益安排和其他交易安排，如善加利用，可有效规避风险，减免税务，在生前充分完成自己的意愿，在逝世后使财富以最大基数得到保留和延续。

五、投资理财保险及申请大学税务准备

俗话说，君子爱财，取之有道。财务无忧是很多人所期盼的，但许多人却不善于理财，究其原因，一是欠缺全盘规划，二是没有正确选择和管理理财工具。理财包括保险规划、税务规划、投资规划、退休规划、遗产规划五大类。保险规划是人生各阶段的保护伞，税务规划是让人合理合法地节约财富，投资规划的目的是让“钱生钱”，退休规划是为了未雨绸缪，保障老年生活，遗产规划是为让财富得到更好的传承。对于家庭而言，了解税法应该是在美国成功理财的第一步优先。

（一）合法省税与投资生财

常言道，依法纳税是义务，合法节税是权利，美国个人所得税的税基虽宽，但省税的“名堂”也多。一般而言，房屋贷款、慈善捐赠、业务开支、教育费用支出和子女看护费用等都会影响纳税人的税负。个人退休账户、学生贷款利息、赡养费、教育费用开支以及搬迁费用等也可依据相关规定从总收入中扣除。笔者归纳总结出“三段式”省税策略：降低 AGI，减少上税收入，充分运用抵退税。

第一段：降低调整后总收入（Adjustment Gross Income，简称 AGI）。因为逐项扣减、抵退税资格的计算多以 AGI 为基数，所以 AGI 是决定上税收入的关键指标。首先从总收入“下手”，例如雇员可要求雇主推迟年终奖励到明年 1 月，自雇人士可考虑晚些向客户寄出收款账单。将抵税支出尽可能提前，例如出售账户中的亏损投资，利用资本亏损来抵扣资本利得。调整并降低 K-1 收入（可能是负值冲销其他收入），例如自雇业者或者是 LLC 可以雇佣 7 岁的孩子，发适当的薪水，18 岁以下的儿童其薪水中的 5,800 美元不用缴所得税（这一条不适用于小孩在上大学或者两年内将上大学的家庭，因为小孩的收入会对大学助学金申请有很大影响）。利用折旧，税法允许业主将住房成本按 27 年半折旧，例如价值 50 万美元的出租物业每年折旧 2 万美元，虽然在账面上损失 8,000 美元，看起来是亏损的，但投资人实际现金流还在进账。

调整后总收入（AGI）的高低会影响与之关联的扣除额、抵免额和其他税收减免，如可抵扣的 IRA 供款、儿童抵退税、高等教育抵退税以及学生贷款利息扣除。对于那些由于财务状况变化而预计明年税率较低的纳税人来说，推迟收入是可取的，反之，若明年税率提高，则应提前确认收入。

其次是增加调整项目，比如向传统 IRA 退休计划（Traditional IRA）供款，2021 年 50 岁以下个人最多放入 6,000 美元，年满 50 岁者可追加至 7,000 美元。50 岁以下的公司雇员也可从薪资中“拨出”最多 1.95 万美元放入 401（k）、403(b)，年满 50 岁可放 2.6 万美元，雇主和雇员的缴纳总额最高为 5.8 万美元。任何形式的雇主（包括自己经营）

都可参与 SEP，对于符合标准的雇员，雇主必须投入同等的金额，2021 年的投入金额限制是 5.8 万美元或者员工工资的 25%，投入的金额是全部免税的，利息可延期上税。收入高、税率高的专业人士或是小业主可根据年龄和收入设立固定收益计划（Defined Benefit Plan），将纯收入的 40%、50%、60% 甚至更多放到 DB 计划中，最大限度地抵税。举一例：

赵先生是土木工程师，2021 年他向 401（k）退休账户中供款 1.8 万美元，使得 W-2 应税工资从 10.9574 万美元降至 9.1574 万美元，赵太太长年照顾家务，因夫妻二人在可供款收入“门槛”之下，即便赵太太没有工作收入也可开设 IRA 账户存款，赵氏夫妇善用延税账户使得当年 AGI 大幅降低。

灵活储蓄账户（FSA）属于雇主提供的福利，雇员可从所发工资中扣取一定金额，专用于儿童的看护费用，这笔钱免予被征所得税和社安及医疗税，2021 年每家每年最高可得 1.05 万美元福利，但需注意，这笔钱若不使用则会重新加回在工资上（Use It or Lose It）。来看一个例子：

范氏夫妇均在投行就职，两人 W-2 收入超过 36 万美元，两人将税前工资中的 5,000 美元放入 FSA 账户用于女儿的看护费用，不过范氏夫妇实际仅用了 4,000 美元，剩余的 1,000 美元计入应税工资。

健康储蓄账户（HSA）也隶属于灵活储蓄账户（FSA），2016 年个人可参加 3,350 美元，家庭为 6,750 美元，HSA 允许使用税前工资支付合格的医疗保健服务，HSA 账户里的钱如果用不完的话可以继续存下去，积攒起来的钱在 65 岁以后可以取出来，根据当时的税率缴税。529 大学储蓄计划涵盖除学费以外的食宿费用，同时可减免州税（夫妻 1 万美元，单身 5,000 美元）。529 计划利用年度赠与豁免，家庭收入 10 万美元以上者应及早考虑运用。

不论是上述的抵税（Tax Deductible）、延税（Tax Deferred）账户还是 Roth IRA、Roth 401（k）等收益免税（Tax Free）账户，都具有投资灵活的优势。以 IRA 为例，账户持有人可以投资股票、债券、共同基金、定期存单等，在投资积累的过程中，持有人不需要在当年为交易产生的营利（利息、红利、投资利得）缴纳所得税，只有在资金取款时才须缴税。而没有税务优惠的普通投资账户，投资人需要每年为营利缴税（Tax Now），这大大影响了投资积累的效果。如果向 IRA 账户和普通投资账户各放入一美元，同样投资 30 年，平均回报率 10%，在 IRA 账户中可以增值到 17.45 美元，而普通账户会依据该投资组合的税率有所不同，如税率 10% 将得到 13.27 美元，税率 39.6% 将仅有 5.81 美元。

虽然美国投资税率较高，但省税投资策略仍未得到投资者足够的重视，投资者常常忽略了税对长期投资回报的影响，不相信省税策略发挥的作用。所以在规划之前，需要了解省税投资的基础，比较税前和税后收益，如后文会提及的房屋投资和人寿保险。

第二段：减少课税收入（增加逐项扣减）。2021年标准扣减是单身12,550美元（夫妻25,100美元），年底前估计自己是否能用上逐项扣减，若能够用上，尽量提前支出，如提前付房贷利息、提前付房产税或多预扣所得税、增加慈善捐赠，若不能用上，则把支付延至下一年再用。需要注意新税法的变化，比如州及地方税的总和至多扣减1万美元，多付则无益；医疗费用只能扣减超过AGI 7.5%的部分；意外损失扣减已被取消（除了受灾地区）；未报销的工作相关开支扣减已被取消，若雇主能够报销开支，应寻求报销，而不是留在报税时作扣减项目使用。向公众非营利机构捐赠现金的扣减上限是AGI的60%（此前是50%），超出部分可至多向后结转五年，在报税时会采用逐项扣减的纳税人可适当善用此优惠。若手边没有现金，但有营利的股票或资产需要出售，可以通过直接捐赠的方式，但这类捐赠不能自己经手，扣减上限为AGI的30%，扣减额通常为捐赠时资产的市价（但不能超过其成本价）。年至72岁必须提领IRA退休计划存款的老年人，可以考虑将IRA直接捐赠给慈善机构（不能自己经手），这类捐赠虽然不能作为逐项扣减，但也不会把IRA提领款算作收入，因此对于希望保持低收入或要满足收入要求的老年人有益。

第三段：运用抵退税。例如照顾孩童，是直接申请儿童类退税，还是要利用“灵活储蓄账户”（FSA）的优惠，国税局允许兼用，但不允许同时全额享受这两项优惠。对于大多数家庭来说，利用FSA比照顾费用抵税合算，因为放入FSA的钱是税前收入不计税，也有利于降低AGI。但哪项更省税，还要结合家庭收入（尤其是劳力收入）、孩童个数、实际需求来看。儿童照顾费用抵税（Child and Dependent Care Tax Credit，简称CDCTC，申报2441表）没有收入限制，但必须满足几个条件：家长必须有劳力收入（除非家长其中一方为全职学生或残障等特殊情况），报税状态不可以是夫妻分报，孩童必须小于13岁，必须由第三方机构或人员来照顾孩童，配偶、孩童的亲生父母、列在你税表上的被抚养人（比如家中父母）、已单独报税但未满19岁的孩童都不能算作第三方照料人员。这项优惠是抵消根据家庭课税收入（Taxable Income）所计算出的税负，如果当年没有税负，也用不到这项优惠。一个孩童可最多申报3,000美元照顾费用，两个或以上孩童最多申报6,000美元照顾费用，抵税额根据收入阶梯按35%至20%的比例抵减，一个孩童最高可获得1,050美元抵税额（3,000美元 × 35%），两个或以上孩童最高可获得2,100美元抵税额（6,000美元 × 35%）。

（二）人寿保险及长期护理保险

1. 人寿保险

自 1762 年第一张保单诞生后，人寿险因其保护功能和税务优惠在美国获得长足发展。人寿共分为四类：定期险（Term Life Insurance）、终身险（Whole Life Insurance）、储蓄型寿险（Universal Life Insurance）和投资型寿险（Variable Universal Life Insurance）。定期险只保一定的期限，只提供理赔金，不提供现金值（Cash Value）。终身险一般都有红利分配（Dividens），其优点是终身保障，但其缺点是由于“终身担保”，随着年纪的增长，保费也“水涨船高”。储蓄险相较终身险，条例更为灵活，缴费也更为自由，投保人可以自主选择缴付的保费额度及期限，储蓄险的缺点是由于其收益一般和利率市场挂钩，在目前的低利率环境下，投资回报率低（但不会出现亏损），这也使得投保人需要投入更高的保费来维持保险的有效性。投资型寿险的原理和储蓄型寿险相似，区别在于投保人可选择不同的基金从而获得相应的投资回报，既不“封顶”，也不“保底”，风险性较高。四类寿险各有优劣，投保人应根据自身情况做出选择。

寿险在税务上有诸多好处，值得人们善加利用。比如，人寿保险的理赔金（Proceeds）免缴所得税，但寿险的收益部分（Interest）将计入收入，举一例：

> 蔡小姐的母亲不幸在 2014 年过世，蔡小姐作为受益人（Beneficiary）得到母亲生前投保的保险公司寄来的 1099-R 表和 1099-INT 表，1099-R 表上的 50 万美元理赔金无须在 1040 税表上申报及纳税，但 1099-INT 表上的 250 美元收益作为利息收入申报在 1040 表第 2a 行。如果蔡小姐的母亲同时为被保险人（Insured Person）和保单持有人（Owner），人寿理赔金将计入其遗产；如果保单为他人拥有，理赔金则不会被计入。

如何将保单为他人拥有，第一种方法是将所有权直接转移给他人，这种做法的弊端在于投保人在保单所有权转移以后永远失去对它的权利，投保人不能撤销保单或更改受益人。国税局规定在投保人去世前三年内所做出的人寿保单的赠与是不被允许的，如果一个人对其已转移的人寿保单仍保留“所有权的附带权利”（Incidents of Ownership），那么他仍被视为保单的所有者。从赠与税的角度来看，国税局将保单转移视为赠与（Gift），纳税人需要为超出年度赠与的部分缴纳赠与税，去世后的理赔金往往比生前保单的现金价值（Cash Value）要高，所以纳税人一般不会选择终身赠与额（与遗产税挂钩）“豁免”年度赠与。

第二种方法是设立人寿保险信托（Life Insurance Trust），并由该信托持有保单。通过寿险信托规避理赔金成为应税遗产必须符合以下条件：（1）该信托必须是不可撤销的（Irrevocable）；（2）转让人（Grantor）不能是信托的受托人（Trustee）；（3）信托必须在转让人去世前3年设立，如果信托成立时间距转让人去世不足3年，保单理赔金仍将被计入应税遗产中。

2. 长期护理保险

第二次世界大战后出生的“婴儿潮”一代已慢慢步入退休期，人口统计局预计2030年65岁以上的老人将超过7,100万，其中70%以上的耆老或在有生之年接受长期护理服务（Long Term Care）。长期护理并不是针对疾病的治疗护理，而是指帮助照料生活起居、提供医护服务（如静脉注射、病后复原）的持续性服务。接受服务的对象不局限于年老者，中青年也可能因意外或疾病造成自理能力受损，需要他人看护照顾。提供照料服务的场所可以是住家、疗养院（Nursing Home）、辅助生活中心（Assisted Living Center）或成人日托（Adult Daycare）。不过无论哪种方式，都需要一笔不小的支出，以纽约州为例，住家平均一年需要4.576万至5.0336万美元，成人日托1.95万美元，辅助生活中心4.74万美元，疗养院最为昂贵，一年花费12万至12.6万美元且一位难求。

“婴儿潮”转为“退休潮”，大批劳动人口退出市场，社会福利给付制度面临挑战，长期护理费用势必成为个人、家庭及社会的庞大负担。通常民众支付长期护理的方式有三种：医疗补助（Medicaid，俗称“白卡”）、自掏腰包和长期护理保险的理赔。值得注意是联邦医疗保险（Medicare，俗称“红蓝卡”）并不涵盖长期护理，“红蓝卡”主要用于支付看病、住院、买药等急性的医疗专业护理（Skilled Care），而长期护理是照料日常起居，生理机能的退化、自理能力的减弱是不可逆转也无法医治的。同样道理，普通医疗保险也不能作长期护理使用。“白卡”是各州政府为低收入和低资产人士设立的医疗补助项目，目前是长期护理费用的最大支付者，承担全美近一半的疗养院及家中看护开销。“白卡”对受益人的身份、年龄、居住期、收入和资产有着严格的审查，一般的中产阶级难以申请到这项补助，也很难自行承担日益增长的护理费用，唯有借助购买长期护理保险以备不时之需。

政府为鼓励民众购买长期护理险，在税务上给予优惠。长期护理保费（Premium）属于合格的医疗费用，纳税人通常可在联邦税表1040的A副表“逐项扣减”（Itemized Deductions）上扣除超过调整后总收入（AGI）7.5%的医疗费用，自雇者可直接在1040表扣除自付的所有医疗费用（如果自雇者的配偶有参加雇主提供的长期护理团体险则无法扣除），超过的部分则计入A副表作逐项扣减。2021年所有纳税人可扣除的长期护理保费依年龄而定的最高限额为：年龄40岁及以下450美元，41～50岁810美元，51～60岁1,630美元，61～70岁4,350美元，71岁及以上5,430美元。纽约州居民申报州税时可使用 IT-249 表（Claim for Long-Term Care Insurance Credit），获得 20% 保费的不可返还抵税额（Nonrefundable Credit）。绝大数州政府都给予本地居民一定程度的优待，例如新州居民可扣除超过 2% AGI 的保费抵税，加州居民可获得和联邦同样标准的抵税额，华府居民可享受每人每年 500 美元保费抵税，各州居民可参阅国税局 502 号刊物（Publication 502）和本州的纳税指南了解合格医疗费用的扣减和抵税。

雇主为员工购买长期护理险的开销可作为支出在税表上扣减，个体户（Sole Proprietors）给予的雇员福利计划（Employee Benefit Program）须填报在 1040 C 副表“企业利润或亏损”（Profit or Loss from Business）第 14 行，一般股份公司、小公司、合伙人实体的雇主相应地填报在 1120 表第 24 行、1120-S 表第 18 行和 1065 表第 19 行。纽约州的雇主若为员工购买长期护理团体险可填报 CT-249 表（合伙人实体 IT-249 表），在州税上获得 20% 保费的非退税抵税额。

当民众获得长期护理险的理赔并用于支付合格的长期护理费用时，这笔收入通常不需要缴纳所得税，理赔若超过合格长期护理费用或每天 340 美元的限额则需计入收入。目前市场上有各家保险公司提供的传统型长期护理保险、三合一险（比如人寿险、长期护理险和返还保费三合一，年金、人寿险和长期护理险三合一）等，州政府提供的州合伙式长期护理保险（State Partnership Long Term Care Insurance），民众可根据自身情况选择。

（三）529 大学省税计划

美国人首要的财务需求是为退休而储蓄，其次便是为子女的教育费用而储蓄。近五年大学学费 5% 的涨幅远超于通货膨胀率，预备大学资金必须趁早，莫等孩子快入学了经费却“捉襟见肘”时才着急。现有的储蓄方法如沃德尔教育储蓄金账户（Coverdell ESA，前身称为“教育退休储蓄账户”），由于每年存放金额只有 2,000 美元，故作用不大，而 529 州立教育储蓄计划（529 Plan）因其税负优惠和投资“钱”景（Tax-Advantaged Investment）广受家长们的青睐。就连前总统奥巴马也早在 2007 年还是伊利诺伊州参议员之时，各为两个女儿建立了 529 大学储蓄计划并一次性存入 24 万美元。总统千金自然是有学校愿意录取她们，但美国大多数顶级名校，包括“常春藤”（Ivy League）都是基于需求发放奖学金（Need-Based Scholarship），像奥巴马这类高收入家庭根本不可能获得奖学金，按照“常春藤”目前每年平均 6 万美元学杂费的行情，4 年下来起码得自掏腰包 25 万美元。对于中产阶级或以上，尤其计划让子女就读私立大学、医学院、法学院的家庭来说，529 计划的优越性不可比拟。

529 计划由国会 1996 年立法通过，据税法第 529 条款而来，几个突出的有利条件包括：无收入限制，无居住要求，任何人都可以开设账户；税收优惠，用于支付合理教育费用的账户收益无须纳税；由家长控制账户资金，以防年轻子女将里面的钱挥霍一空；任何人都可以为账户出资；账户受益人（Beneficiary）大学毕业之后，账户剩余的资金可转至另一个家庭成员名下；大多数州对取款都没有年龄和时间限制；利用投资使账户增值。

新税法扩大了529计划的适用范围，在原本的高等教育（大学本科、硕士、博士）之外，加入了K–12年级、特许学校、教会学校、在家自学，这些新增项目的提取额度为每年1万美元，高等教育提取额度仍然不限。529账户的取款可以直接寄给学校、账户所有者或受益人。529账户是为覆盖教育费用而设立的，“合格教育费用”只适用于与教育费用相关的消费，包括学费、食宿费、学习用品等，比如购买书本、电脑、计算器、软件等都在此范畴。往返学校的交通费、宿舍里的家具费用、运动或社团娱乐费用均不在合格教育费用的范围内。529计划本身较为灵活，无收入限制，可跨州购买，任何人都可以开设账户。你可以为同个受益人建立多类计划，也可以更改受益人，或为不同受益人分别开设账户。你若想更改受益人，新的受益人必须是你的家庭成员（兄弟姐妹、父母、子女、孩子、侄子侄女、外甥外甥女等）。不同529账户之间的转存（Rollover）每12个月只可进行一次。

529账户分为储蓄账户（Savings Plans）和预付账户（Prepaid Plans）：储蓄账户类似于IRA或401（k）账户，把存款投资在共同基金（Mutual Funds）里，账户余额受投资选择（Investment Options）的价值变化而波动，各州负责制定计划并选择资产管理公司，开户人直接和这些投资公司打交道，储蓄账户若开始得早，子女尚小，开户人可从进取型的股票投资入手，逐步再转向相对稳健的债券或货币市场。预付账户是指存款人可以以现金学费的费率预付一所本州公立大学的学费，预付款结合在一起进行投资，存款可转付（Convert）其他学校（外州或私立）的学费。

529计划的税务优惠体现在联邦和州所得税两方面。就联邦所得税而言，存入529计划的本金并不免税，但用于支付合理教育费用的账户收益免税，取出支付教育相关费用的时候也免税。举一例：

> 林先生投入10万美元本金，等今年孩子上大学时账户金额达到20万美元，10万美元增值包括利息、分红和资本收益，如果不是在529计划内，林先生将为增值部分纳税：利益按一般收入纳税，高收入家庭税率达到35%甚至39.6%；长期资本收益和分红的税率取决于个人收入，为15%或20%。

为了让账户持有人按照实际教育需求存款，而不是把529账户当做一个单纯的避税工具，税法规定若提款用于非合理教育费用时将支付10%的罚款，但罚款仅限于收益部分，某些特殊情形可免除罚款。

州税方面，多数州对于存入本州 529 计划的本金是免税的，如纽约州给予每人最多 5,000 美元（夫妻 1 万美元）的州免税额，但除宾夕法尼亚、缅因、亚利桑那和堪萨斯四州之外，绝大多数州对存入外州 529 计划的本金不予以免税。假设李先生是宾州居民，在纽约州上班，需要同时申报两州的所得税，若李先生开设 529 账户，可同享纽约和宾州的免税额。

多数州规定的账户金额上限为每个受益人 30 万美元，纽约州和麻州为 37.5 万美元，加州为 37.1 万美元，即当账户总金额（存款和收益）达到规定数额后，出资人便不能继续向该账户存款。529 账户被视为赠与，若超过每年每人 1.5 万美元（夫妻 3 万美元）的赠与额度则要缴纳赠与税（Gift Tax），超过限额的隔代赠与还要支付隔代转让税（Generation-Skipping Transfer Tax）。财力雄厚的出资人可以像奥巴马那样选择“前装”（Front Loading），在第一年一次性投入五年的款项（每人 7.5 万美元，夫妻 15 万美元），每年平均分配 1.5 万美元（夫妻 3 万美元），不但免缴赠与税，还给予资金更多的时间增长。年轻夫妇若拿不出这么多钱，也可寻求父母帮助，各自为同一个受益人（Per Beneficiary）开设账户，充分利用 529 计划出资人不受限的好处。

529 计划取款不论是“用错地方”还是“取多了”，都会被视为不符合规定（Non-Qualified）的支出，取款中属于收益（Earnings）的部分不但要付联邦和州税，还要有 10% 的罚款。取款中的本金（Principal）因为当初放入的是税后资金，所以取出时不必再上税。529 账户所在的金融机构会每年发出年度 1099-Q 表格，记录取款总额和收益的金额。529 取款要注意时间限制，要确保在当年年底前已完成取款并支付，应当按照学校出示的学费单来核算 529 账户有无超额取款，而不依赖 1098-T 表格。比如你在 2019 年 12 月 31 日寄出支票，学校直至 2020 年 1 月 3 日才收到，即便学校将其算作 2020 年的付款，你仍然要把这笔付款作为 2019 年的教育费用支出。若你在当年多取了，你有机会在 60 天之内放回原账户（Put Back）或转存到另一个 529 账户，但免费转存只可每 12 个月使用一次。

529 账户的资金算作是给孩子的礼物，所以不征收遗产税（Estate Tax），这也算是唯一一份父母生前握有控制权但不属于父母的财产。不过五年“前装”有例外，假设某对夫妇在第一年向孩子的 529 账户一次性投入 15 万美元存款，夫妇不幸在第二年过世，那么过世后余下三年未分配的存款 8.4 万美元将计入遗产。

当然 529 计划也有弊端：只能以现金方式出资到账户，股票不能转至账户；529 计划的选择并不比其他金融产品的选择容易，也需要承担相当程度的风险；计划中的资金不能用于抵押贷款；账户持有人不能控制投资（由投资公司操作），但可将资金转投到其他州的计划中去，每隔 12 个月可操作一次，并无需支付罚金；529 计划对未来的投资将累积到子女名下的资产，可能影响到子女申请补助的资格。是否选择 529 计划取决于家庭收入以及增值空间，对低收入家庭来说这个计划的意义可能不大，但对于中产阶级或以上的家庭来说，是个节税和投资的好工具。

第二章　移民美国税务

一、投资移民的税务申报

越来越多的外籍人士通过投资渠道移民来美，2014 年中国投资移民的配额首次用罄，随后倒退两年出现排期，标志着中国投资移民的不断“升温”，“围城”之势有增无减，而美国也以其“得天独厚”的经济发展、地理环境优势及包容移民政策成为中国投资移民的首选。随着 EB-5 选项后 I-526、I-485 及 I-829 的推移进展，美国的税务问题接踵而至，不可避免地摆在新移民的面前。新移民“入乡随俗”，首要任务便是尽快知晓美国个人税务。笔者有一投资移民客户，2014 年刚来美便收到负 50 万美元资本利得（亏损）K-1 表，总共 120 位中国金主 6,000 万美元资金被卷入。根据媒体的最近披露，这个 EB-5 项目于 2013 年 7 月便宣布破产倒闭，随着中国大陆投资名额的“爆满”和“滞留”排期的出现，投资人的投入资金会出现“空窗”期，即从 50 万美元存入“区域中心”指定的“托管账户”（Escrow Account）到 I-526 条件（临时）绿卡获批，转入“区域中心”的资金账户（Funding Group）会经历长达两年以上的时间，因此使投资人被诈骗的风险也随之提高。

投资者在 I-526 移民申请表被批准后，就有了临时绿卡居民身份，即便不身处美国也应被视作美国税务居民，就全球收入申报并缴纳应缴税务。现举一个纽约市法拉盛 EB-5 建筑工地的招标实例：

这是一栋耗时 3 年建造，医疗、民用及旅店混合使用的 12 层建筑，全部资金投入 4,000 万美元，王女士为 80 个投资人中的一员，她于 2012 年初从中国汇入 55 万美元（5 万美元为 EB-5 律师手续费），K-1 表上显示她为 1.25%（50 万美元）的持有资金合伙人，每年有约 1 万美元的利息（年息 2%）收入及约 1 万美元的投资亏损（1040 表 E2 副表）。此外王女士拥有法拉盛的两栋共有公寓（Condo），一栋自住，一栋出租，使她免受临时绿卡时间常住美国的束缚，她在中国受薪（相当于 W-2）约 25 万美元，但全年在美停留少于 35 天，可享有外国收入豁免（Foreign Earned Income Exclusion，2015 年 10.08 万美元，2016 年 10.13 万美元）及国外住房费用扣减（Foreign Housing Expense Exclusion，如 365 天在北京最高扣减额为 7.12 万美元，但全年最高工作日为 240 天）约 13.5 万美元，公寓（Condo）出租每月收入 1,850 美元，常年净盈利约 5,600 美元，因全新公寓（Condo）享有 15 年免税，全部现金购买，因此主要开销为折旧（27.5 年）约 1.56 万美元，调整后总收入（AGI）约 13 万美元，上税收入（Taxable Income）约 10.5 万美元，需缴税 2.85 万美元，但王女士在中国的工资有预扣税（平均税率约 20%）5 万美元，可作为外国税抵减（Foreign Tax Credit），因此没有上税收入（Taxable Income），但需缴附加投资收入税（8960 表，Net Investment Tax，税率为 3.8%）380 美元。最后，王女士需要提供全家是否参加医疗保险的信息，以备"不测"。"欧记"健保惩罚条款从 2014 年起实行，但王女士与先生因全年在美停留低于 35 天，又有中国工作单位提供的医疗保险，因此不用买美国的医疗保险（如逗留超过 3 个月同样要求购买），女儿则购买美国大学为学生提供的健保，因此免罚。

是否正确履行纳税义务，将会影响绿卡转正或未来加入美籍的申请，投资移民税务"麻雀虽小"，但涉及面广，牵一发而动全身，需谨慎对待。

（一）移民美国之后的税务"陷阱"

美国实施全球征税且政府执行力较强，往往有不少人等到必须缴纳各项税款时才明白绿卡身份所附带的义务，因此笔者建议计划投资移民的意向者和已正式"报到"的新移民，及早着手税务规划，以最大限度地减少税负。

第一个案例是亲属移民：

程先生一家五口，夫妇两人带着 3 个孩子，2013 年移民美国后，经介绍，请我规划一下他们全家的税务结构，结果如下。我首先设立了程先生夫妇作为股东的 C 公司，然后从第三季度开始出工资，夫妻两人到年底各出 2 万美元，这是根据程先生一家五口的基本花费敲定的，包括房租、孩子上幼儿园的托儿费、基本生活开销再加家庭医疗保险。所以公司成立之后出工资，然后买医疗保险，这样医疗保险就转化为公司的开销，小企业还可以获得健保税务优惠。值得注意的是，程先生 2013 年的个人税中虽然有 4 万美元的工资收入，但他的 3 个孩子都在 17

岁以下，因此他属于“47%”的低收入补助家庭，2013年低收入所得退税上限为5.1567万美元，可获得低收入所得退税2,500美元，儿童抵退税3,000美元，儿童看护费用抵退600美元，不仅不用缴税，还可获退税6,000美元（纽约州市退税2,250美元）。

为程先生夫妇设立公司并出工资，一是解决了夫妇每年的社安计点问题（在此不详述），二是从家庭医疗保险中收益，三是获得中低收入家庭的各种税务优惠和补助。

第二个案例是投资移民：

唐女士2012年下半年参加佛蒙特州的EB–5区域服务中心项目，与先生和两个儿女获批临时绿卡，唐女士的先生在中国开办律师事务所，一年中多半时间在国内，2013年从律师事务所中获得工资10.8万美元，扣税2.8985万美元（约27%），虽然他的收入无法豁免，但可以享受外国税抵减（1116表，Foreign Tax Credit）。从理论上来说，唐女士全家2013年上税收入（Taxable Income）是10.3万美元，需缴税1.77万美元，应该全部抵销，但实际上并非如此。

第一，唐女士2013年全年收入中有部分来自美国，如1099收入、利息、红利、资本所得，所以1116表中能抵多少税，是按全部付税中国内和国外收入的比例计算决定的，换句话说，唐女士美国国内的收入比重越高，外国税的抵减就越少。

第二，国外税抵减在1040表的各种抵减中，如上面提到的儿童抵退税、美国机会教育抵退税等之后，最后计算外国税抵税。2013年唐女士的大女儿在纽约上大学，自付学费超过4,000美元，因此可得到美国机会教育退税1,500美元，因此这1,500美元要从外国税抵税中减去。这样一来，唐女士先生2013年获得国外税抵减约1.5万美元，剩余的抵减额可以带到下一年。

还应该强调的一点是，投资移民家庭一般在中国都有大量存款、股票、公司股份或合伙人所有权，必须遵照“外国账户税收遵从法”（FATCA）申报8938表和Fin.114表，而利息、分红和资本利得必须计入所得收入。

（二）EB–5的个人税务申报模式

EB–5投资者因其特殊身份，在报税时往往要适用有别于一般纳税人的税务规则。先介绍几个常用税表：

1. 2555表（Foreign Earned Income）：用以计算“海外收入豁免额”（Foreign Earned Income Exclusion）、“海外房屋豁免或扣除”（Foreign Housing Exclusion or Deduction）。如果投资者在2016年居住海外达到了一定的时间要求，可豁免高达10.87万美元的海

外收入以及部分房屋开支（北京全年最高 6.9 万美元，上海 5.7 万美元，香港 11.43 万美元）。

2.1116表（Foreign Tax Credit）：用以计算外国税抵减（Foreign Tax Credit），针对同一笔收入（未被选择使用外国劳力收入豁免），如果收入产生地的政府及美国政府同时对其课征所得税，并且已向收入产生地政府纳税，那么可用已缴税抵减这笔收入产生的美国税负，这适用于外国劳力所得以及非劳动所得，如利息、股息、资本利得、房租等。

3.K–1表（Partner's Share of Income, Deductions, Credits, etc.）：该表由投资项目方发给投资者作为合伙人（Partner）的收益或亏损总结表，通常来说投资项目方会向政府申报公司部分的年终营利，并把所有投资者的数据一并送上，投资者需要根据K–1表自行申报个人所得税。

4.FinCEN 114表（Report of Foreign Bank and Financial Accounts）：该表与1040所得税申报分开，适用于拥有国外金融帐户且总金额曾超过1万美元的人士，如果投资者拥有外国银行帐户，必须在1040表副表B第三部分列出，无论是否需要填写FinCEN 114表。

5.8938表（Statement of Specified Foreign Financial Assets）：该表也称为FATCA表格，用于报告特定外国金融资产及从中所得，该表较FinCEN 114表的申报门槛更高。

6.3520表（Annual Return To Report Transactions with Foreign Trusts and Receipt of Certain Foreign Gifts）：用于申报来自外国人的赠与或遗产，如收到非美国身份的国内亲人超过10万美元的电汇，即便无须缴税，也必须填写此表。

（三）EB–5 的公司税务申报模式

EB–5 投资人在获得临时绿卡后，甚至取得临时绿卡之前，为了降低自己的投资风险，一般会选择有限责任公司（LLC）的形式从事创业、买房等商业活动，试举两例：

吴先生以 F–1 学生身份入境美国，毕业后获得 ABC 公司的资助（Sponsor）而转换为 H–1B 签证。吴先生与 ABC 公司的雇主稔熟之后，提出出资 100 万美元，与 ABC 共同设立子公司 XYZ，由 XYZ 为吴先生申办 EB–5。XYZ 采取 LLC 中的 C 公司形态，吴先生作为股东之一领取年薪（W–2）7.5 万美元，同时招聘 10 名本地员工，全年工资预算为 30 万美元，2016 年销售额预定 200 万美元（家具进口组装批发），税后利润 8 万美元。XYZ 的平衡表中，需要显示“股东权益”（Additional Paid–in Capital）200 万美元（吴先生占 50%），以平衡现金、应收和库存资产。移民局对于担保 EB–5 的 XYZ 公司的基本要求，是有稳定的收益，雇佣足够的员工（10 名以上）及 100 万美元（50%）来自吴先生的股东投资。

方小姐 2015 年入境美国，以 I–485（EB–5 第二阶段）获临时绿卡，她与会计师商议之后，成立 F&P LLC 公司，将国内卖房的资金汇入 LLC 的公司账户，于 2016 年年初购买长岛著名学区耶利哥城的豪宅（占地 4 公顷），把旧房推倒后重新扩建，定于 2017 年年初完工。由于方小姐选择的是 LLC 中的合伙人（P）形态，2016 年的拆建工程属于“正常”（Ordinary）活动，但从 2017 年起，因有租金收入，及房屋抵押贷款利息、地税、折旧及维护管理费用而转化为“消极”（Passive）活动，由 S 或 P 房地产投资损益表（8825 表，Rental Real Estate Income and Expenses of a Partnership or an S Corporation）将消极收入或亏损转入合伙人（P）或股东（S）的 K–1。

从以上概括可以看出，EB–5 投资人如选择 C 公司，所有活动均属于“正常”经营，盈亏与个人不挂钩，如选择 S 或 P，所有活动均属于“消极”经营，盈亏过渡到个人。

（四）EB–5 改革新政策

EB–5 移民投资签证项目（EB–5 Immigrant Investor Visa Program）是美国对外国投资的奖励项目，初衷是刺激经济发展，为失业率高的地区带来就业机会。自从 1992 年首次推出以来，EB–5 计划已发展为商业房地产投资融资领域中的一个小众市场，每年为商业房地产和基础设施项目产生数十亿美元的投资资本。

2019 年 11 月 21 日，投资移民的改革新法案正式生效，目标就业区（Targeted Employment Area，简称 TEA）项目的最低投资额从 50 万美元上涨至 90 万美元，非 TEA 地区项目的最低投资额从 100 万美元上涨至 180 万美元。此外，取消州政府对 TEA 地区的认定权，改由国土安全部直接审核颁发，新法重新阐明了乡村（rural）的定义，很多位于大都市地区的 EB–5 项目将无法满足新 TEA 的规定。这是即 1993 年以来，EB–5 项目投资金额的首次增长，并将按照规定每五年依据通货膨胀的情况进行最低投资额的调整。

新法还更新了有关参与新商业企业管理的指南，要求申请人列出新证明。对于在 2019 年 11 月 21 日前已经申请 EB–5 的申请者，允许保留他们现有的优先日期。对于之前已获批准但投资项目经营不善的申请者，若提交新的申请，仍享有原先获批的优先权日期。

2020 年 1 月 29 日，美国移民局宣布修改投资移民 I–526 申请的审批流程，I–526 是 EB5 申请过程中的第一步，投资人需要填写 I–526 申请表，并且递交所需要的相关文件，证明自己满足 EB–5 条件的投资。按照原先的规则，移民局会根据“先进先出”的原则审批 I–526 申请；而新规则下，移民局在审批 I–526 申请时，会优先审批没有排期或者排期较短的申请人。新规则会在 2020 年 3 月 31 日生效，并适用于已经递交的 I–526 申请。这意味着绿卡排期较长的 EB–5 中国大陆申请人需要更长的等待时间。按照目前的排期情况，延长 I–526 申请的审批时间会增加部分 EB–5 申请的不确定性。

二、“肥咖”对投资移民的税务影响

《海外税务协调法》（Foreign Account Tax Compliance Act，简称 FATCA，俗称“肥咖”）法案的实施对美国公民或绿卡（包括临时或条件绿卡）持有人的海外账户申报提出要求：美国境内单身户主年底 5 万美元或年中最高值 7.5 万美元，夫妻合报年底 10 万美元或年中最高值 15 万美元；美国境外单身户主年底 20 万美元或年中最高值 30 万美元，夫妻合报年底 40 万美元或年中最高值 60 万美元，均须申报 8938 表（Statement of Specified Foreign Financial Assets，见 190 ～ 192 页）。“肥咖”的另一核心内容是要求拥有海外账户余额 1 万美元以上的美国公民、绿卡持有人甚至税务居民，必须在每年 4 月 15 日前（可申请延期至 10 月 15 日）向美国财政部申报 FinCEN 114 表（Report of Foreign Bank and Financial Accounts，见 196 ～ 202 页）。

该法案的实施借助了美国在全球的地位和强大影响力，它要求外资银行、投资基金等外国金融机构需将相关信息直接或间接地通过与美国签署“跨政府协议”（IGA）通报给美国国税局，对于说“不”的外国金融机构，美国财政部和国税局将对其美国投资收入征收 30% 预扣税甚至冻结账户。瑞银、瑞信在美国的“穷追猛打”下相继沦陷，不但缴付了巨额罚款，还将美国客户信息拱手让出。迄今为止，包括中俄在内的数万家银行与金融机构已表“接受”，但多数是“敢怒而不敢言”，或出于各种目的以求“自肥”。

自 2012 年起，美国与数个“肥咖”缔约国签订双边协议，信息交换机制由原本单边强硬的“肥咖”转换为可接受的互惠协议。美国政府把法案的实施设计为两个层次：第一个层次为政府模式（Model 1 IGA），由各国政府与美国政府签订双边互惠协议；第二个层次为上述的机构模式（Model 2 IGA），由各国银行系统或金融机构直接向美国国税局通报美国公民或绿卡持有人的账户信息。中国、加拿大均属于 Model 1 IGA，而中国香港、中国台湾地区则与美国签订 Model 2 IGA，不含互惠条款。中国政府此前对“肥咖”颇为排斥，虽然在银行系统有所传达，但实际上是“按兵不动”，直至 2014 年 6 月 26 日才宣布中美两国就实质性内容达成一致（Agreement in Substance）并“定调”为对等互惠，即中国相关金融机构将向美国政府提供美国公民和永久居民在华金融账户信息作为交换，美国有关银行也会把中国公民在美金融账户信息提供给中国政府。虽然现在还未有进一步动作，但那些在中国投有金融资产的美籍华人和绿卡持有者迟早会受到影响，而那些把不明资产转移到美国的中国公民也会受到冲击。

（一）FinCEN114 表与 8938 表

海外账户资产申报（114 表）与海外金融资产申报（8938 表）均由国会一手推动，自“联手”以来相得益彰，让数以百万计的海外资产账户持有人叫苦不迭。

海外金融账户申报（Report of Foreign Bank and Financial Accouts, 简称 FBAR）始于 20 世纪 70 年代,财政部和国税局为了遏制海外“洗钱”,遂设计了 TDF90–22.1 表格（现更名为 FinCEN 114）用于控制美国绿卡或公民在海外的投资渠道，表格自 1972 年推出后的最初 30 多年，收效甚微，使其“声名”大噪的转折点发生在 2009 年，瑞士银行前主管将瑞银协助客户避税的资料制成光碟送给维基解密，导致美国政府发起追缴海外逃税的第一波攻势,瑞银被美国税局和司法部迅速“瓦解”,因被控协助美国客户逃税，瑞银支付 7.8 亿美元罚款及交出 4,500 名重要客户名单以求“和解”。“斩获”瑞银让美国国税局尝到了甜头，也暴露出每年以千亿计海外逃税的冰山一角，美国国税局遂将范围扩大，矛头对准 2003 年至 2010 年未申报海外账户资产的美国公民或绿卡持有人（粗略估计为数百万人），并于 2010 年敦促国会通过《海外税务协调法》（FATCA），从 2011 税务年度起,正式将海外金融资产申报（8938 表）纳入个人所得税 1040 表中申报。从以上的三年逐步升级“三部曲”，不难看出海外金融资产与海外账户资产申报实为一脉相承，又各有所表。

法律规定美国公民、绿卡持有者、税务居民、任何形式的公司、信托或遗产，只要海外金融账户（包括银行账户、投资账户、保险账户、共同基金等）累计金额在当年超过 1 万美元，即使这些账户不产生任何收入，也必须申报 114 表。居住在美国境内、海外金融资产在年底超过 5 万美元或在年中超过 7.5 万美元（夫妻合报者分别为年底 10 万美元或年中 15 万美元），居住在美国境外、海外金融资产在年底超过 20 万美元或在年中超过 30 万美元（夫妻合报者分别为年底 40 万美元或年中 60 万美元）都需要填报 8938 表，特定的金融资产包括金融账户、国外股票或有价证券、国外法人权益、国外金融工具或契约等。如已申报 3520 表（国外信托或个人赠送 10 万美元以上）或 5471 表（美国公司拥有的国外子公司），不必重复申报 8938 表，但须附带注明。此外，向国税局申报的 1040 的 B 副表中，要包括 FBAR 的利息和红利，D 副表中要包括股票、股份及房屋买卖等投资资本利得，E 副表中要包括投资房地产的出租收益或版权收益等，一旦海外资金向国内流动，国税局有“迹”可循。

瞒报或漏报 8938 表罚款为 1 万美元，如被国税局发现，通知 3 个月后仍未申报，每个月增加 1 万美元罚款，最多不超过 5 万美元。114 表不报或谎报的罚款更为严厉，一经查出会被处于 10 万美元或数额为账户中的一半资产的罚款（以较高者为准），甚至刑罚。8938 与 FBAR 申报盘根错节，遍布“陷阱”，海外金融资产持有人需慎之又慎，放眼长远。

（二）外国赠与的申报

不少新移民因为现金买房或收到远在中国的亲属汇款资助，若当年获得外国赠与金额累计超过10万美元就需要填写3520表（Annual Return to Report Transactions with Foreign Trusts and Receipt of Certain Foreign Gifts，外海信托交易和某些海外赠与年度税表，见210～215页），此处的“外国人”是指非居民外国人、外国公司、外国合伙或外国遗产，“外国赠与”是指美国人从外国人处收到的不包括在受赠人总收入中的作为礼物或遗赠的资金或其他财产。一般遇到以下情况，需要申报3520表格：收到外国赠与或遗产的美国税务居民，创立或享有国外信托所有权的美国税务居民，向国外信托注入资产的美国税务居民，从国外信托收到分配的美国税务居民。3520表需要申报的内容包括：直接礼物赠与（现金转账、房产转移以及其他资产转移），借贷中因无息或低息产生的未支付利息视为赠与款（支付正常利息的借贷不用申报），被免除的债务，遗产（包括现金、房产以及其他资产）。直接支付给美国相关机构的学费或医疗费不计入赠与，也不用申报。

3520表只是信息披露，不会产生所得税，欺瞒不报会面临每月5%的民事罚款，且连续罚款五个月，罚款累积高达25%，迟交也会遭到罚款。3520表的申报截止日为来年的4月15日，可单独寄出或附在个人所得税1040表上一起申报。未正确申报国外赠与或遗产的报税人，罚款将以受赠金额的5%逐月累积，最高可达受赠金额的25%；未正确申报国外信托相关交易的报税人，将面临一万美元或应申报金额35%的罚款，两者取最高值；如果因未正确申报而出现税款差额，报税人将被收取未支付税款的20%作为额外罚款。

若赠与人是美国公民或持绿卡人士，或者是外国赠与人给予美国来源的赠与，则会产生赠与税（Gift Tax），2021年的年度赠与免税额为 1.5万美元，如果超过上述数额，赠与人需要向国税局申报709表并为超额部分缴纳赠与税。

在美存钱亦要十分注意，尤其是大额现金，不要妄图用“整钱零存”的方式绕开交易报告的要求，这样“掩人耳目”的拆分行为涉嫌金融交易犯罪。即便自己和家人在多家银行开设多个账户， 仍会被视为拆分行为。若被控告为“洗钱”，不但会被联邦法院冻结部分存款，还会被国税局和州税务署追索税金、利息及罚款。若现金存款或现金交易超过1万美元，就需申报8300表（Report of Cash Payments，现金付款申报表），任何人如果一次性收到与贸易和商业活动相关且额度超过1万美元的现金，或关联活动连续收到超过1万美元的现金，也必须申报8300表。通常，银行等金融机构如果在24小时内收到来自同一人累计1万美元或以上现金存款，就会建议存款人申报8300表，银行若怀疑存款人故意每次存款低于1万美元以避开申报，便会向国税局申报可疑活动。

新移民到美国，千万不要存侥幸心理，一旦接受从国内汇款或者需要存入大笔现金，必须如实地申报，这样方能让资产在美国合法合规。

（三）外国公司股份的申报

若美国纳税人（包括个人、合伙企业、有限公司、不动产及信托）拥有外国公司10%或以上的股份，或为受控外国企业董事、股东、高级成员，需要申报5471表（Information Return of U.S. Persons with Respect to Certain Foreign Corporations，持有海外公司的美国人的信息披露申报表，见222～227页），申报责任在美国身份的纳税人。25%外资的界定方法是某企业在纳税年度内任何一个时期，其25%的股东直接或间接为外国股东。对于亲属持股的部分，有些会被视为同持有。

若美国企业有25%外资或外资企业参与美国境内贸易或义务，则需要每年申报5472表（Information Return of a 25% Foreign-Owned U.S. Corporation or a Foreign Corporation Engaged in a U.S. Trade or Business，持有25%美国公司股份或在美贸易经营的外国公司申报表，见234～236页），申报责任在美国公司。不论是有意还是无意漏报5471表或5472表，都会被处以罚款，对每个未报税项处以1万美元罚款，收到美国国税局通知后仍不报税的，每月另外处以1万美元罚款（每个最高不超过6万美元），严重者会被起诉。

若美国纳税人与某外国公司有利益相关，且该公司在美国不用纳税，则需要申报8858表，这类公司通常包括不被视为独立于所有人的外国实体，例如分支机构、合伙企业、独资企业等。若美国纳税人拥有某外国公司10%以上的股份，且该公司在美国的纳税身份为合伙公司，则需申报8865表，报告在企业中的各种权益，例如参与的交易、相关财产转让，以及此人享有的境外合伙权益的收购、处置和变更情况。

若美国纳税人在12个月内对外国公司现金转账或资产转让达10万美元以上，或者在转移现金或资产后立即直接或间接拥有该海外公司10%的投票或市值，需要申报926表。若向外国供应商付款或向外国收款人支付股息、利息、租金、稿酬、服务费用等，且款项所得来源于美国境内，需要申报1042-S表，1042-S表类似美国收款人的1099表。

若美国纳税人为被动外国投资公司（Passive Foreign Investment Company，简称

PFIC）直接或间接股东，且在纳税年度内在PFIC直接或间接股票处置中确认收益，获得PFIC直接或间接的股利派发，或将PFIC视为符合条件的选择基金进行选择，则需要申报8621表，美国股东还要在个人所得税表上申报从该PFIC获得的股息或资本利得。PFIC是指在同一税务年度里，75%以上的收入来自被动所得，包括租金、专利使用费、股息、利息等，或在同一税务年度里，平均50%以上的资产会产生或用来产生被动所得的外国公司。

（四）国税局眼中的“大鱼”

“肥咖”的出炉给国税局提供了一个绝佳的“一网打尽”的机会。2014 年，佛罗里达 87 岁的卡尔·兹沃诺（Carl Zwerner）因瑞士信贷（Credit Suisse）与美国政府的“和解”（26 亿美元）而被“释出”，国税局发现他于 2008 年修改了 2004 年至 2007 年的个人税表，补报了海外账户及相关利息，但国税局照罚不误，将兹沃诺 2004 年（账户余额 148 万美元）、2005 年（149 万美元）及 2006 年（155 万美元）账户余额的 50% 充作罚款，共计 226 万美元，使得兹沃诺的财产一夜之间变成负资产（负债率为财产的 150%）。再看一个华人的例子，艺术家林先生于 10 年前在中国香港开设了一个股票投资账户，于 2007 年申报了 FBAR 并修改了 2005 年与 2006 年的个人税表纳入 FBAR 及补缴利息、分红和资本利得税。按说林先生的海外账户已主动申报，应可逃过一劫，但是国税局并不这么认为，由于 2004 年至 2006 年补报，国税局一律按未及时申报（漏报）处理。因此判定账户最高额的 25%（Unwillful）作为罚款，超过 20 万美元。

海外投资的信息（5 万美元以上）是否申报已经不以个人的意志为转移，而演变成在世界范围内的过滤与“抄底”。举一例：

> 陈小姐（绿卡持有人）的爷爷于 2010 年在天津病逝，遗嘱中指定将 50 万美元及四分之一的祖产划入陈小姐的名下。陈小姐考虑到是一笔相当大数额的遗产，当年没报自己名下的海外账户，直到 2011 年才申报 8938 及 FBAR。由于 8938 及 FBAR 一般都不会注明账户起始日期，所以国税局难于抓住把柄。现在信息“透明”之后，国税局对号入座，顺藤摸瓜，不费吹灰之力便可发现陈小姐海外账户的“马脚”，送上 27.5% 的罚款账单（非故意“疏忽”）。如果国税局认定陈小姐是故意“延迟”（2010 年有罚款，2011 年没有 27.5% 的罚款），将施以 50% ～ 75% 的 FBAR 罚款（8938 另算）。

对于长期旅居海外的美籍人士和居住在美国的富人群体来说，美国政府日益加紧对未申报海外资产的追索，他们所面临的风险越来越大。然而，想要切断和美国的联系并不是一件容易的事情，弃籍（卡）者必须与国税局彻底清算税务之后，方能全身而退。

（五）弃籍与弃卡税

据统计，2019 年前三季度共有 1811 人选择放弃美国国籍。在近几年的众多弃籍者中，最受关注的当属现为英国首相的鲍里斯·约翰逊（Boris Johnson）。约翰逊因在纽约市出生而拥有美国国籍，虽在五岁时返回英国定居，但站在国税局的立场，他属于被征“双重税”的“世界”美国公民。约翰逊曾在 2014 年公然抗议美国政府强加于他的海外征税，对“肥咖”呛声。

越来越多的弃籍申请者迫于愈趋严苛的海外资产申报制度和繁琐冗杂的税务压力，以及对“母国”未来发展前景的憧憬离“城”而去。然而，想要切断和美国的联系并非易事，申请人在国务院完成弃籍 / 卡手续之后，还须向美国国税局出示连续五年的缴税证明。如果曾有偷税漏税，按照新的主动申报规定，违规者得补缴八年的税款和利息以及罚金，罚金数额为违规者八年中最高账户金额的 27.5%。弃籍 / 卡者须递交 8854 表格（Initial and Annual Expatriation Statement）和自己本年度从 1 月 1 日至弃籍之日期间的 1040 个人报税表，在放弃身份的当天清算个人资产，按“市价出售”（Deemed Sales）缴纳所得税。如果弃籍者的净资产超过 200 万美元或过去五年个人所得税超过 16 万美元，“弃籍税”（Expatriation Tax）开始计算，除此之外，房产、股票等“待售”资本利得（Capital Gain）如超过 69 万美元同样须缴“弃籍税”。举一例：

> 姜医师夫妇举家于二十年前从上海移民来美，为了让子女获得较好的高等教育，他们利用自己的一技之长，考取了美国中医针灸执照，并在纽约开办了诊所，十多年下来事业有成。眼看着子女已先后从大学毕业，而上海的双亲因体弱多病，需要儿女服侍在旁。姜医师夫妇下决心于 2015 年卖掉在纽约的诊所和住宅迁回上海，向美国驻上海领事馆递交了 DS-4082（The Oath of Renunciation），当着美国领事的面宣誓放弃美国国籍后，姜医师要委托他们在美国的会计师申报国税局 8854 表。姜医师因变卖纽约的诊所和住宅（假定过去五年中未住满两年），再加上海的投资出租屋和自住屋，“市场”资本利得已超出 69 万美元，因此按照弃籍申请人的报税状态（1040 或 1040NR），对超出 69 万美元的资本利得分别计算（15% ～ 20% ～ 23.8% ～ 30% ～ 33.8%），但国税局法条（Internal Revenue Code，简称 IRC）877A（Exit Tax）同时允许弃籍人“延迟”递交第三类的“出逃税”，直至“延迟”资产售出或弃籍人死亡，唯每年需继续申报 8854 列明“市场”价，此例姜医师的诊所和住房已于 2015 年出售，故必须以 4797 及 D 副表申报并缴税，

但上海未兑现的“市场”利得则可延迟，换句话说 8854 表中可先不缴税。

尽管 EB-5、H-1B、L-1AB 投资技术移民申请“进城”者络绎不绝，但像姜医师夫妇这样让子女在美完成高等教育后全家返回中国，自己最终选择在中国退休者也日渐增多。一旦考虑放弃美国国籍或永久居留权，必须多加衡量弃籍之后会在税法上产生哪些影响。弃籍者个人退休账户（IRA）以及其他递延税款账户的递延收益按照普通税率征税。不少夫妇为寻求省税之道,选择让拥有资产的一方弃籍,保留“外国人”身份,但此举在尚未咨询税务专家之前不可贸然行事。因为弃籍者的美国继承人若从弃籍者那里继承资产（不论资产是否在美国）须缴纳 40% 的税款，且该遗产无法享受一般遗产税 545 万美元的免征额，并且将海外资产全部放在无美国纳税人身份的配偶名下也会考验配偶对婚姻的忠诚度，否则一旦“失策”有可能出现人财两失的局面。持绿卡不到八年者可以不必受到弃籍税的约束，站在税务立场，不少持绿卡不及八年的有钱之士选择放弃永久居留权，只让名下没有财产的配偶或子女拥有绿卡，不过若某一年度在美境内居留超过 30 天且在当年前三年内入境加权平均 183 天或以上的“弃卡”者，仍需以税务居民（Tax Resident）的身份向美国纳税。因此 ，“出城”者应三思而后行，在做最终决定前妥善做好税务管理。

三、健保计划的选择

医疗改革是世界性难题，美国围绕这一话题已争论了近百年。美国医保制度大幅落后其他发达国家，人均医疗成本却大幅远超，美国政府每年投入的医保资金高达2万亿美元，却仍有近5,000万人没有医疗保险（其中 80% 以上来自至少有一人参加全日制工作的就业家庭），参加商业医疗保险的民众经常会遇到垄断的保险业巨头通过“霸王条款”拒付保险费用的现象。英国、加拿大等国实行全民健保数十年，相较之下，美国医保制度缺失太多。

（一）美国的健保改革

健保改革的首倡者是西奥多·罗斯福总统（共和党），他于 1912年在总统竞选纲领中首次提出了建立全民医疗保险制度的构想。20世纪30年代大萧条时期，罗斯福实行新政，于1935年推出“社会保障法”，并开始设计全民医保制度的蓝图。第一位主张健保改革的在任总统是哈里·杜鲁门（民主党），他与1949 年向国会正式提出建立“全民医保”的设想，但因美国医师协会坚决反对而作罢。1965年，林登·约翰逊总统（民主党）就职后立即着手医疗及教育改革，当年国会通过“社会保障法”的修正案，决定设立面向年老者和残疾人士的联邦医疗保险（Medicare，俗称“红蓝卡”）与低收入人群的医疗补助计划（Medicaid，俗称“白卡”），约翰逊任职期间先后通过40多项医疗法案，完成1935年以来的重大改革。1974年，理查德·尼克松总统（共和党）向国会提出实施“综合医保计划”，旨在为民众提供可负担的医疗保险。1977年吉米·卡特总统（民主党）曾试图进行以控制开支为重点的医改，无奈遭遇多方阻碍，以失败告终。1993年，比尔·克林顿（民主党）任职后将医疗改革作为最重要的施政内容，时任第一夫人的希拉里于1993年草拟健保改革方案，提出了“人人健保”“雇主惩罚”等条款，但遭到健康保险公司和商业组织组成的强大利益团体的反对。2008年竞选民主党总统提名人时，希拉里再次提出了她的健保计划，令人惊异的是，她的健保改革方案与共和党总统提名人罗姆尼（原马萨诸塞州州长，曾在该州推行全民健保）的健保方案有异曲同工之妙。

从1912年罗斯福提出的全民医保到1965年约翰逊政府创建的联邦医疗保险（Medicare）和医疗补助计划（Medicaid），2010年奥巴马（民主党）政府在这些前人经验和教训的基础上做出了一次尝试。2010年3月，国会众议院通过具有里程碑意义的《可负担健保法》（Affordable Care Act，俗称“奥巴马健保”），终于将政府接管医疗和全民医保的构想付诸实践，然而政府各项医疗支出的增长速度并未减缓，各界对奥巴马健保的质疑和反对从未停歇：一是利益相关方反对，二是党派之争，三是多数中产阶级并未从改革中获益，四是医保控费难题始终无解。2010年之后，有关奥巴马健保的诉讼也一直未有停歇，共和党几十次表决全部或部分废除奥巴马健保，可是从未能成功地把全面废除法案送交白宫。2017年特朗普（共和党）担任总统后，连同国会共和党人两度发起提案，以共和党替代版本取代奥巴马健保，但都未能在国会通过。2017年12月，特朗普绕道通过立法手段，签署对奥巴马健保的行政令，命令让中小企业与其他团体能跨州组成全国行业协会/工会，并在全美给其会员们集体购买更便宜的医保（Association Health Plans，简称AHPs）。此外，这项行政命令也放宽了对于较便宜、保障较差的短期医保计划的限制。

（二）奥巴马健保及其前景

《可负担健保法案》2014 年起步，2015 年全面实施，旨在帮助美国民众，尤其年收入 2 万到 9 万美元之间、畏惧高昂保费而未购买保险的中产阶级获得他们应得的健康保险。奥巴马健保规定任何计划都不能因为投保人有疾病或是其他因素（如癌症、长期病症患者、孕妇等）拒保或多收费，对于目前没有医保或月付保费超过家庭收入 9.5% 的民众（比如工匠、学生工等）非常有利。没有政府或雇主提供医保的民众可通过所在州的健保交易市场（Health Insurance Marketplace）选择购买符合自己经济和健康状况的最合适的健康保险。公司方面，雇佣50位以下全职员工的小型企业可通过健保市场小企业健康选项计划（SHOP）购买保险，如果为全职雇员承担至少50%保费，雇员在25位以下且平均工资低于5万美元的小型雇主有资格获得最高50%的健保税务优惠。雇佣50位或以上全职或同等员工的雇主会被视为大型雇主，大型企业必须为雇员和其被抚养人提供健保，或与雇员共同负担健保，雇主承担60%以上的健保费用，雇员的自费额不超过收入的9.5%。

1.税务优惠：健保保费退税（Premium Tax Credit，8962表）政策依然有效，符合条件的受保人仍可享有该项税务优惠。符合条件的群体为无法通过雇主或政府的计划受保并且收入在四倍联邦贫穷线（Federal Poverty Line, 简称FPL）以下的群体，2021年四倍FPL，家庭人数为1人则51,520元，在此基础以每增加一口人限额增加18,160元类推。通过奥巴马健保交易市场购买保险的民众通常会在1月底2月初收到保险公司寄出的1095-A表，该表详列了参加健保的所有资料，包括全保的纳税人家庭成员名单、受保时间、每月支付的保费（Premium）、每月提前领取保费退税（Advance Premium Tax Credit）等讯息。奥巴马健保类别分为铜级（自付额40%）、银级（自付额30%)、金级（自付额20%）和白金级（自付额10%)）。自付额是看病就诊后自己先负担的医疗费用，而自付保健费是受保人每月要履行健保合约所支付的固定金额，其按照低于联邦贫穷线的133%、150%、200%、300%及400%五个不同等级将年收入乘以对应的百分比（2%～9.5%）得出，一般于申请时以前一年五调整后总收入（MAGI）预估当年的收入，计算出可提前获得的健保抵税额，用此抵税额来补贴个人或家庭购买奥巴马健保的保费成本。奥巴马健保的税务补助是各类别保险（白金、金、银、铜）的健保费用与投保人自付保费的差额，计算税务补助时，以银级保费为参考点，选取较高级健保（如白金级或金级）时，较高级保费与银级保费的差额必须自行负担，没有税务补助。投保人可以选择每月提前领取保费退税，在报税时再根据当年实际的调整后总收入计算出正确的保费与预估额进行比较，决定是否需要退税或补税，若应获得的退税高于收到的退税金额便可在税表中申请退税，反之则须在税表中再补差额。值得注意的是，若民众有在年中停保，或有在年中转去白卡等特殊情况，收到的1095-A表却显示是整年都有保，必须及时联系保险经纪填申诉表做更正。由政府或雇主提供健保以及向私人保险公司购买健保的人没有预付健保税抵。1095-C表适用于由雇主提供健保的人，1095-B表适用于持有“白卡”、“红蓝卡”、CHIP儿童健保等其他健保的人，从2016年起保险公司按规定将这两类表格寄给受保人。

2.如何登记：下一年的欧记健保从当年11月1日至12月15日开放登记，超过截止日后，除非有特殊理由，否则要再等一年才能加入，部分地区实行延长的开放申请期，民众应先咨询所在州的卫生署。民众在选择保险公司时，第一要注意初始自付额是否太高，切莫只看保费是否便宜，自付额（Deductible）是医疗行为发生后患者需要先行负担的部分，与付给保险公司的自付保费有所不同。选择哪一种级别，要依个人病情、就诊次数、门诊挂号费金额、处方药以及其他有关医疗事项决定。保费是每个月为履行保险合约所必须支付的固定金额，按保险公司提供的服务以及投保人所参加的级别而不同，保费额与拥有多少资产无关，只与年收入有关。身体较为健康的年轻人可以考虑购买保费最少（但自付额较高）的铜级计划。第二要注意医疗共付额（Co-Insurance）的比例，收入较高但体弱多病的中青年人可考虑金级或白金级的计划来减少医疗费用。第三要注意健保计划中医生和医院的多寡，如果需要看专科医生，最好购买选择较多的计划。第四要注意自付总额，即自己需要掏钱（Out of Pocket）的上限高低，如果上限太高，可转投较低的计划。

3.罚款条例：新税法从2019年起取消“个人强制投保”的相关罚款，不再设立个人分担责任付款（Shared Responsibility Payment）。但少数州如马萨诸塞州、新泽西州对本州居民有医疗保险的强制要求，如果不参加保险仍会得到州政府的罚款。

4.短期健保：美国的长住居民（包含公民、绿卡移民以及其他外国居民）可以申请短期医疗保险。短期医疗保险主要为受保人提供短期、有限的医疗保障，适合于暂时没有其他保险时作为临时过渡的医疗保险。短期医疗保险的保险费比欧记健保下的医疗保险便宜许多，是一种可以负担得起的选择，许多人选择参加短期医疗保险保障突发疾病或意外事故。但其相对保险范围较小，不包括处方药、怀孕、药物滥用治疗。这项保险给付范围小，一旦生病时反而需要自行负担庞大医疗费用。

奥巴马健保自登上历史舞台以来波折频起。2013年5月2日12名小企业主在华府联邦地方法院控告国税局在未设立健保交易所的36个州（之后减为34个州）实施健保抵税“违宪”，同年7月22日哥伦比亚特区法院支持原告申诉，判决国税局“违宪”。但仅两个小时后，弗吉尼亚州地方法院对国税局“越权”代理健保抵税诉讼做出相反判决，国税局胜诉，四名原告一路上诉至联邦最高法院。“金诉伯维尔”（King v. Burwell）一案关乎着640余万来自尚未设立健保交易所的34个州的低收入家庭。虽然大法官两扮“救世主”，挺其渡过了难关，但奥巴马健保财务架构失衡、医疗资源分配不均等问题重重。

诚然，奥巴马健保执行以来，有效减少了美国人接受医疗照护的障碍，但其财务失衡，却让无法享有低价医保和税务补贴的中产阶级感到恐慌，对奥巴马健保的挫败感也在一定程度上影响了总统选举中若干摇摆州的民意走向。奥巴马健保规定任何计划都不能因为投保人有疾病或其他因素（如癌症、长期病症患者、孕妇等）拒保或多收费，投保人带来的不确定性风险增加，健保商唯有将赔付成本和税收成本过渡至消费者。医院和医生们强烈反对政府实行任何形式的医疗价格管控，认为这样会大大降低医疗服务效率。小企业主不愿意以税收或者其他强制形式为雇员承担医疗保险费用，增加其生产成本。大型保险公司与小企业主在政治上的代言人是极右派共和党人，后者坚持认为只有自由市场才是唯一出路，国家干预必将失败，这也是为何有近一半的共和党选民希望废除奥巴马健保，尽管许多人并不是"奥巴马健保"的投保人，但随着雇主承担的成本增加，民主党阵营的大产业工会也无法置身事外，党派之争最终表现为政治行动。

奥巴马健保的"触礁"，其根本在于美国医疗照护体系的问题积重难返，凭其一己之力实在难以撼动这个私有化、垄断化的庞大系统。高昂的医药费用一直是困扰奥巴马健保的难题。在市场失灵和监管缺失的双重影响下，美国健康总支出占GDP比重近20%，美国每年人均医药费用8,600美元，是其他发达国家的两倍之多。医药费用表面上看与新技术发展、管理费攀升、收入水平提高、人口老龄化促进医药消费有关，但从制度层面看，医疗费用居高不下在于医疗体系私有化、垄断化导致医药定价缺乏透明度，名义上是非营利性质的医院实际已成为全美最"盈利"的机构。健康照护与医疗属基本人权之一，但这项人权不应仅属贫病者，健保修法必须兼顾社会公平性，照顾中产阶级民众利益，维护市场供需平衡，俾能符合全美各地民众的需求。

（三）美国的健保类型

美国华人已经意识到健保的重要性，经调查发现，多数购买奥巴马健保的华人会选择白金级计划，保险费较其他级别更高，但自付额与共付额很低。选择购买银级或铜级健保的华人会同时申请健康储蓄帐户（Health Saving Account），该账户在供款时抵税，累积的利息和股利免税，若支付合格的医疗开支不用课税。自付额（Deductible）是医疗行为发生后患者需要先行负担的部分，与付给保险公司的自付保费有所不同。保险的保费是每个月为履行保险合约所必须支付的固定金额，按保险公司提供的服务以及投保人所参加的级别而不同。选择哪一种级别，要依个人病情、就诊次数、门诊挂号费金额、处方药以及其他有关医疗事项决定。

目前除了购买奥巴马健保，民众也可以自行在保险公司购买健保计划，区别在于后者并不给予退税优惠。很多公司将健保作为福利给予员工，雇员可加入公司提供的团体保险（Group Insurance），优点是可以由公司负担全部或部分的保费，缺点是既定的保险公司和保险计划，雇员没有办法选择，若雇主为了降低成本，选择低保费的保险计划，雇员在就医时就需要支付高额的自付额。

低收入的民众可以寻求联邦和州政府共同拨款的联合医疗补助计划（也就是"白卡"），根据收入水平，每月的保费免费或成本较低，孕妇、儿童、老年人、残疾人都可能符合资格，不少州甚至放宽了资格限制，不论身份只要在收入标准以下就能申请。“白卡”是由各州医疗卫生主管部门管理运营的，迄今为止，已有37个州（包括哥伦比亚特区）采用了白卡医疗补助扩展，而14个州尚未采用该扩展。“白卡”申请没有任何注册时间限制，不过打算申请移民绿卡的民众申请白卡时需谨慎，因为移民改革新法中“白卡”已纳入公共负担的范畴，在一定时间内领取过公共福利的移民，将被视为“公共负担者”，可能被驳回绿卡或部分签证的申请，包括游客、学生、短期工作者、短期探访者等。

年满65岁且已有40个“点数”可以寻求联邦医疗保险（也就是“红蓝卡”），红蓝卡专为65岁或以上民众提供医疗健康保险计划，某些 65 岁以下的人也有资格获得联邦医疗保险，包括残障者、永久性肾衰竭患者，这个计划协助支付医疗保健的费用，但不包括所有的医疗费用或者多数的长期护理费用。“红蓝卡”的申请时间为65岁生日当月的前3个月到后3个月，共7个月的时间。如果错过了这个申请时间，可能会导致罚款。

说完购买保险的渠道，然后来说购买健保所涉及的专业术语。保费（ Premium ）是购买健保计划每月需要交纳的费用，通常按月支付。自付额（Deductible）是指在保险公司开始赔付看病费用前，投保人自己要先支付的金额，自付额和保费通常呈反比，保费较高的计划下自付额较低（例如奥巴马健保里的白金级计划，适合经常需要看病的中老年人），保费较低的计划下自付额较高（例如奥巴马健保里的铜级计划，适合不经常看病的年轻人）。共付额（Co-Payment）：对某些特定项目，每次看病时自己需要支付的固定金额，例如诊所的门诊金、医院的挂号费，一般诊所门诊金大概20美元至100美元，若是专科诊所可能会稍贵，具体收费如何各计划不同。共同保险金（Coinsurance）是指在自付额支付满额后，需要和保险公司按比例公摊的费用，通常会有百分比，共同保险金越低越有利。最高自付额（Out-of-Pocket Maximum）是指当年自付金额的最高上限，包括支付的所有共付额、自付额和共同保险金，当满足了最高自付额后，在剩余时间里，保险公司会100%报销所有医疗费用。保险覆盖/报销（Coverage）是指保险会报销的项目、费用等，在购买计划时需要特别注意保险覆盖的项目，尤其当有专科服务的需求时。处方药（Prescriptions/RX）是指对处方药的报销。最高保额（Maximum Benefit），根据保险计划不同，可能会按就诊次数、当年投保金额或者终身计算，该项限制保险公司最高能报销多少费用。等待期（Waiting Period）是指部分保险对于某些疾病及情况，要求购买保险一定时间后才能报销，等待期通常为6个月到1年不等。网络内（In-Network），通常跟保险有合作关系的诊所，在网络内诊所看病保险报销更多。网络外（Out-of-Network），通常保险报销比网络内诊所的要少，甚至不报销，在购买保险计划时要检查自己经常就诊的诊所是否在该保险计划的网络内，以免自掏大量费用。

说到网络内和网络外，就要来说健保的种类。HMO（Health Maintenance Organization，健康维护机构），保费相对便宜，但自由度最少，该类保险只报销网络内诊所和医生提供的服务（急诊除外），投保人要指定家庭医生（Primary Care Physician），看专科需要由家庭医生推荐转诊（referral），否则保险不报销。EPO（Exclusive Provider Organization，指定医疗服务机构）相比HMO自由度稍高一点，同样只报销网络内的医疗服务（急诊除外），但看专科不需要家庭医生推荐转诊。PPO（Preferred Provider Organization，优选医疗服务机构）保费一般较贵，自由度较高，可以报销网络内和网络外的医疗服务，使用网络内医疗服务，自付费用少，看专科不需要转诊，但使用网络外的服务，可能需要先自付费用，然后填表提交证明资料向保险公司申请返款。POS（Point of Service，定点服务），介于HMO和PPO之间，比HMO选择多，但保费比PPO便宜，需要指定家庭医生，看专科需要家庭医生转诊，会报销网络内和网络外的医疗服务，但选择网内的话自付费用更少。

高免赔额医保计划（High Deductible Health Plan，简称HDHP），保费很低，很多雇主给员工购买的健保都是HDHP，雇主为员工承担的保费花销少，而员工看病时自己需要承担的自付额比较高。2021年HDHP个人医保免赔额是1,400美元或以上，家庭医保免赔额2,800美元或以上。购买HDHP计划的受保人都有资格开设一个健康储蓄账户（Health Savings Account，简称HSA），在HSA内预留一定金额（2021年上限个人3,600美元，家庭7,200美元），这部分金额可以免税，不过只能用于支付符合资格的医疗费用，比如上述的自付额、共付额、共同保险金、药费等，而不能用于交纳保费，若用于支付非医疗费用，会有20%罚款，65岁以后则可以免罚取出作其他用途。HSA账内里的钱可以一直滚存，即便以后不再购买HDHP计划，也可以使用，账户产生的利息只要用于支付合格的医疗费用，也是免税的。

四、房地产投资策略

美国房产涉及的税务非常复杂，中国房屋买卖仅在交易环节有房产税，但美国不但在交易环节有转让税（Transfer Tax）、销售税（Sales Tax）、贷款登记税（Mortgage Recording Tax），持有环节有房地产税（Real Estate Property Tax），投资房屋收入有所得税（Income Tax），财产转移还有资本利得税（Capital Gain Tax）、赠与税（Gift Tax）、遗产税（Estate Tax）。所得税与产权持有成本、贷款利率一同构成了美国房产市场稳健发展的重要税收政策。

对于移民来美的中国买家来说，除了生活环境和人文环境，房屋永久产权、房产制度完善、法律健全等优势也令中国买家心向往之。意向购房者在买房之前，往往从价格、位置、交通、周边设施方面考虑，但在选房过程中却很难在这些因素之间找到平衡，因此明确购房目的至关重要——自住还是投资，民宅还是商用，确定房产的基本用途后，再来比较个人与公司购买、贷款与现金支付的优劣。

（一）产权形式利弊分析

先看产权（Title）在个人名下的情况。如果是单身人士持有，那么产权上只有个人；如果是多人，那么有几种方式选择产权。第一种是联权共有（Joint Tenancy），是夫妻买房最常用到的，买家们选择这类产权，意味着他们对房产拥有平等的权利，但这类财产不可分割，也不可把自己的产权转让给他人，包括自己的子女，若一方去世，存活者按比例继承去世者的财产。夫妇选择了联权共有多是出于对婚姻双方的保护，但联权共有在税务上也有弊处：在世时售出联权共有的自住房，只能享受单身25万美元的资本利得豁免额（而不是夫妻50万美元），一方去世后，只有去世人拥有的部分享受税基提升规则（Step-Up in Basis Rule），在世方没有，故售出房屋盈利后，资本利得税较高。第二种是共有财产（Community Property），持有人可以各自转让自己持有的产权，受遗赠人或继承人成为新的共同持有人，这类方式的优势是可以享受税基提升规则，节省税负，弊处是即便共同持有人中的一方不把自己拥有部分的财产留给他人，共同持有人中的其他人也无法自动拥有去世一方的财产，需要经过遗嘱认证（Probate）程序，既耗时又费钱。第三种是具有生存者继承权的共有财产（Community Property with Rights of Survivorship），这类方式结合了以上两类的优点，任何一方不可以把自己的那份财产转让给他人，若一方去世，在世的一方自动继承全部财产，无需通过繁琐的遗产认证，同时也可享受税基提升规则。第四种是分权共有（Tenancy in Common），由两名或以上个人拥有，在数量或期限方面可能不同，且可在不同时期产生，每名分权共有人拥有财产的一部分，有权从该财产获得相应的收入，并且必须承担同等份额的费用，每名共有人可出售、租赁财产份额或遗赠给其继承人。

除了自然人拥有，还可以以公司（美国/外国）、合伙、有限责任公司（LLC）或信托的受托人形式拥有。自然人拥有的管理成本较低，可享受长期资本利得优惠税率，去世后重新计算税基，另外贷款手续较简便，贷款利率相对较低，房屋的相关开销可以直接在个人税中扣减。弊处是无法规避遗产税，资产在个人名下，如有诉讼发生，被追索的风险升高。如果购入的是自住和投资两用房或者纯投资房，诉讼发生的概率比自住还要高。所以，在美纯投资房地产，多选择合伙形式或有限责任公司形式，可以保护个人隐私，投资人可享受资本利得税率，不存在C公司的双重征税问题，没有遗产税问题，通过股权设计可以保持对资产的控制权。

（二）出租与自住、民宅与商用、贷款与付现的考量

鉴于 EB-5 投资人的不同家庭背景，投资人在购房时可有多种选择。

1. 出租与自住的比较：美国的房地产市场自 2007 年次贷危机引发“崩盘”后，已持续恢复繁荣达十年之久，地产买卖与租金市场互动，扶摇直上，促使手中有充裕现金的 EB-5 投资人在美购房。又由于 EB-5 投资人多集中于东、西两岸的纽约、洛杉矶、迈阿密、西雅图和波士顿等大城市，又崇尚好学区附近的中高档屋，因此不管是自住还是出租，均有不错的投资效益。出租与自住的主要区别在于自住屋的扣减通过 1040 表的 A 副表，主要包括房屋抵押贷款利息、地税、抵押贷款保险、换取较低利率的额外计点等；而出租屋的收入与扣减通过 1040 副表 E，除了以上的扣减项目外，还包括一些管理项目，如房屋保险、水电煤气、草坪维护和房屋修缮等，但更重要的还包括房屋的折旧。举一例：

> 张太太在纽约长岛著名好学区大颈镇（Great Neck）花 250 万美元买下一家 20 年新独立屋，其中土地价值约 25 万美元，因此房屋建筑底价（Basis）为 225 万美元，国税局给民宅（Residential）规定的折旧年限是 27.5 年，因此每年的折旧扣减为 8.1818 万美元（225 万美元 /27.5 年），换句话说，张太太的出租屋每年“贬值”8.1818 万美元，但这种“贬值”如果换成是张太太自住屋就不存在。

因此自住屋可以保值，而出租屋由于逐年“贬值”，一旦出售便会产生资本利得。

2. 民宅与商用的比较：经营房地产的专业人士常挂在嘴边的至理名言，“地点，地点，还是地点”（Location, Location and Location），民宅或商用地点均指“区域划分”（Zoning）。以纽约市为例，一家庭民宅的地税（Tax Class 1）2017 年已涨至 19.99%，商业楼宇的地税（Tax Class 4）则维持在 10.57%。但税率不是决定地税的唯一条件。在州、市政府每年年初（纽约市为 1 月 15 日）发给屋主的“估价报告”（Assessment Value）中，房屋“市场价”（Fair Market Value，简称 FMV）要根据不同的“税级”（Tax Class），乘以不同的“估价比”（Assessment Percentage）。以纽约市为例，一至三家庭民宅（Tax Class 1）“估价比”为 6%，而商业楼宇（Tax Class 4）的“估价比”为 45%，因此商业楼宇的地税（FMV × 45% × 10.57%）还是相当于自住民宅地税（FMV × 6% × 20%）的 4 倍。除了地税之外，商业抵押贷款利息、保险等也相对昂贵，因此成本较高，所以要求的租金回报也较高。

3. 贷款与全部现金支付的考量：这是“现金流”（Cash Flow）、“未来值”（Future

Value）和“现在值”（Present Value）的比较，商业贷款一般都在10年以上，处于利率较低时期的商业贷款一般都会有“更新”（Renew）期限，大多为7年，7年之后要按照当时的利率继续，所以投资人要比较的是把现金百分之百投入房地产还是只交“首付”（Down Payment，一般30%），用其余的70%去投资股票、债券、基金和人寿保险等的效益与风险。前面已经提到，房地产抵押贷款利息是个人税逐项扣减（1040副表A）的项目之一，而且抵押贷款利息采用“加速摊派”（Accelerated Amortization）的还款方式，即第一年房贷还款中绝大部分（90%以上）是房贷利息，因此对于需要逐项扣减的投资人是“利多”，而且通过申请和偿还房贷，可以快速建立起投资人的“信用”（Credit）。最后我们来比较一下“公司买房，个人租房”的投资形式，其兼备了公司租房开销最大限度的扣减与个人租用“家庭办公室”的扣减，但不利之处是随着公司中的“折旧”扣减与房产“贬值”，出售时会产生“资本利得”，随着特朗普公司及个人税率的降低，这种投资形式会更有吸引力。

（三）不动产投资信托（REIT）

国税局于2016年6月7日颁布对房地产投资信托（REIT）的新规，确认国税局法条（Internal Revenue Code）355(b)(3)中对REIT免税“分拆”（Spin-Off）的限制，即“分拆”重组或交换产生的资本利得必须缴税。

房地产投资信托基金（Real Estate Investment Trust，简称REIT）自20世纪90年代以来逐步成为商业房地产投资的主流，它采取公司、商业信托或协会（Association）的组织形式，以发行收益凭证的方式汇集特定多数投资者的资金，由专门投资机构进行房地产投资管理，将收益按比例分配给投资者。REIT的投资对象包括酒店、公寓、商业中心、办公楼等，REIT不但解开了各行业对于物业投入的沉重枷锁，将“不动产”变为“动产”，更因其较高的回报率和免税优势广受企业和投资者们青睐。近年来，愈来愈多的企业利用税法Sec. 355免税分拆（Tax-Free Spinoffs）的规则组建REIT，大幅降低原本企业所应缴纳的税负，这也促使政府收紧政策，严防漏税者，2015年年底通过的PATH法案调整了REIT税收政策，对免税分拆、股利分配、避险规则（Hedging Provisions）、收益（Earnings and Profits）和服务项目（Services）等严加限制。

以酒店业龙头万豪集团（Marriot）为例，1993年万豪分拆出“万豪地产”转为权益性REIT，分拆交易中，万豪集团作为分配公司（Distributing Corporation）向受控子公司（Controlled Subsidiary）“万豪地产”投入不动产以获得该受控子公司发行的股票，所谓分配公司是指对受控子公司的股东作出分配的公司。REIT与普通上市公司的区别在于可以降低或免除公司层面的所得税，为获此资格，REIT必须满足如下条件：至少拥有100名以上的股东，并且前五大股东的持股份额总和不得超过50%；至少75%以上的总资产投资于不动产相关领域；75% 以上的营业收入来自于房地产租金、不动产转让所得或者房地产抵押贷款利息；年终必须将 90% 以上的税前收益分配给股东。

分拆后，万豪集团向“万豪地产”“租借”店面，租借合同为长期三方净租赁（Long-Term Triple Net Lease），即承租人负担管理费、地税、房屋保险等经营费用。分配公司可在公司税表上扣除租金成本和经营费用，有效降低上税收入（Taxable Income），受控子公司的租金收入和资本增值收益则作为股利分配“转嫁”（Pass Through）给 REIT 投资者，受控子公司可在税表上扣除股利分配［Form 1120-REIT, 第 21 行 (b)］和所持有不动产的折旧（Depreciation）以有效降低应税所得。组建 REIT 不但帮助万豪集团减轻账面资产，免除租金成本，避免一般房地产企业持有物业所面临的双重征税，其融资渠道更使万豪集团得以迅速扩张。无独有偶，零售业巨头沃尔玛（Walmart）也正是通过眼花缭乱的 REIT 免税政策及州的免税规则，实现店铺“零租金”的运营。

不过新法规定，2015 年 12 月 7 日起，分配公司（Distributing Corporation）和受控子公司（Controlled Subsidiary）必须在分拆后都立即转为 REIT 才满足免税分拆的资格，在生效日前向美国国税局寻求分拆批准的公司可免受约束，酒店龙头希尔顿（Hilton）集团“侥幸”逃过一“劫”。新法还规定对于不涉及 REIT 的普通分拆交易，分配公司和受控子公司均不得在 10 年内选择转为 REIT。对于股利分配，新法规定 REIT 可分配的合格股利（Qualified Dividends）或资本利得分红（Capital Gain Dividends）的总额不可超过 REIT 实际支付的股利金额。

对外国投资者利好的是新法放宽了美国自 1980 年实施至今的《外国人投资美国不动产法案》（Foreign Investment in Real Property Tax Act，简称 FIRPTA），境外合格养老基金（Qualified Foreign Pension Funds）可享有美国本地退休金的待遇，持有公开交易 REIT 的份额由 5% 提高到 10%，这一改革或吸引上千亿美元资本涌入美国房市。

（四）中国境内的房地产能否适用资本利得豁免与延税

基于 EB-5 投资人中 80% 以上来自中国，而中国“买家”多数是在中美之间“换房”，即卖掉中国的房产，把资金转入美国，然后在美国置产，因此来自中国的 EB-5 投资人必须“入乡随俗”，首先了解美国国税局的两条法规是否对自己适用。

1. 国税局法条（IRC）1031（Like-Kind Exchange）“换房”延税法则。美国在 1994 年前问世的“1031”条款，又称“免税交换”条文，旨在刺激鼓励房地产交易的活动，卖主只要满足 180 天之内再购入 95% 以上卖出的“市场价”物业，便可“延后资本利得税”（Deferred Capital Gains Tax）。

2. 1994 年克林顿执政时期推出的 50 万美元（夫妻合报）或 25 万美元（单身、户主）卖屋资本利得豁免（Capital Gains Exclusion），只要过去的五年中自己住满两年。

遗憾的是，以上两条法规均不适用于美国之外的房地产，因为国税局不掌握美国境外的房产记录，所以除非卖房者能够证明：

（1）卖掉的是自己的主要居住屋（Primary or Main Residential House）。

（2）过去的五年中累计住满超过两年（如果夫妻合报需同时满足）。

（3）买卖屋的原始过户报告，否则无法以中国的房地产得到延税或免税。再加上投资移民多往返于中美两地，税表上的地址大多不会用中国的地址，往往还要借助于护照签证离入境日期以及国内的水电煤气电话单来间接证明自己在卖屋的地址住满两年，要被国税局认可，难度较大。至于“1031 换屋”（投资出租屋），由于时间紧凑（45 天上报新屋，180 天过户），牵涉两地的律师与产权公司，再加上托管资金（Escrow Account）的转移，使得“1031”漂洋过海更不容易。国税局虽然不掌握美国境外的房产记录，但这并不意味着 EB-5 投资人在中国出售的房产可以“瞒价”，国税局一旦判断美国境外出售的房产价“有诈”,便会要求业主提供当地有公信力的“估价”（Certified Appraisal）。笔者曾经手中国香港九龙旺角的一处物业，因申报“海外资产”估价过低，被国税局退回，并要求附上当地的专业评估，结果发现旺角在过去 40 年物业价格竟翻了 40 倍，笔者相信这种“奇迹”会在中国内地再现。

五、遗产信托规划

受人之托，代人理财，信托（Trust）是一种特殊的财产管理方式。美国是目前信托制度最为健全、信托产品最为丰富的国家。按照美国信托法的定义，信托是一种约束受托人（Trustee）为受益人（Beneficiary）利益管理他所支配信托财产的衡平法义务。信托关系成立的前提是委托人（Trustor）对受托人的信任，委托人在设立信托时必须将信托财产的产权转给受托人，委托人不再具有直接控制权（除非委托人指定自己为受托人）,受托人管理分配信托财产必须按照委托人的意愿（信托合同事先约定）进行，受托人必须为了受益人的利益管理处置信托财产。

信托具有财务管理、资金融通、沟通和协调关系，以及服务社会公益事业（如慈善信托）的职能。信托的积极作用：一是使得信托财产的管理更加灵活；二是有利于提高财产收益，减少成本，提高效率；三是信托财产可以长久存续，不囿于委托人去世或破产的限制；四是有效节税。信托的不足之处在于交易的不安全性，因为信托本身具有极大的灵活性，因此对其法律关系的界定常有着不确定性。信托按事项性质的不同可分为商事信托和民事信托，本节主要介绍个人适用的民事信托，如个人遗嘱的执行、财产的买卖等。信托按受益对象可分为私益信托和公益信托，私益信托指委托人为私人利益而设立的信托，公益信托是指委托人为慈善、宗教、学术等社会公益而设立的信托。信托按财产的不同可分为资金信托、动产信托、不动产信托、其他财产信托等。相比遗产继承，将财富通过信托收益的方式传承给下一代可有效避免潜在的遗产税和赠与税。

（一）家庭生前信托（Family Living Trust）

将财产传承给子女，最常见的两种办法是遗嘱（Will）和生前信托（Living Trust）。遗嘱是当财产持有人去世后，由执行人（Executor）将遗产分配给受益人。生前信托是一种可部分替代遗嘱的书面法律文件，当财产授与人（Trustor 或 Grantor）去世后，由其挑选的信托管理人（Successor Trustee，或称受托人）负责清点资产、清偿债务、索款及缴纳税款，并依照委托人指示分配资产给受益人（Beneficiary）。受托人为受托管理人之意，不仅担负重任，更需遵守极高道德标准，受托人不得为个人用途或利益私用信托资产。

成立生前信托后，财产持有人可将个人资产（如住宅、银行账户、股票等）交付信托，由受托人在委托人生前管理这些资产，并在委托人去世后转给受益人。大多数人会指定自己为管理信托资产的受托人，采用这种做法的好处是即使资产已交付信托，财产持有人仍然能在生前掌控资产。本节所述的生前信托为可撤销生前信托（Revocable Living Trust，又称授与人信托），可由财产授与人（也称为委托人）在其仍有行为能力时随时加以修订或撤销。如果财产授与人丧失自理能力或无意自理信托资产，则由指定的继任受托人代为管理，保证资产管理依照财产授与人的意愿进行。

通常，财产授与人生前不需要额外申报信托，信托资产衍生的收入实际是个人收入，所有与信托资产有关的所得及扣缴都以个人所得税 1040 表申报。但当财产授与人失智或丧失自理能力，将信托交付委托人管理时，需要为该信托申请单独的识别号码（EIN），在这种情况下，受托人需要单独为信托申报所得税表（1041 表，Income Tax Return for Estates and Trusts）。在授与人去世后，生前信托的所得税课税方式与遗嘱认证程序类似。

生前信托与遗嘱最大的不同在于生前信托无需在法院监督下执行，更无需经过法院认证（Probate），一般几周时间便可以分配给受益人。法院认证程序耗时耗力，且所需费用为财产的 1% ～ 7%，包括认证费、律师费、财产评估费等费用，执行人在认证通过后才可以按照遗嘱进行财产分配，整个过程通常需要几个月甚至数年的时间。生前信托属于私人记录，遗产分配不对外公布，不受法院监督，继承人及受益人将在财产授与人过世后接到生前信托的相关通知，告诉他们有权索取信托契约书。如果部分资产在财产授与人去世时并未列入生前信托，则需进入遗嘱认证程序。遗嘱是一份公共记录，认证程序必须在法院的监督下，由遗嘱执行人向法院申请资产清查，法院会通知债权人，给予他们提出索款的机会，认证程序在法院分配核准后结束，所有的交易记录对外公布，若是对外州财产的处理，还需要去当地州获得认证。遗嘱认证费通常比生前信托资产的管理及分配费高。

生前信托也有弊处。一是生前信托不受法院直接监督，在某些情况下不良受托人可能会滥用信任关系，遗嘱执行人因受法院直接监督故可降低此风险。二是设立生前信托时须谨慎考虑所有个人家族财税计划，资产转移入信托的手续比较复杂，在某些个案中，拟定生前信托契约可能比拟定遗嘱的费用要高。

建议以下人群考虑生前信托：高资产人士（尤其拥有地产），想按自己意愿将遗产传给后代，如在信托中规定受益人必须年满 35 岁才能继承遗产。财产持有者可以把大部分资产放进生前信托，然后用一份遗嘱决定信托以外的小资产分配。资产不多且无子女的年轻夫妻、资产不多且遗产规划内容非常简单者、希望通过法院监督管理遗产者无需使用生前信托。

（二）家庭住宅信托（Qualified Personal Residence Trust）

父母直接将房产过户给子女通常有两种风险：一是放弃安全保障，尤其是父母打算继续在此居住，如果子女离婚且没有签署婚前协议，其前配偶有权分割这套房产，如果子女拖欠贷款，债权人可以收走房产以清偿欠款，有些不肖子女甚至可能不经父母许可擅自卖掉这份财产；二是可能面临高昂的赠与税。因此，采取额外的法律保护措施极其重要，合格的家庭住宅信托（Qualified Personal Residence Trust）允许父母以信托的方式将住宅过户给子女，不仅大幅降低遗产税和赠与税成本，而且允许父母按自己预先设定的时间期限住在这套房子里。据悉，美国前总统克林顿与希拉里将他们位于纽约富人区查巴克（Chappaqua）的豪宅放入住宅信托，这栋房屋的最初购买价为 170 万美元，如今价值 180 万美元，房屋的增值部分不会计入克林顿夫妇的遗产。

家庭住宅信托不同于房地产投资信托基金（Real Estate Investment Trust），财产持有人可将自己的住宅（主要居所或第二居所）转入信托，指定自己享有房产的使用权，继承人为信托的受益人，只有到信托届满后，受益人才能取得最终的所有权。从赠与税的角度来看，赠与的价值以设立信托时的资产价值为基准点，该信托必须是不可撤销的信托（Irrevocable Trust），必须有专业评估师（Appraiser）在房产放入信托之前进行评估。房产每年出租时间不得超过两周，或在信托存续期间总共出租不超过 10% 的时间。如果信托届满，而委托人（父母）仍然住在该所房屋里，委托人必须以市场价格向受益人（子女）承租。

近年来，信托和赠与的采用逐渐受到华裔家庭的重视，成为越来越多华人家庭制订财产规划的“利器”，且看下例：

徐氏夫妇均为医生，他们在长岛和法拉盛有两栋房屋，一栋自住，一栋出租。2013 年年底他们成立了两个家庭信托公司，一个通过设立不可撤销信托完成了产权转让，另一个则没有全部产权转让，而是分十年逐步转让给受益人（子女），这便是财产规划中通常称之为"模糊"授与信托（Intentionally Defective Grantor Trust）。两家信托公司由徐氏夫妇分别担任"受托人"（Trustee）。十年后子女成年，从受托人手中接过继承权。两栋房屋的转让价分别为 100 万美元与 65 万美元，而徐氏夫妇可以各自行使"生平赠与"免税额，因此不会付赠与税（709 表申报 Gift Tax），同时要申报信托公司 1041 表格，分别列为"复杂信托"(Complex Trust）和"授与信托"（Grantor Type Trust）。

一般情况下，复杂信托的财务收支状况将通过 K-1 过渡到受益人名下，而授与信托只是形式上的申报（夫妻合报并共同授与，作为单一授与人可免报 1041 表），假定赠与行为没有实际发生，有关的财务收支仍通过赠与人 1040 表来反映。但应该注意的是复杂信托从第一年起监管人的拥有权便为 100%，而授与信托监管人的拥有权却按 10% 逐年增加，需要在 709 表和 1041 表中对应反映。

信托之所以受到高端收入阶层的重视，是因它的特殊避税功能，但信托涉及面广泛，专业知识错综复杂，有关法规不断更新（两党更替的结果），运用时应咨询律师、金融理财师（Certified Financial Planner）或会计师，才能力求依法省税，福荫子孙。

（三）家庭基金会（Family Foundation）

据统计，全美现有家庭基金会（Private Foundation of Family）9.2 万个，三分之二以上的家庭基金会资产在百万美元以下，依各州的法律成立非营利组织（Not-For-Profit Corporation），然后申请 IRC 501(c)(3) 以获得免税资格（Tax Exemption），国税局会根据基金会每年收到的捐款额收取申请费（以 1 万美元为界限，500 至 1,000 美元不等），用三至六个月的时间审查批准。一旦获批免税号，基金会创始人（Founder）便可以将每年调整后收入（Adjustment Gross Income）的 30% 或升值股票（Appreciated Stock）的 20% 捐献给非营利的家庭基金会，而在个人税中予以扣减。举例如下：

范先生与太太 2013 年 AGI 约 36 万美元，平均税率 28%（AMT 4,500 美元），2014 年他委托会计师为他申请"范与郑家庭基金会"非营利组织，约半年后获批国税局免税号，他从个人户头转账 10 万美元至家庭基金会（假定范氏夫妇 2014 年收入与 2013 年相同）运作，这 10 万美元将列入 2014 年范氏个人税 1040 的 A

副表逐项扣减中的“慈善或非营利组织捐款”（最高可达 50%AGI），与此同时，范氏夫妇的会计师于 2015 年 5 月 15 日（延期 6 个月至 11 月 15 日）为“范与郑家庭基金会”申报 990 非营利组织年终税表。

990-PF（Private Foundation）用于 IRC501(c) (3) 范畴的非营利组织，基本上分为:(1)家庭基金会,(2)视为家庭基金的非免税慈善捐款信托[Section 4947(a)(1), Trust Treated as Private Foundation], 二者之间紧密相连，唯后者不但要申报 990 表，还要同时申报 1041 信托组织年报。

仍举上例作为家庭基金会2014年990申报：

F&Z（范与郑）“笑纳”慈善捐款基金 10 万美元，支出 1.5 万美元，包括慈善公益捐款 1 万美元，律师会计师费及簿记作账、办公室维修及家具电脑复印机折旧等共 5,000 美元，剩余 8.5 万美元作为家庭基金会的“净资产”（Net Assets）积累使用。

因此家庭基金会的作用类似杠杆，一方面，可以有效地调节纳税家庭的税率，特别是收入突然增加时，由于三分之一的收入可作为捐款“输出”，使当年的税率得到控制。另一方面，家庭基金会犹如慈善捐款的“中转仓库”，起到“延迟”（Deferred）捐献的作用。

为了符合免税资格，IRC501(c)(3) 要求家庭基金会的运作必须满足以下条件：

1. 每年捐献和经营支出至少达到 5% 的资产，这在家庭基金会初创阶段似乎不成问题，例如以上所举 F&Z 第一年累计 8.5 万美元，假定每年从个人上税收入中拿出 10 万美元，同时按照每年 15% 的捐款及管理开销，10 年后净资产将“膨胀”为 285 万美元（8.5+18.5 × 85%+25.7 × 85%+……），15% 的支出将增加到 42.75 万美元（为第一年的 85.5 倍），届时可以考虑出工资（给配偶或管理人员）、租办公室、投资房地产支付房贷利息、地税及增加折旧，但“底线”是全部开销至少达到 14.25 万美元（285 万 × 5%），换句话说，如果 F&Z 办公室开销 15 万美元，则须捐款 27.75 万美元。如果捐款后总开销少于 14.25 万美元，罚款为差额的 15%。

2. 投资收入（Net Investment Income）须缴纳 2%“特许”消费税（Excise Tax），如果当年捐献和其他支出超过过去五年平均，投资收入税可降为 1%。

3. 任何有悖于非营利宗旨的投资（Jeopardizing Investment）加征 5% 的罚款，如“违规”投资不能在限期内撤出再加征 25% 的罚款。

4. 任何有悖于非营利宗旨的开销（如购买免销售税材料转售别人），或非免税开销

（Taxable Expenditures），征 10% 的罚款，如经理人员“知错犯错”，再加征 2.5% 的额外罚款。如经理人员未能限期纠正，额外罚款加重至 50%。

5. 任何“营利”性质的公司股份持有不得超过 20%，但可持有 2% 以上（De Minimis Rule Allows the Private Foundation to Own at least 2% of a Business Entity）。超出的持有股份将施以 5% 的罚款，如未能限期“吐出”将加征 2% 的罚款。以上的“条条框框”决定了家庭基金会不得以投资营利为宗旨，否则便会招来稽查与罚款之险。

假定 20 年之后，家庭基金会中的净资产已累积到一定规模（有可能超出 1,068 万美元），范与郑已达退休年龄，他们可以有下列选择：1. 将享有免税的家庭基金会转为非免税的慈善捐款信托（Charitable Lead Trust，简称 CLT）。2. 将非营利家庭基金会终止解体（Voluntary Termination）。3. 家族基金会继续发展壮大，世代交替，造福社会的同时，福荫子孙后代。

美国慈善业的蓬勃发展离不开成熟灵活的运作体系和强大的政府支持，在美国数十万的基金会中，只有 1% 的社区基金会隶属于公共慈善机构（Public Charities），企业基金会占 3%，其余均为私人或家庭基金会，以家族基金会为主。与企业基金会相比，家庭基金会因不牵涉市场利益而更为纯粹，即便持有公司股份也可实现经营权和所有权分离。赫赫有名的洛克菲勒家族拥有洛克菲勒基金会、洛克菲勒家族基金会等数十个基金会，20 世纪中期由洛克菲勒基金会发起并资助的“绿色革命”，即在亚洲、南美缺粮地区开展培育粮种的实验室计划，被诺贝尔奖委员会赞为拯救了十亿人生命的善事。洛克菲勒家族的财富通过家庭基金会的方式进行集中管理，基金采用第三方投资的多家族基金模式，由职业投资人为家族通过投资组合共同管理财富。而有些家族则成立独立家族办公室（Single Family）管理基金，此类资产管理与财富来源、企业所处产业等有关。

在运作模式中引入市场机制，“风险慈善”（Venture Philanthropy）是近来趋势。家庭基金会基金的投资主要有以下三类：（1）直接投资模式，如直接进行股票、地产、能源类投资，优点在于可直接控制，缺点在于资产单一、风险集中；（2）基金投资模式，这类按照大学基金模式的间接投资能够取得长期稳定回报，也最为现有的家庭基金会所青睐；（3）混合投资模式，直接和间接投资并用同时兼顾风险和回报，但因成本之高一般为资产规模较大的家族基金会所采用，例如下文所述的盖茨夫妇基金会：

世界首富比尔·盖茨于 2000 年 1 月成立的盖茨家庭基金会在 2006 年分成两个实体结构：一为比尔·盖茨夫妇基金会（Bill & Melinda Gates Foundation），用于将钱款分配给受助人；另一为盖茨夫妇信托基金（Bill & Melinda Gates Foundation Asset Trust），管理基金资产投资。该基金会的运作模式是在投入巨额本金同时配合合理投资，得到高额回报后将部分收益用于慈善，剩余收益和本金继续用于投资以保证基金会的存续和发展。根据 2013 年度财务报表，盖茨夫妇基金会主要通过近 400 亿美元信托基金进行投资。

华人家庭基金会多在初创阶段，但慈善“钱滚钱”的管理方式值得借鉴。

由于家庭基金会所享有的投资低税率（1% ～ 2% Excise Tax）使其在股票证券或房地产投资方面都如虎添翼，平均 10% 以上的投资效益扣除开支（6%）及征税后绰绰有余，净资产（Net Assets）快速滚动“膨胀”，为日后的大笔慈善捐款奠定了基础。家庭基金会以慈善捐献为宗旨和目的在华人心目中已根深蒂固，但捐献公益事业的同时，把基金注入投资“发扬光大”，不断拓展财源，使捐献的钱发挥事半功倍的作用，意义不可低估。

（四）遗产信托应及早规划

中国人有句古话：富不过三代，一语道破财富传承的艰巨与挑战。在美国，洛克菲勒等家族企业历经百年而不衰，很大程度上是利用了制度化的构架进行财富转移，从苹果创始人乔布斯到香港首富李嘉诚，信托或基金会成为许多名人富豪的理财首选。

过去，华人家庭更关心如何使财富增值，但近年来，他们已从单纯追求高收益，转变为更注重风险和保值，财富传承已继财富累积和高品质生活之后成为高净值人群的最大需求。订立遗嘱是目前最为普遍的财富分配和传承手段，但遗嘱常因效力认定、各地法律有别等问题引起纠纷，出现家族财富在纷争中被消耗的局面。家庭信托则不同，信托资产是独立存在的法律个体，委托人的任何变故都不会影响其存在，委托人的债权人无权对信托资产进行追索。信托资产与受益人（或者继承人）自身拥有的财产也完全分开，当受益人面临离婚财产分割时，信托能保护其家族资产免予被离婚配偶瓜分。最经典的案例莫过于传媒巨亨默多克（Rupert Murdoch），他与第二任妻子安娜（Anna Murdoch）离婚时支付了 17 亿美元“分手费”，大亏血本，因此在与邓文迪结婚前，默多克把名下主要资产（包括新闻集团股权）都放入家族信托进行保护，新闻集团由 A（无投票权）、B（有投票权）股权双重投票机制构成，其中近 96% 的 B 类股票由默多克家族信托基金持有，默多克与前两任妻子的 4 个子女是信托的托管人，邓文迪所生的 2 个女儿虽享有信托受益权，却没有新闻集团的控制权。

欧美国家盛行的家族信托属于民事信托，与中国高净值人群所熟知的固定收益类信托产品有很大区别。相较于一般投资产品（股票、基金、不动产），信托期限动辄 10 年甚至更长，投资偏向于保守、稳健的资产，如果委托专业的信托公司或个人管理、运用及分配，可对信托资产起到“生生不息”、以财生财的良性循环。

六、L-1 与 EB-5 的税务差异

近几年，因华人大量申请 EB-5 投资移民签证导致投资移民项目的资金标准提高、名额短缺，2015 年国务院更是公布中国出生的投资移民申请首次进入排期；而 H-1B 工作签证申请难度越来越高，“僧多粥少”，2016 年移民局在开放申请的第 1 周内便收到 25 万多件申请，申请数达总配额 8.5 万的 3 倍，竞争之激烈可想而知。相较之下，L-1 签证放宽或成为华人来美工作和移民申请的“新宠”。

L-1 签证是与 H-1B 签证类似，但要求更高的非移民临时工作签证：一类是给跨国公司（Multi-National Companies）管理层人员来美工作用的 L-1A 签证，另一类是给跨国公司派遣具有特别专业知识（Specialized Knowledge）的员工来美工作所用的 L-1B 签证。L-1A 签证允许外国人通过延期最长可工作 7 年，L-1B 签证最长可延至 5 年。跨国公司是 L-1 签证的申请人，外籍专业技术人员是该签证的受益人，L-1 签证受益人在提交申请之前的 3 年内必须在其作为申请人的跨国公司的海外机构连续工作一年以上；跨国公司组织形式并无规定，但海外机构必须和在美国的机构属于母子公司关系，且有实际的资金和业务来往。如果美国分公司属于筹备成立（Start-Up）阶段，则 L-1B 签证的首次有效期为一年，到期后跨国公司要为受益人提出延期的申请。对于大型企业，L-1B 申请人需提供公司负责人签字的所有权和控制权说明书、公司年度财务报告、财务文件；对于小型企业，除上述材料之外还需提供股权记录、损益表、税表、公司章程、注册文件、董事会会议记录；对于新成立的企业，除损益表、税表、公司运营所需材料之外，更需提供公司商业计划书，所有权和控制权的证明须附上企业资金证明。

L-1 签证对于持有人没有薪水要求，也不拘于上班地点和职位，签证持有人的家属（配偶和 21 岁以下的未婚子女）可获 L-2 签证，配偶能在美申请合法工作，子女享受教育和福利优惠。但 L-1B 签证最为人津津乐道的优点是允许“双重意图”（Dual Intent），“双重意图”允许外国人在 L-1B 身份状态下同时寻求绿卡身份，来美一年后便可申请第一优先移民（EB-1）。然而前景虽好门槛却高，在 L-1B 签证审理中，移民局会对美国公司和海外公司经济实力、发展规模进行全面考察。过去十几年中，L-1B 签证因曾被滥用导致拒签率节节攀升，2014 财年的拒签率高达 35%，其中中国人申请拒签率为 22%，被要求补材料的人数比例达 44%，申请者务必要循规守法，准备充分，不可弄虚作假。现举两例：

“华美贸易公司”总部（母公司）设于北京，3 年前在宾州（PA）巧克力生产

地赫梅尔斯镇（Hummels Town）设立分公司，有 10 名雇员，年收入约 120 万美元，盈利 6 万美元（5%），工资成本约 25 万美元，包括宾州子公司经理年薪 5 万美元。律师于2015年为分公司经理冯女士全家申办L-1A签证，附上公司3年的财务报告、税表及薪资税单，注意公司的税表中要分列 5472 表（Information Return of a 25% Foreign-Owned U.S. Corporation or a Foreign Corporation Engaged in a U.S. Trade or Business，见 234 ～ 236 页），披露母公司的详尽信息及与子公司之间的贸易销售及债务往来金额。如果冯经理的申请材料齐全，两周之内一般可获批。

赵小姐在 2015 年 H-1B 抽签未中，回到中国，待满一年后由上海“飞天”总公司派驻纽约子公司任全职簿记，年薪 4.5 万美元，2016 年由律师依 L-1B 递交申请，唯申请人须满足过去 3 年中累计一年往返于母公司和子公司业务往来的要求。

L-1 签证分为一次性和间歇性（Intermittent L1），间歇性 L-1 签证持有人可间歇来美从事工作，不受 7 年或 5 年的期限限制，只要在美工作的雇佣关系合乎 L-1 签证要求便可无限期延长签证时间。通常来说，一般的 L-1 签证持有人在来美 183 天后必须申报纳税身份（Tax Residency）依法纳税，间歇性 L-1 签证持有人不算作美国纳税居民，可以提交 8233 表按两国双边条约申请免除缴纳所得税（Tax Treaty Withholding Exemption）的义务。间歇性 L-1 签证持有人若在日历年（Calendar Year）中在美逗留不超过90天，劳动报酬总额不超过3,000美元便可获“商务旅行者税务豁免”（Commercial Traveler Exception），即在哪里赚的钱就在哪里缴税，符合条件的收入不用向美国纳税。纳税身份每 3 年调整一次，间歇性 L-1 签证持有人一旦成为纳税居民，就失去 5 年后无限延期的资格。

EB-1C（L1 签证申请移民绿卡）和 EB-5 都是商务投资移民途径，这两类移民申请都要求申请人具备一定经济能力或商业背景，牵涉到要运用境外资金到美国投资或商务，为美国创造就业，EB-1C 和 EB-5 移民申请获批后，配偶和 21 岁以下的未婚子女都可以随同一起移民。不过，EB-1C 重在商务，EB-5 重在投资，两者虽表面类似，但实质却不一样：

1. 申请人：EB-1C 的申请人是美国公司，受益人是公司高管或特殊人才（必须具备管理技能）；而 EB-5 的申请人和收益人都是外国投资者，EB-5 不需要关联公司关系。

2. 资金要求：EB-1C 没有最低的金额要求，通常有 10 万或 20 万美元的初始资金便可将公司运转起来，由自己掌控资金，风险较低；而 EB-5 目前最低的投资金额是 90 万美元（非目标就业区为 180 万美元），EB-5 对资金的合法来源审查非常严格，往往要追溯 5 年，确保资金的每一步转移都“有迹可循”。

3. 创造就业：EB-5 自主经营项目要求在两年内为美国创造 10 个全职的就业岗位，

而 EB–1C 对雇员是否全职、是否为美国公民并无限制。

4. 申请材料：EB–5 申请人先要递交 I–526，批准后递交 I–485 调整身份，持有临时绿卡满 2 年后再申请 I–829“转正”。EB–1C 则可一步到位，申请人（公司）直接递交 I–140，批准后受益人可通过 I–485 调整身份，如果受益人在美国，I–140 和 I–485 可以同时送件。

5. 审查重点：移民局对于 EB–5 的审查重点是资金来源和商业计划（I–526 阶段）、资金开支和创造就业（I–829 阶段），而移民官对于 EB–1C 更看重的是美国与境外公司的关联关系、美国公司的营运情况。

L–1 签证如今不仅是企业界人士来美、留美的渠道之一，也成为继 EB–5 投资移民之后取得绿卡的另一蹊径，申请 L–1B 签证的热潮定将兴起。但它是否能带来“投资美国峰会”（Select USA Investment Summit）所希望的那样，“不但惠及数以千计的非移民工作者和他们的公司，也能惠及美国经济，刺激更多投资”，业界拭目以待。

第三章　非移民美国税务

一、非居民的报税状态

税法将身在美国的外国人分为“居民外国人”（Resident Alien）和“非居民外国人”（Nonresident Alien）两类，前者又称为“税务居民”，需遵照美国公民的税务规则，将全球范围内的收入上报给美国政府，而后者只需就美国境内产生的收入报税（1040-NR 表，美国非居民外国人所得税申报表，U.S. Nonresident Alien Income Tax Return，见 146 ～ 150 页）。由于居民与非居民外籍人士被课税的方式不同，因此确定报税身份至关重要，美国税法对税务居民（Tax Resident）的定义和移民法中对居民（Lawful Resident）的定义有别，从税务角度来说，非居民外国人指的是那些不具备美国公民和绿卡身份，并且不符合“实质居住测试”（Substantial Presence Test）的外籍人士。

所谓“实质居住测试”，是国税局确定外国人是否为税务居民的基础，一个人被定义为美国税务居民，必须同时满足以下两个条件：当年在美居留超过 31 天，并且过去 3 年在美累计居留超过 183 天。这 183 天以加权平均法计算，即当年在美的全部天数与之前一年在美天数的 1/3 与之前两年在美天数的 1/6 的总和。举一例：

> 张先生在 2013、2014 和 2015 年分别在美国各居住了 60 天，根据计算方式，张先生在美的实际居住天数应为 60 +（60 × 1/3）+（60 × 1/6）=90 天，并不满足“过去 3 年在美居留超过 183 天”的条件，因此他不会被视为美国的税务居民。

在美的居住天数不应包括：从加拿大或墨西哥住处通勤到美国的日子，往返于美国境外两个地方但需途经美国不满 24 小时的日子，以船员身份在美国与其他地方之间运输的日子（但如果在美国从事其他贸易或生意，这项例外规定则不适用），由于健康问题迫使无法离开美国的特定日子，以及属于“豁免个人”（Exempt Individual）的日子。“豁免个人”包括：（1）持有A或G签证，由外国政府特派的外交或公务人员，但此类别不包含外交或公务人员亲属（A-3或G-5签证）；（2）暂时在美国参加慈善类体育比赛的专业运动员；（3）持有J或Q签证，暂时待在美国的教师或受训人员，如果在过去6个日历年度中有两年以教师或受训人员或学生的身份获得免税，将不适用这项例外规定；（4）持有F、J、M或Q签证，暂时在美的学生，如果在过去5个日历年度中的任何时间以教师或受训人员或学生的身份获得免税，则不具备豁免个人的资格，除非该学生确定无意永久住在美国。

即便一个外籍人士满足了“实质居住测试”，还有一些例外情况可以让他选择不成为美国的税务居民，比如他当年在外国有一个纳税住所（Tax Home，可解释为最主要的工作地），同时他和纳税住所所在国的关系比和美国更为密切（Closer Connection Exception），或者外国公民的所在国和美国签有相关税务条约，明确规定该外国公民的报税身份必须优先于美国税法。

如果一个外籍人士在同一年度中将身份从税务居民变更为非税务居民外国人，或反之从非税务居民成为税务居民，他在该年度可以按照双重身份（Dual Status）分别报税。举一例：

潘小姐在2015年10月1日起由F-1学生签证转为H-1B工作签证，她需依适用的税法条例分别填写1040和1040NR两表，“分派”前后两个时期的收入（2015年1月1日至9月30日用1040NR表，10月1日至12月31日用1040表）。由于潘小姐在2015年最后一天的身份是税务居民，因此1040作为她的主表（Dual Status Tax Return），而1040NR作为“说明”（Dual Status Tax Statement），详情可参阅本章中的“F-1、H-1、J-1的税务申报”。

当非居民外国人与美国公民、持绿卡人士或者居民外国人结婚并决定共同报税（Married Filing Jointly），该名外国人将被视为美国的税务居民（填报1040表），需要将其全球收入申报给美国政府。选择成为税务居民并非没有益处，尤其对于没有境外收入的外国人，他们的税务居民身份可以依据税法得到更多的豁免及扣减额，缴税金额反而比“非税务居民”身份时更少。

二、非居民的报税模式

非居民外国人（Nonresident Alien）是指尚未通过“绿卡测试”（即成为美国永久居民）或“实质居住测试”的外国人，如果该名非居民外国人符合以下任一种情况，他就必须申报 1040-NR 所得税表 :（1）通过工作、贸易或生意挣得美国来源的收入 ;（2）与贸易或生意无关的美国收入的预扣税（Tax Withheld）金额未达应扣缴税额 ;（3）要求退还预扣过多或溢付的税款 ;（4）申报扣除额或其他税务优惠，例如通过房屋出租赚取租金收入，必须填报税表才能对该收入申报允许的扣除额。

简单介绍一下 1040-NR 表的结构，1040-NR 表第一页的开头为纳税人、配偶、被抚养人（Dependent）的基本信息，每位纳税人都必须决定适用于自己情况的报税身份（Filing Status），报税身份关乎纳税人的个人豁免额（Exemption）及是否有资格申请某些扣除额和抵免额的条件。根据现行税法，非居民外国人（加拿大与墨西哥两国公民除外）只能以单身作为报税身份申报 1040-NR 表，现实生活中的已婚夫妇需要各自单独报税。个人豁免额（Exemption）和税务优惠仅限于纳税人本人，非居民外国人不可享受税务居民专有的低收入所得退税（EITC）、儿童抵退税（Child Tax Credit）和"美国机会教育抵退税"（AOTC）。新税法不再允许非居民扣减个人豁免额（Personal Exempiton）。

纳税人应在 1040-NR 首页的右上角填上社安号（SSN）或纳税识别号码（ITIN）。ITIN 是由国税局核发且专用于处理税务事宜的号码，不具备取得社安号资格但需要申报税表的非居民外籍人士都可以申请，但该号码不代表移民身份或是在美国合法工作的权利。

非居民外国人在美国的收入通常分为两大类，一类是与美国贸易或生意有关的收入（Income Effectively Connected with U.S. Trade or Business，1040-NR 表首页），另一类是与美国贸易或生意无关的收入（Income Not Effectively Connected with a U.S. Trade or Business，填报在 1040-NR 表第 4 页的 NEC 副表上）。前者包括劳力收入、利息、股息、奖学金、资本利得、租金等，有关收入在减去扣除额后依一般所得税率（10% ~ 12% ~ 22% ~ 24% ~ 32% ~ 35% ~ 37%）课税。后者包括公司红利、商标商誉、知识产权、退休金（85%）等固定、可审定年度或定期性（Fixed, Determinable, Annual, or Periodical，简称 FDAP）的被动收入，按 30% 单一税率或更低的条约税率课税。

1040-NR 表首页的第 24 至 34 行是针对第 23 行归纳的有关总收入进行的调整，得到调整后总收入（AGI），在此方面，非税务居民外国人享受与税务居民同等权利。可调整收入的项目包括教育者费用扣除（Educator Expenses）、健康储蓄金费用扣除（Health Savings Account Deduction）、因工作调动的搬家费用（Moving Expenses）、学生贷款利息、放入个人退休账户（IRA）的存款、自雇人士特有的收入调整项目（50% 自雇税、符合条件的退休存款额、健保费用）等。

AGI 并非直接用于计算税负，上税收入（Taxbale Income）是在 AGI 的基础上扣除纳税人的抵扣额和个人豁免额（Personal Exemption）后所得到的。非居民外国人无法适用标准扣减额（Standard Deductions），只允许逐项扣减州及地方税、慈善捐赠、工作相关开支等项目（Itemized Deductions）。外国人在填写 1040-NR 时，还要申报护照颁发国家、签证种类、3 年内在美天数、双边税务协定所适用的法规号码等信息（填报在 1040-NR 表第五页的 OI 副表上）。

非居民外国人若有今后成为税务居民的打算（如在美长期工作、申请投资移民），应充分做好规划，纳税住所在中国且 3 年内在美停留时间不超过 183 天的外国人可在非居民时期加速获益，如出售有价证券，获益可免予上税，损失则延期到取得税务居民之后认可，以便用来抵销成为税务居民后的收益。

三、非居民的外国收入税

如前文所述，非居民外国人收入通常分成两类，一类是与美国贸易或生意有关联（Effectively Connected）的收入，另一类是与美国贸易或生意无关联（Not Effectively Connected）的非营业收入，后者也称为固定、可审定、年度或定期性（FDAP）的美国来源收入。

FDAP 收入通常包含间接或无实质管理的被动投资（Passive Investment）收入，投资人获得的被动收入类型包括利息、股息、商标、商誉、多种类型知识产权的特许权使用金，FDAP 收入以固定的 30% 单一税率或更低的缔约税率（美国与缔约国签订的优惠税率）上税，同时此类收入不允许有任何扣除额。因为在美国获得被动收入的外国纳税人与美国的连接有限，因此国税局设定了"扣缴制度"，要求美国机构在支付外国纳税人被动收入时先预扣（Withhold）30% 的税金，如外国人所在居民国与美国签署税务协定，单一税率可能为 15%，甚至为 0。并非所有被动型收入都适用 FDAP 的收入税规则，非居民外国人在美国取得的银行利息、联邦公债利息、储蓄型保险利息及买卖股票或共同基金所得资本利得（Capital Gain）均属于免税收入。非居民外国人在金融机构开设账户时要填写 W-8Ben 表格证明其外国人身份。

与仅对被动投资收入课税的非居民外国人不同，在美国从事贸易或生意的非居民外国人的全部美国来源收入都要纳税，在某些特定情况下，非美国来源的外国收入也必须缴纳美国税，例如某项外国收入得益于非居民外国人的美国贸易或生意活动，则该项收入应视作与美国关联的收入。

非居民外籍人士在离开美国时通常必须证明他已遵守美国所得税法，取得国税局核发的税务离境许可证（Sailing Permit 或 Departure Permit）。以下五类人士无需取得清税文件：（1）持有外交签证的外国政府代表及其家属；（2）国际组织、外国政府的雇员及其家属；(3) 持有F、M、J或Q签证入境的外国学生、教师和受训人员，包括其配偶和子女，持这类签证的人士在美国期间没有获得美国来源的收入；(4) 暂时居留在美国的外籍人士，到离境当天为止的纳税年度或前一个纳税年度中没有应课税的收入；(5) 加拿大或墨西哥的外籍居民，为了工作而经常通勤往返于自己国家和美国。非居民外籍人士应在离境前向国税局递交2063表（U.S. Departing Alien Income Tax Statement）或1040-C表（U.S. Departing Alien Income Tax Return），纳税年度至离境日为止以及前一年都没有应税收入的非居民外国人可以通过提交2063表（要求某些信息但不包括税金的计算）取得税务离境许可证，如果非居民外国人在纳税年度至离境当天为止收到或预期应收到收入，则需要申报1040-C表并缴纳应付税金。

四、非居民的房地产投资

美国因其宽松的投资环境、发达的基础建设和充足的房屋土地供应量吸引了众多外国投资者，尤其生活便捷、华人多、教育系统完善、房屋升值空间较大的东西海岸成为不少中国投资者的首选。美国的私有财产制是让中国买家对美国房地产趋之若鹜的原因之一。众所周知，中国住宅产权受制于70年之限，一般商业房产期限为40年，目前政府尚未出台对于使用权届满和续期的具体规定，美国的永久产权政策恰好符合了投资者的期望。永久产权意味着屋主不仅可以把房子作为居住或投资的工具，也可以作为个人财产世代传承，当然，屋主在房屋持有环节必须向当地政府支付一定金额的房地产税，房地产税主要用于民众所在区域的公共服务及教育设施，详情可参阅本书第一章“美国税法简介”中的“房地产税务”章节。下表比较了中美两国房地产的显著差异。

表3-1　中美房地产差异

国家	美国	中国
产权性质	永久产权	住宅产权有使用期限
房产税	持有环节税费征收严格	交易环节税费高
支付佣金方式	卖家支付	买卖双方共同支付
房贷政策	可选固定利率	浮动利率
抵个人税	房贷款利息、房地产税可以从个人所得税中扣除	—
房源系统	房屋信息平台较为完善	正在拟案中

美国民宅通常可分为共有公寓（Condo）、合作公寓（Co-op）、单家庭独立屋（Single

Family House）、多家庭独立屋（Multi-Family House）、联排屋（Townhouse）五个类型。Condo因独立产权、购房手续简单、便于打理广受中国买家的青睐，Co-op虽“价廉物美”（与同等价位的Condo相比），但因外国购房者无法呈交自己在美的财务能力和信用证明（个人税表、工资单、信用报告），一般很难申请购买。寄希望通过房租或房屋增值获得投资回报的中国买家多会在纽约长岛、加州洛杉矶尔湾、圣地亚哥、德州休斯敦等地购入单家庭和多家庭的独立屋。外国购房者以何种名义持有美国房产，应根据投资目的、家庭情况、预计持有时间长短进行分析。一般来说，购房者可通过个人直接持有、外国公司名义持有、美国有限责任公司或有限合伙名义持有、信托持有等四种方式持有。

个人直接持有可细分为共同持有、联合持有和夫妻持有三类。共同持有的业主可各自转让自己持有的产权，某位业主的继承人或受赠人在该业主亡故或赠与产权后将成为新的共同持有人。联合持有多用于亲属之间（如父子），联合持有的业主若有一人独自转让其产权，则联合持有方式便告结束，联合持有的业主相继亡故后，最后一名存活者(Survivor)将自动持有 100% 产权。夫妻持有的房产转让需要有配偶的书面同意，除非一方亡故，否则个别利益不得转让，配偶一方亡故时，其产权（50%）可按遗嘱转移给继承人或由配偶继承。个人直接持有的优势在于管理成本较低，出售持有超过一年的房产可享受较低的长期资本利得税率（0 ～ 15% ～ 20%），如持有人离世，房产将按持有人离世时的市值作为新的基价（Basis），从而降低继承人将来卖房时的资本利得。个人持有的房屋租金收入在非居民外国人税表 1040-NR 上申报，租金和费用的认列规则与美国税务居民并无二致，但外国人在售房要面临预缴税（Withholding Tax）的问题。《外国人投资美国不动产法案》（FIRPTA）规定，外国卖家售房时，若成交价超过 30 万美元，必须先被预扣 15% 的所得税，目的是为防止外国卖家未履行纳税义务便一走了之。个人直接持有的最大弊端莫过于无法规避遗产税，投资人可以建立可撤销的生前信托，以避免今后不必要的法院遗产验证程序。

以外国公司名义持有的优势是能够有效地规避遗产税和赠与税，但在房产出售时，须按公司统一所得税率（21%）纳税，无法适用长期资本利得税率（0 ～ 15% ～ 20%）。如果投资人的子女今后成为税务居民，他们通过遗产或受赠方式得到的外国公司股权，将会受制于复杂的税务问题。

许多来美投资房地产的人既希望通过房租和房产增值获得收益，同时又希望规避遗产税，可考虑以美国有限合伙（Limited Partnership）或有限责任公司（Limited Liability Company）名义，或者不可撤销的信托形式持有。有限合伙和有限责任公司（税务上以 S 或 P 申报）属于“税负流转”的实体，即公司收入“转嫁”（Pass-Through）分配到合伙人（或成员）个人名下，公司层面不用缴纳所得税，只在合伙人（或成员）个人层面缴纳所得税，投资人在出售房产时仍可享受长期资本利得税率（0～15%～20%）。多年来，规避遗产税的常见做法是将资产投入家族有限合伙（Family LP），父母作为一般合伙人（General Partner，享有公司管理权）对该合伙中的资产保留完全的控制权，子女作为有限合伙人（Limited Partner）拥有有限合伙权益及所有权，父母拥有投票权而子女无投票权，无投票权的股权因缺乏流动性和控制权，估值时会给予“折扣”（低估其公允市价），例如一个持有1,000万美元不动产利益的FLP获得30%的估值折扣（Valuation Discounts，通常为25%～40%），价值可降为700万美元。不过，国税局已拟新规，抬高运用此类“折价”避税的收入门槛，压缩其操作空间，使资产持有人很难在免付遗产税和赠与税的情况下将资产传给后代。

在美国，以信托名义购买或持有房产是一种相当常见的方式，普通民众可选择简单的可撤销的生前信托持有房产，以避开多数州在遗产继承上耗时耗力的法院认证程序（Probate），但可撤销信托没有避税功能，故对外国投资人所面临的遗产税没有太大帮助（外国人遗产豁免额仅为6万美元），更多的做法是成立不可撤销信托，以海外现金赠与信托作为信托资产，子女作为信托受益人（Beneficiary），在信托届满时信托受托人（Trustee）依照财产授与人的指示将信托资产分配给受益人。不可撤销信托的优势在于房产出售时可享受较低的长期资本利得税率，有效规避遗产税和赠与税，以及繁琐的遗嘱认证程序。劣势在于财产授与人不能兼任信托受托人，必须聘请独立的第三方，同时投资人不能享有信托资产的利益，若委托人（例如父母）在信托房产中居住，需向受益人支付合理的房租，否则信托资产仍有可能被国税局计入遗产，缴纳遗产税的可能。现来看一实例分析：

沈女士的儿子在纽约上大学（F-1外国学生），沈女士于2015年底购置了两套曼哈顿河滨大道（Riverside Blvd.）的全新共有公寓（享受421a减税计划），斥资约500万美元，一套自住，一套出租。沈女士并不打算移民美国，只想让儿子接受美国的教育，毕业后回国发展，但沈女士从购房那一刻起已与美国税局结下了不解之缘。她需要考虑的税务申报如下：

1. 如果沈女士2015年或2016年在美居住时间超过半年（包括前一年在美的三分之一及前两年在美的六分之一时间），她须申报1040表（Resident）而不是1040-NR表（Nonresident），其重要区别之一是1040居民需要像公民或绿卡持有人一样接受外国资产（FBAR）“实质性测试”（Substantial Test）——如果你的国外账户（包括现金、股票、债券、人寿保险、股份、股权、信托股份等）超过1万美元（一年中的最高值），你必须在2016年6月30日前申报2015年的114表（或2017年4月15日前申报2016年）。同时，取决于沈女士的报税状态，如户主状态（儿子为被抚养人），国外账户当年最高值超过 30 万美元或年底 12 月 31 日时超过 20 万美元，还需申报 8938 表（Statement of Specified Foreign Financial Assets）。如夫妻合报状态则“门槛”加倍（年中 60 万美元或年底 40 万美元）。

2. 如果出租公寓在沈女士个人名下（包括 LLC Sole），沈女士需申报 1040 或 1040–NR 的 E 表，假如沈女士雇佣管理公司，年底她将会收到 1099–Rent，反映全年的房租收入、公寓管理费及管理公司年费、少许地税（仍在减税期间）、水费及必要的修缮费用。会计师需要计算的则包括折旧（27.5 年）、LLC 股东借给公司的贷款利息、保险、电费、瓦斯费等。

3. 如果出租公寓在公司名下（LLC 中的 C 或 P），沈女士的会计师则需要申报 1120 或 1065，1065 的税率相对较低（仅纽约市在盈利 8.5 万美元以上时缴 4.25% 的 UBT），但需要出 K–1 表转嫁（Pass Through）到股东个人。1120C 的好处是股东可以是沈女士一人，股东和公司间没有任何联系，风险最低。不管 LLC 采取何种形式（C、P 或 Sole），由于股东提供公司大量贷款，因此公司盈利后如果利润存留美国，不用缴“外国收入税”（Foreign Income Tax），一旦沈女士的 LLC 想把公司利润汇回中国，美国银行便会预扣 30% 的“外国税抵减”，以图把沈女士 LLC 的利润截留在美国。

4. 美国的遗产税既“属人”（公民、绿卡），又“属地”（外国人），除非沈女士在有生之年把公寓卖掉（注意资本利得除缴税外同样不能汇回国内，否则加征 30% 外国收入税），否则过继给儿子只有 6 万美元的遗产税豁免额（2016 年公民绿卡持有人为 545 万美元），500 万美元的公寓一旦过继到儿子名下时，“汤姆”大叔会征去一半的遗产税（联邦 40% 加纽约州最高 18%）。这恐怕是沈女士购入公寓时始料未及的。

无可置疑，国内居高不下的房价及“泡沫”破裂的压力促使更多的沈女士抛售投资房产，转移资金进入美国抢攻豪宅市场，而越来越多的中国富豪企图规避美国的严格税法，选择不考虑申请绿卡或入籍美国公民，不披露自己的国外资产信息（每年在美境内停留不超过 4 个月）。但美国政府在伸开双臂，拥抱来自大洋彼岸富豪（不管移民或非移民）的同时，也早已为他们布满了税务“陷阱”，富兰克林的名言“人的一生有两件事不可避免，死亡与纳税”（Two things are inevitable in one’s life, death and tax）对来美国置产投资的外国人同样经典。

五、非居民的遗产税

在资产转让上，美国税法对于美国公民、美国永久居民（绿卡人士）和非居民外国人三种身份的人有着不同征税规定。遗产税（Estate Tax）是否要课税取决于四种因素：赠与人身份、受赠人身份、财产种类和财产所在地。如果财产持有人是美国公民或绿卡持有者，不管是留给公民、居民，或非居民外国人，都能获得1,170万美元（2021年）的豁免额，未用完的豁免额可转让（Portable）给未亡配偶。美国公民夫妻（或者夫妻一方是美国公民）之间享有无限婚姻扣减（Unlimited Marital Deduction）的优惠，如果一方过世，不论多大额的财产都可以免税转给配偶。如果夫妻双方都是绿卡人士，则不享有无限婚姻扣减，需要为超过豁免额的财产上税（最高税率40%）。非居民外国人一旦过世，其在美国的财产留给任何人（夫妻除外）都只有6万美元的遗产免税额。非居民外国人的外国财产（如在中国的房产）和在美国的保险受益金、银行存款、存托凭证和部分投资证券（Portfolio Investment）则免缴遗产税。

遗产税应由继承人申报（706表，United States Estate Tax Return）并缴纳，继承人必须在原财产所有人去世后的9个月内（可申请6个月延期）以现金形式缴清税款之后方能进行财产分配。当然，并非所有的遗产都会计入课税，继承人可先扣除债务、丧葬费用、慈善捐款，再为遗产超过赠遗统一免税额的部分纳税。美国遗产税实行的是累进税率，是美国所有联邦税里税率最高的税种。2021年联邦赠遗统一免税额为1,170万美元，夫妻合计为2,340万美元。对超过豁免额1万美元以下的遗产征收的税率就高达18%，最高税率上至40%。

表 3-2　2021 年遗产税豁免额

原财产所有人	美国公民和绿卡持有人			非居民外国人			
财产所在地和财产种类	全球财产			美国财产			外国财产 特定美国财产
继承人	公民配偶	非公民配偶	其他人	公民配偶	非公民配偶	其他人	任何人
终身免税额	免税	1,170万美元	1,170万美元	免税	6万美元	6万美元	免税

美国的生前赠与税（Gift Tax）与遗产税相连，使用“赠遗统一免税额”（Unified Gift Tax & Estate Tax Credit），将两者相连的目的是为杜绝逃避缴遗产税而在生前将财产悉数转给受益人的现象。赠与可分为年度赠与和终身赠与，2021年的年度赠与免税额（Annual Exclusion）为1.5万美元，即2021年每人最多可赠与他人1.5万美元的财物，如果超过上述数额，赠与人需要向国税局申报709表（United States Gift Tax Return）并

为超额部分缴纳赠与税。美国公民和绿卡人士可利用终身赠与免税额（Lifetime Gift Tax Exemption）"宽免"当年所需缴纳的赠与税，但同时也会相应地减少其遗产税的豁免额。美国公民夫妻（或一方是美国公民）享有无限婚姻扣减（Unlimited Marital Deduction）的好处，任何人向非公民配偶进行赠与都可享受15.9万美元（2021年）的年度免税额，但非居民外国人不论将其美国财产赠与非公民配偶还是他人，都不可适用终身赠与的豁免额。

表 3-3　2021 年赠与税豁免额

赠与人	美国公民和绿卡持有人			非居民外国人			
财产所在地和财产种类	全球财产			美国有形财产			外国财产 美国无形财产
受赠人	公民配偶	非公民配偶	其他人	公民配偶	非公民配偶	其他人	任何人
年度免税额	免税	15.9万美元	1.5万美元	免税	15.9万美元	1.5万美元	免税
终身免税额	免税	1,170万美元	1,170万美元	—			

六、非居民的退休金

不少在美华人都有"落叶归根"的打算，会在退休后回原居地养老。美国公民只要符合领取社会安全福利金（Social Security Benefits）的资格（年满 62 岁可提前退休，或 1943 年至 1959 年出生为 66 岁正常退休，1960 年及之后出生为 67 岁，并通过劳力工作挣得 40 个"点数"），即便在美国以外的国家定居，也可以收到美国社会安全保障管理局（Social Security Administration）寄来的社安金。社安金不仅向美国公民提供退休福利，其规定也涉及在美拥有合法身份且符合申领要求的居民和非居民外国人。美国与多国（包括加拿大、智利、澳大利亚、日本、韩国、英法德意等欧洲 21 国）签有协议，该国公民在协约国所赚取的工作计点（Credits）可与在美国所赚取的工作计点累加，达到 40 个计点便有资格领取美国社安金福利，上述国家的公民退休后即使返回原居地永久居住，也可以领取由美国社安局寄去的退休金。居住海外的美国公民若与上述缔约国的非公民结婚，该非公民配偶可领取配偶和未亡人福利（Spouse and Survivor Benefits）。不在上述缔约国之列的他国公民（如中国公民），即使拥有绿卡，一旦离开美国超过 6 个月，社安金便会停止发放，除非回美住满 1 个月方可获得"续期"。

简而言之，如果华人返回中国仍是美国公民身份，只要符合领取社会安全福利金的资格（挣满 40 个计点），即便定居海外，也可以收到美国社安局寄来的社安金。但绿卡人士一旦离开美国超过 6 个月，社安金便会停止发放，除非回美住满 1 个月才可获得“续期”。如果失去了美国永久居民身份（如绿卡失效或自愿放弃绿卡），社安局应当从付给该非居民的社安金中预扣（Withhold）最高可达 30% 的税金，目前社安金的最高课征额是 85%。现举一例：

> 石先生与太太因年迈需要子女照顾，2014 年选择告老还乡回到中国，石先生向美国驻北京总领事馆递交 I–407 表自愿放弃绿卡（Legally Abandon），太太仍保留美籍。通常来说，石先生在弃卡后应以非居民外国人身份申报 1040–NR 税表，但因石太太是美国公民，所以石先生仍能选择以税务居民身份与太太合报（Married Filing Jointly）1040 税表。2015 年，石先生与太太各自收到美国社安局寄来的社安金明细表（Social Security Benefit Statement），显示石先生该年的社安金收入为 1.0464 万美元，其中 2,668 美元（社安金的 85% 以 30% 税率上税）作为税金由社安局代为预扣，石先生所得的福利净额为 7,796 美元。石先生虽选择成为税法定义上的居民外国人（Resident Alien for Tax Purposes），但从社安局的角度看，石先生的实际身份是移民法定义上的非居民外国人（Nonresident Alien For Immigration Purposes），他所取得的社安金收入应被视作与美国工作、经商无关的收入（Income Not Effectively Connected with a U.S. Trade or Business），以 30% 的单一税率上税。

在美国工作的外籍人士（F–1 及 M1 签证的留学生、J–1 访问学者及 Q1 文化交流者除外），不论是雇员（Employee）还是自雇业者（Self–Employed），都应就其所得工资或薪金缴纳一定比例的社会安全和医疗保险税（Social Security and Medicare Tax），用以资助由政府发放的社安金、遗属福利金、残障金以及联邦医疗保险（Medicare，俗称“红蓝卡”）。目前社安税占收入的 6.2%（2021 年的纳税上限均为 8,853.6 美元），医疗税为收入的 1.45%（不设上限）。若你是受雇者（Employee），雇主会从你的 W–2 薪资中预扣社会安全和医疗保险税，将其缴纳给国税局。若你是自雇者（Self–Employed），则在申报个人所得税时缴纳该税，税率为常规雇员和雇主的税率总和（15.3%）。

七、F–1、H–1B、J–1 的税务申报

（一）F–1 签证

对于 F–1 学生来说，居民身份是决定自己是否需要在美申报及纳税的关键因素之一，持有 F–1 签证的学生来美的前 5 个日历年度（Calendar Year）可作为豁免人士（Exempt

Individual）不受实质居住测试（Substantial Presence Test）之限，仅需就来源于美国境内的收入进行申报 1040–NR 表。需注意，不超过 5 个日历年度并不等于累计 60 个月，如果 2014 年 12 月 31 日第一次入境美国并不再离境（旅游除外），那么到了 2019 年 1 月 1 日就属于在美国居留超过了 5 个年度。各州的居民身份判定有着不同规定，但一般是结合永久居住地（Domicile）和居留时间（Residence）两个标准来判断。刚到美国的 F–1 学生一般会以非居民身份申报联邦税（1040–NR 表），但根据各州的税法不同，可能会以居民身份或非居民身份申报州税。以纽约州为例，来美未满 5 年的全日制本科及研究生将被视为纽约州非居民，来美超过 5 年的 F–1 学生、J–1 访问学者、博士生、研究员，如果当年在纽约州居住超过 183 天或在纽约州有固定居所，则应以居民身份报税。

F–1 学生在非居民时期的报税身份（Filing Status）只可以是单身，即使其配偶也同是 F–1 学生也不得联合申报（Married Filing Jointly），有家眷的留学生不能扣减其配偶和子女对应的个人豁免额（Personal Exemption），若配偶是美国公民或永久绿卡则不受此限制。

从美国境外取得的奖学金及收入一般无须申报，由美国学校、政府或教育机构提供的奖学金则可享受中美双边税收协定 Article 20（b）的免税优惠，一般学校在发放奖学金时会先行代扣 14% 的预付税（Tax withheld），受领人需要通过申报税表要求政府退还溢付的税款。如果 F–1 学生从美国取得奖学金需要通过做 RA/TA/GA 或者其他辅助教学、研究等服务作为条件，这类奖学金（1042–S）一般不予免税且需要在 1040–NR 上申报。根据中美税收协定 Article 20（c），中国留学生通过 RA/TA/GA 取得的奖学金和个人劳务收入（W–2 或 1099）可享有一年总共 5,000 美元的免税额。

F–1 学生在美国境内工作不需要缴纳社安及医疗税（Social Security and Medicare Tax），但成为居民纳税人或持有 H/L 等工作签证的纳税人将要和美国公民、持绿卡人士一样缴纳该两种税。F–1 学生通过银行存款、购买国债和储蓄型保险获得的利息收入免税，但是需要在开户时填写 W–8Ben 表格申请预扣税豁免。非居民不可以享受标准扣除额（Standard Deductions），而只能使用逐项扣减额（Itemized Deductions）。除 1040–NR 表之外，F–1 学生作为实质居住测试的"豁免个人"还应附上个人资料 8843 表（Statement for Exempt Individuals），报告个人基本信息、来美时间、预定居留时间、签证种类以及所在学校、专业和指导教授的信息。举一例：

梁小姐来美留学 3 年，2015 年 4 月从学校毕业后开始为期一年的 OPT 实习期，2015 年梁小姐挣得 W–2 收入 2.5387 万美元，银行存款利息 92 美元（免税），梁小姐分别在 1040–NR 表第 5 页 OI 副表第 L 栏和 1040–NR 首页申报 5,000 美元中美缔约免税额，并将 2.0387 万美元 W-2 应税收入填报在 1040-NR 首页“与美国贸易或生意有关的收入”处，梁小姐除了 4,000 美元个人豁免额（Exemption）之外还逐项申报了 2,176 美元的州市税及工作开支扣减（Itemized Deductions），她的上税收入（Taxable Income）为 1.4211 万美元，应付税款 1,673 美元。

（二）H-1B 签证

通常，非居民外籍人士若想“转型”成为税务居民有两种途径：通过实质居住测试（Substantial Presence Test）或自愿选择成为税务居民。

第一种途径需计算天数，若本纳税年度在美 31 天并且近三年期间累计在美 183 天，必须按税务居民报税（1040 表）。不过，F-1 学生在签证前 5 年、J-1 教师或受训人员在签证前两年属于“豁免个人”（Exempt Individuals），不受实质居住测试之限，可按非税务居民报税（1040-NR 表），F-1 学生自签证第 6 年、J-1 教师或受训人员自签证第三年起报税状态转化成税务居民。

第二种途径常见于 H-1B 的第一年（First Year Choice），举一例：

2015 年朱小姐由 F-1 转为 H-1B，她可按“双重身份”（Dual Status）申报，依适用的税法条例分别填写 1040 和 1040-NR 两表，“分派”前后两时期的收入。2015 年朱小姐的 W-2 为 4.175 万美元，其中属于缴纳社安及医疗税的 H-1B 薪资（10 月 1 日至 12 月 31 日）为 1.0438 万美元，因此属于 F-1 的薪资（1 月 1 日至 9 月 30 日）为 3.1312 万美元。由于朱小姐在 2015 年最后一天的身份是税务居民，因此 1040 作为她的主表（Dual Status Tax Return），而 1040-NR 作为“说明”（Dual Status Tax Statement）。朱小姐可以在 F-1 阶段获得中美双边税收协定（Tax Treaty）给予非税务居民 F-1 学生和受训人员的 5,000 美元工资免税额，该项可从当年总收入中扣除。所以在申报 1040-NR 表时，朱小姐需要申报 5,438 美元的 W-2 薪资［5,000 美元豁免享受中美税收协定 Article 20(c)］，在申报 1040 表时，需要申报 3.6750 万美元的薪资，1040-NR 表仅作为 1040 表扣减 5,000 美元薪资的“佐证”，国税局会根据 1040 表来计算朱小姐 2015 年的退（补）税。

不过有“得”也有“失”，“双重身份”下朱小姐只能在 1040-NR 的 A 表上做“逐项扣减”（州市税、慈善捐赠、工作开销等杂项支出），不可做标准扣减，也不可扣减适用税务居民的地税、贷款利息等逐项扣减开支。

税法对于 OPT 转为 H-1B 这一年的报税身份并没有统一规定，若以实质居住测试的角度考虑，H-1B 自 10 月 1 日生效，起效日至年底仅有 92 天，若 2015 年前段朱小姐仍处于 F–1 五年“豁免个人”期，不满足实质居住测试，那以非税务居民身份只申报 1040–NR 也并非不可。全年 1040–NR 与“双重身份”下的付税额相同，并没有哪个更为“实惠”之说，若朱小姐考虑今后转换身份（申请绿卡），还是建议“双重身份”更为稳妥、谨慎。

如果纳税人是 H–1B，不论其配偶是 F–1 还是 H–4（H–1B 配偶），都应“夫唱妇随”按照税务居民夫妻联合报税，向美政府报告全球范围内的收入。如果曾有 F–1 转 H–1B 的纳税人错用税表或是漏减 5,000 美元工资豁免均可做改税（Amendment），但最好附上 F–1 的 I–20 表、EAD 实习工作许可证、H–1B 的移民局通知书 I–797 表等复印件“验明正身”。不同于持 F、J、M、Q 类签证的学生，持 H–1B 等工作签证的纳税人应缴纳相应的社安及医疗税（7.65% 或自雇的 15.3%）。

（三）J–1 签证

J–1 签证是提供给来美进行学术交流访问学者（Exchange Visitors）的非移民签证，常见的 J–1 签证分类涵盖学生、实习生、受训人员、教师、教授、研究学者等。对于 J–1 签证持有者在美所得收入的税务征收根据签证分类、原籍国和在美居留时间会有所不同。学生在签证前 5 年、教师或受训人员在签证前 2 年、收入全部由外国雇主支付的特定人士在签证前 4 年以非税务居民（Nonresident Aliens for Tax Purposes）身份填报 1040–NR 税表并附上 8843 表申明报税状态。学生自签证第 6 年、教师或受训人员自签证第 3 年、收入全部来自外国雇主的特定人士自签证第 5 年起税务状态转化成税务居民。

中美税收协定中的 Article 20 适用于学生与培训所得（Students and Trainees）的税收豁免，其中 Article 20（b）针对“由政府、科学、教育或其他免税组织给予的赠款或奖金（Grants or Awards）”，第 20 条（c）针对“在任何纳税年度不超过 5,000 美元或等值人民币的个人劳力所得”，J–1 签证学生若有工资收入收到 W–2 工资表，可根据 Article 20（c）要求 5,000 美元工资豁免。教师等则享受适用于“教学与学术所得”的 Article 19 优惠待遇，在美累计不超过 3 年的时间内若在美科教机构由教学、讲学或研究取得的报酬可被免予征税。举一例：

> 胡小姐于 2015 年 12 月由 J–1 转为 H–1B，J–1 期间的收入由学校颁发 1042–S 表给教育访问学者申报豁免（1040–NR），H–1B 期间的收入由学校颁发 W–2 报 1040 表计算，类似于 F–1 转 H–1B 的“双重申报”。

另外，非税务居民身份的 J–1 签证人士无须缴纳《联邦保险供款法案》（FICA）税包括社安及医疗税，被预扣 FICA 税的人可填报 8316 表（Information Regarding Request for Refund of Social Security Tax Erroneously Withheld on Wages）和 843 表（Claim for Refund and Request for Abatement）申请退回被扣缴款项，唯雇主需提供“误扣”社安及医疗税“证明”。

八、非居民的公司申报

外商投资在美国经济中发挥着显著作用，近 3 年来中国对美投资快速增长，截至 2013 年年底，中国在美非金融类直接投资已累计达到 154.8 亿美元。作为世界最发达的经济体，美国的市场体制和投资环境给予外国投资者充分的经营自由，但同时，所有在美从事经营和投资的企业都受美国联邦、州及地方各级税制约束。

外国公司及其美国的分支机构仅需为与美国贸易或生意实际相关（Effectively Connected Income，简称 ECI）或固定、可确定、年度或定期收入（Fixed, Determinable, Annual, Periodical，简称 FDAP）填报 1120-F 表并缴纳所得税。ECI 是指外国公司及其分支机构建立和开展的美国贸易或经营必须以获得持续且有规模的利润为目的，偶然的业务活动以及被动的投资活动不足以产生 ECI。FDAP 收入通常包括来源于美国境内的利息、红利、租金、特许权使用费（Royalty），但某些特定的利息和红利收入可不必纳入 FDAP 进行征税，如美国银行机构向外国人支付的存款利息、为投资目的持有的第三方债务所产生的投资组合利息、不超过 183 天的短期票据利息。ECI 净收入按一般的累进税率征税，计算方式与美国本土公司征税方式类似，如公司 ECI 的上税部分超过 1,000 万美元将适用 30% 税率。与美国贸易或经营无关的 FDAP 则按 30% 单一税率上税，该税率可依据居民国与美国签署的双边税收协定（Tax Treaty）相应降低。当一家外国公司需要就其美国收益既需缴纳美国税又需缴纳外国税时，可通过已缴纳的外国税金抵免对此收入征税的美国所得税。除了联邦税务之外，外国公司的美国收入还可能被征收州和地方税，税率在 0 至 13% 不等。

外国公司的上税收入（Taxable Income）通常根据美国公认会计准则（US GAAP）所计算的收入为基础，并依照税法规则调整。同美国本土公司一样，外国公司允许扣除贸易或经营中发生的必要费用，如果支出所形成的资产的使用年限超过 1 年则需要将支出资本化（Capitalized），美国税法允许对使用年限超过 1 年的资产（土地除外）计提折旧（Depreciation）。如果公司当年总支出超过总收入，即产生净营业亏损（Net Operating Loss，简称 NOL），新税法规定 NOL 至多抵减当年课税收入的 80%，未抵完的部分可无限结转。

外国投资者可根据其商业模式构建公司形式，公司形式很大程度上决定了企业的纳税结果，常见的形式有子公司（由外国母公司在美注册设立）、分支机构和代表处。外国投资者在美开展业务初期最容易的选择是代表处，代表处不是一个独立的法律实体，业务活动仅限于辅助性的活动（如广告、市场调研），代表处不应当产生与美国贸易或经营实际相关的收入，也不能向母公司汇出股息。由外国母公司在美各州注册成立的子公司的业务活动不受特定限制，上税收入同美国本土公司一样按常规税率计算，但股息必须按 30% 的税率代扣预缴税。分支机构不被视为法人实体，因此由总公司承担责任，分支机构的业务活动不受特定限制，当收入与美国贸易或经营实际相关时按常规税率进行课税，股息按 30% 单一税率缴纳。外国投资者需根据公司注册所在州的法律设立公司，详情可参阅本书第一章“公司税务”中的“公司形态的比较”小节。

除了经营活动和公司结构产生联邦所得税义务，外国公司的注册地和开展经营的方式也会影响其州税、地方税、工资税、销售税等纳税义务。美国各州在各自的税收管辖区域有着各自的税收规定，尤其是对跨州经营的外国公司，更要注意分配给各州的上税收入和计算规则，州税通常在 0 至 12% 不等，已缴纳的州所得税可在计算联邦税时作为“税费”扣除。工资税、销售税可参阅本书第一章“公司税务”中的“工资税”和“销售税”两个小节。

第四章　中美两国的税务比较

一、中美所得税制的比较

个人所得税（Individual Income Tax）在发达国家的税务体制中举足轻重，关系到广大纳税人切身利益，具有增加税源及调节收入的双重作用。由于中美两国的国情和发展程度不同，因而在个税制度的设计上有着显著区别。

在税收管辖权上，美国行使的是所得来源管辖权、居民管辖权和公民管辖权，中国采用所得来源管辖权和居民管辖权。美国采用“属人”兼“属地”原则，美国公民应就其全球收入缴纳个人所得税，在美的非居民外国人（Nonresident Alien）仅需为美国来源的收入上税。美国国税局对外籍人士的报税身份不是以有无居留权为标准，而是以居民外籍人士和非居民外籍人士加以区别，若满足“绿卡标准”（即具有美国合法永久居民身份）或“实质居住标准”，满足任一标准的外籍人士应被视作税务居民（Resident Alien for Tax Purposes），就其全球收入缴纳个税。中国同样对本国有着属人关系或属地关系的人行使征税权，在中国境内有居所的个人需就其全球收入缴纳个税；拥有中国境内居所但未住满 1 年的外籍个人仅需就其在中国境内取得的收入上税（由境外雇主支付的薪酬可免缴个税），受雇于境外雇主的外籍人士可依据其在中国的实质居住天数计算个人所得税；在中国境内无住所但居住 1 年以上而未超过 5 年的外籍个人可以只就其中国来源的收入缴纳个税，从第 6 年开始应就其当年的全球收入缴纳中国所得税。

在征管模式上，美国实施源泉扣缴（由支付方代扣代缴的职责）、自行预缴与年度综合申报相结合，年终对纳税人的“净收益”进行征缴，税基虽宽，但涉及的费用扣除项目也较多，对中低收入家庭进行一定的抵免和补助。中国的征管模式是代扣代缴与自行申报，支付方对纳税人绝大多数所得实行代扣代缴职责，但对于年所得 12 万元以上，在境内多个地方取得工资、薪金，从境外取得所得等纳税人应自行向税务局纳税申报。

在课税对象上，美国在申报个税时以家庭为单位，考虑不同家庭的实际需要，以更好地体现税收公平。联邦政府提供了两项最基本的扣除标准，一个是按家庭模式的统一标准扣减额(Standard Deductions)，另一个是按家庭人口计算的免征额(Exemptions)。纳税主体主要集中在中高收入阶层。中国只有“个人”一种申报身份，但新税改中已增加六项生活开支专项附加扣除：子女教育、继续教育、大病医疗、住房贷款或者住房租金、赡养老人等。从中国纳税人的组成结构来看，由于工薪阶层的个税由单位代扣代缴，靠辛勤劳动和智慧挣得收入的工薪族反成纳税主体，不排除某些其真实收入不容易被税务机关查实的私企老板、娱乐明星等高收入群体，轻易地逃过本应承担的纳税责任。

在课税模式上，美国实行的是综合所得税制，即纳税人全年所得无论其来源和形式都将归入税基，总收入减去相应的调整项目、扣除额、豁免额得到上税收入。中国实行的是分类所得税制，即对同一名纳税人在一定时期内的各种所得，按其不同来源配以适用税率来计算税负，收入来源主要包括工资、薪金及与任职有关的其他所得、个体经营、对企事业单位承包承租经营、稿酬、劳务报酬、特许权使用费、利息红利、财产租赁、财产转让、偶然所得等。与美国不同的是，中国不设资本利得税（Capital Gains Tax），出售固定资产所得也视为普通收入征收所得税。

在税率及结构上，美国实行统一的7级累进税率征税（10% ~ 12% ~ 22% ~ 24% ~ 32% ~ 35% ~ 37%），纳税人据其报税身份（单身、夫妻合报、夫妻分报、户主、鳏夫或寡妇）适用不同的税级。中国实行超额累进税率与比例税率，其中工资、薪金所得采用7级超额累进税率（3% ~ 10% ~ 20% ~ 25% ~ 30% ~ 35% ~ 45%），个体户和企事业单位适用5级税率（5% ~ 10% ~ 20% ~ 30% ~ 35%），劳务报酬适用3级税率（20% ~ 30% ~ 40%），而其余适用20%的比例税率。

鉴于课税模式有别，中美两国个人所得应缴税额的计算方法也有所不同。美国是对纳税人家庭“净收入”按年统一计征，税基较宽，且涉及的扣除项目也多，在初算税负的时候针对中低收入阶层给予一定的抵免优惠（Tax Credits）。中国对个人所得税应纳税额分类计算，在纳税周期上分为按月或按年计征，纳税形式多样且针对性强。

美国实行的综合所得制度具有较强的“以人为本”色彩，充分考虑了纳税人的家庭状态，在确保税基的基础上，将纳税人的所得视作一个整体，并针对不同阶层适用不同的扣除规定（例如富人阶层不仅受替代最低税AMT的限制，还不得享受中低收入家庭的税收优惠），使纳税人的实际税负更接近其家庭整体税负，较好地发挥税收的调节职能，促进社会的公平公正。中国现行的分类所得税制对于税源的确定较为简单，征管成本低，但缺点是容易造成税负不公，个税的创收意义远大于调节作用。中国税制明显滞后于社会变化，近年来个税改革的呼声不断，中国政府从 2013 年起已明确把建立综合与分类相结合的个税制度作为个税改革的方向。分类综合制以综合征税为主，分类征税为辅，在总体上不区分收入类型和性质，但对特殊所得（比如资本利得）又区别对待的情况下，充分考虑纳税人家庭的实际支出，最大限度地体现纳税原则。综合课税有利于扩大税基，保证纳税人数量，反映纳税的实际税负能力，但综合税制实行难度较大，要求有先进的征管手段、健全的税收体系，并且需要公民具备较高的纳税意识。分类综合制较综合征收更为简便，但在管理要求上比分类征收高，在继承对应税所得分类征税的基础上，弥补分类税制的不足。

企业所得税（Corporation Income Tax），均是两国财政收入的主要来源。中美企业所得税的主要差异体现在税收管辖权、税基、税率和征管手段上。如前文所述，美国行使所得来源管辖权、居民管辖权和公民管辖权，美国企业及其国外分支机构必须就其全球收入缴税，外国企业及其美国的分支机构仅需为与美国贸易或经营相关的收入或固定、可确定、年度或定期的收入（FDAP）缴纳所得税。中国采用所得来源管辖权和居民管辖权，居民企业（依照中国法律或外国法律成立但实际在中国管理的企业）需就其全球收入在中国缴纳企业所得税，非居民企业仅就来源于中国的收入缴纳公司所得税。在征管模式上，美国已将现代信息技术充分运用到税收征管中，以最大限度地掌握纳税人的纳税情况，达到征收效率的最大化。中国目前仍停留在手工操作阶段，税务机关所掌握的纳税人信息较为有限。

在税率设计上，美国采用超额累进制，最高税率 35%，对应纳税额（Taxable Income）在 10 万至 33.5 万美元之间加征 5% 附加税，应纳税额超过 1,500 万美元的公司，缴纳附加税是超过 1,500 万美元部分的 3%。除联邦所得税外，企业还需要缴纳州及地方税，综合联邦、州及地方税率，2016 年美国企业所得税的平均税率为 38.9%，税率之高，为经合组织（OECD）各成员国之最。中国企业所得税的基础税率为 25%，符合条件的企业按较低的税率征收（如某些高新技术企业按 15% 税率征收）。中美两国企业的应税所得均是从总收入经过一系列扣除后得到的，两国税基不同，对减免税基的规定也不尽相同。

企业税负关乎企业竞争力，美国公司所得税的现状是高税率与低收入。目前美国“税负流转”（Pass Through，盈亏转嫁给个人）类企业蔚为流行，此类企业的税务模式可以免除传统有限公司的“双重税负”（公司先以单独个体缴税，股东收到公司发放股息分红再缴交个人税），与这类“税负流转”企业蓬勃发展形成鲜明对比，传统的企业税收正在逐步萎缩。另外，美国企业所得税的抵减项目过多，许多有营利能力的大企业借助专业人士的规划调整，实际缴纳的税额远低于应当缴纳的税款。美国企业所得税存在诸多争议，也在 2017 年税改中有所体现：一是将最高联邦企业所得税率由现行的 35% 降至 21%，取消最低替代税（AMT），C 公司原本有“双重税负”的弊端，如果公司税负降至 21%，加上 15% ～ 20% 合格股息的资本利得税，与 37% 个人所得最高税率相近；二是对企业汇回美国的利润征收 10% 的一次性优惠税率。通过大幅度的减税政策，辅之以贸易改革、扩大基础设施建设投资，吸引企业“归巢”外资流入，从而促进美国国内就业和投资，提高美国经济的全球竞争力。当然，一旦面临国际资本回流美国，其他国家政府也可能采取“被动”减税方案留住外国资本。

美国对于企业不征收增值税（“毛利”），而以“净利”税取代，同时在消费环节向消费者征收消费税，因此美国企业税的主体税种是所得税。中国企业税的主要税种不仅包括所得税，还有增值税。自 2012 年起开展“营改增”后，中国已启动多项税费改革。“营改增”，顾名思义是将企业此前缴纳营业税的应税项目改为缴纳增值税，通过只对产品或服务的增值部分征税，从而减少纳税人重复纳税，其目的在于减轻企业税负，全行业形成抵扣链，但弊端在于没有办法核算进项的企业税收负担未减反增，不利于科技企业等以人力为成本的行业。中国以间接税为主，降低间接税、减少行政收费与特朗普所提倡的美国减税（减少直接税税负）大相径庭，中国企业税改仍应结合国情，推进中国税收现代化进程，进一步体现效率和公平原则。

二、中国开启金融账户信息自动交换

继 2010 年美国制定《外国税务协调法》（FATCA，俗称“肥咖”），加强打击跨境逃漏税力度之后，经合组织（OECD）也于 2014 年 2 月的 G20 财长会议上通过《共同汇报标准》（Common Reporting Standard，简称 CRS），通过国际协作披露个人和企业收入信息更加网络化。2015 年 12 月 17 日，中国正式签署了《金融账户涉税信息自动交换多边主管当局间协议》（Multilateral Competent Authority Agreement，简称 MCAA），承诺从 2017 年 1 月 1 日起清查境内非居民金融账户，于 2017 年年底前首先完成个人高净值（人民币 600 万元，约合 87.18 万美元）帐户调查。 2018 年 9 月 1 日起，中国正式启动 CRS 非居民金融账户涉税信息互换，与其他税收管辖区域互换对方居民的金融账户信息。CRS 合作国或地区中不乏众多投资者熟悉的“避税天堂”：英属维京群岛（BVI）、开曼群岛、百慕大、卢森堡、瑞士、中国香港、中国澳门、新加坡等，它们都会向中国政府报送该国或地区的中国居民的金融账户信息。不过，美国目前尚不在其列。

根据 CRS，互换信息有三大内容：账户内容、资产信息类型、海外机构类型。账户内容包括账号及金额、开户人基本信息、税收居住地、年度付或计入该账户的总额。

资产信息类型包括存款账户、托管账户、保险账户的现金值（Cash Surrender Value）、年金账户、持有金融机构的股权 / 债券权益。CRS 以“税务居民”（Tax Resident）身份而非简单的国籍来判断进行信息交换，与美国对于“税务居民”的定义大致类似。举两例：

> 刘小姐是英国国籍，但是常居中国，刘小姐是中国的“税务居民”，境外金融账户的信息也需要交还给中国税务当局。
>
> 中国税收居民王先生在英属维京群岛设立了一家个人独资公司，该公司在新加坡拥有银行账户，该银行将会在公司和个人层面分别处理：公司的税收居住地是英属维京群岛，公司及账户信息将通过香港税务局传至英属维京群岛税务局；公司的实际受益人王先生为中国税务居民，个人及账户信息将通过新加坡税务局交换至中国税务局。

过去，中国政府取得境外金融账户信息的渠道较少，对于外国追税并未从严执行，以致于不少人忽略了“中国实行全球征税”的事实，将大量资产隐匿在外国。实际上根据中国税法，不仅中国公民，若外国人在中国境内拥有居所或居住超过规定年限的外国人都是中国政府要求全球征税的对象。对于外籍华人、外国永久居留权取得者或者在境外停留超过一定时间的华侨，中国政府将向其所在国或地区申报中国境内的账户信息。

CRS 建立在美国“肥咖”（FATCA）的基础上，被视作为全球版 FATCA。FATCA 是 2010 年美国政府为打击美国公民和永久居民外国避税行为通过的法案，该法案规定美国纳税个人包括美国公民、绿卡持有者或税务居民（Resident Alien for Tax Purposes），若个人或企业外国银行帐户当年累计超过 1 万美元，便有义务向美国国税局进行申报 FinCEN 114 表。另外，美国境内单身户主的外国金融资产总额在年底达到 5 万美元或年中达到 7.5 万美元，夫妻合报年底 10 万美元或年中 15 万美元，美国境外单身户主的外国金融资产在年底达到 20 万美元或年中达到 30 万美元，夫妻合报年底 40 万美元或年中最高值 60 万美元，还须主动申报 8938 表，违者将面临巨额罚款甚至刑事责任。该法案的实施借助了美国在全球金融体系中的地位和强大影响力，外资银行、投资基金等外国金融机构必须将相关资讯直接或间接地通过与美国签署“跨政府协议”（IGA）通报给美国国税局。

作为 FATCA 的缔造者，美国迫于共和党及国内银行业的压力，并不在 MACC 协议国之列，中美之间就 FATCA 信息交换也还处于协商阶段（Agreement in Substance），这意味着中国政府目前还无法通过自动交换机制获取中国公民在美国的金融账户信息。不过，有着多重身份的民众，尤其是持有大量美国资产、全年大多数时间在中国工作的中国籍绿卡人士（既是美国税务居民，亦是中国税务居民），切不可抱有侥幸心理。在全球化的大势所趋之下，金融大国之间势必将制定一个国际规则来规范和分享彼此间的金融信息，CRS 与 FATCA 相辅相成，已形成一个巨大的税务情报网络，未来中美这两个全球最大经济体联手展开“一对一”信息互换已是大势所趋，任何隐匿的外国资产都将在中美“肥咖”的双重夹击中无所遁形。

三、美国税改的教训

1773 年，美国人民将东印度公司运来的一整船茶叶倾入波士顿湾，以此反抗英国殖民者颁布的《茶税法》，波士顿倾茶事件也成为 1775 年美国独立战争的导火索，可以说，美国为税而生，税收也贯穿于美国的历史发展。随着 1788 年宪法正式生效，联邦政府获得征税权，但建国之初，联邦政府的可征税目较少，各类消费税和关税构成了政府收入的主要来源。1862 年至 1872 年美国内战期间，政府为缓解经费紧张，曾临时性开征个人所得税筹措财源，当时的起征点为家庭年收入 600 美元（相当于今天 1.5 万美元），当时的个人所得税率为收入从 600 至 1 万美元者 3%，1 万美元以上者 5%，最高税率至 10%。19 世纪末，要求开征所得税的呼声高涨，另外，登上历史舞台的现代商业公司的地位急速提升，1909 年美国首次开征公司所得税。1913 年宪法第十六修正案通过，国会立法确定了美国当今的所得税缴纳支付。

如果说《美国宪法》（U.S. Constitution）是言简意赅的模范法典（共 7 条正文，27 条修正案），那么国会 1939 年起汇编的《国内税收法典》（Internal Revenue Code，习惯上称为美国税法）则是庞大繁杂的代表，经过 1954 年、1981 年、1986 年、2017 年数次大修和每年的局部调整，税法全文从最初的 500 页已扩充超过 7.4 万页，法典分标题 A 至 K（U.S. Code: Title 26—Internal Revenue Code，见 240 页）分别是有关所得税、遗产税和赠与税、雇佣税、杂项消费税（Excise Tax）、烟酒以及其他特定消费税、征收程序和行政管理、税收联合委员会、总统竞选运动的资金筹集、信托基金法典、煤炭行业的健康利益以及团体健康计划。前文说到，美国实行的是全面反映纳税人实际负担能力的综合税制，在很大程度上实现了纳税公平原则，但“公平”的背后往往也意味着“复杂”。美国税法不仅在数量和规模上堪称世界之最，在复杂性和难懂性上也不落于他国，虽然历届总统、历届政府承诺要简化税法，但目前税制仍旧繁冗，这也是税法规则难懂，普通民众多要依赖专业报税人士进行报税的原因。

美国的税务系统就像一台老旧的机器在勉强运转，积重难返。两党在税改主张上立场迥异，共和党提倡“还富于民”，民主党则以实现“投富于国”为己任，共和党在

2017 年依靠在国会占据多数席位的优势，绕开议事程序（Filibuster）成功推动了税务改革。但这次税改的时效并不是如法案规定的“个人税条款 8 年到期,公司税条款永久”那样。2020 年总统大选，民主党在总统、参议院和众议院选举中全部获胜，民主党很有可能将拟法，实践自己“劫富济贫”的一贯政策。

附　　录

一、美国个人所得税申报表（英）

Form **1040** Department of the Treasury—Internal Revenue Service (99)
U.S. Individual Income Tax Return **2020** OMB No. 1545-0074 IRS Use Only—Do not write or staple in this space.

Filing Status Check only one box.
☐ Single ☐ Married filing jointly ☐ Married filing separately (MFS) ☐ Head of household (HOH) ☐ Qualifying widow(er) (QW)
If you checked the MFS box, enter the name of your spouse. If you checked the HOH or QW box, enter the child's name if the qualifying person is a child but not your dependent ▶

Your first name and middle initial	Last name	**Your social security number**
If joint return, spouse's first name and middle initial	Last name	**Spouse's social security number**

Home address (number and street). If you have a P.O. box, see instructions.		Apt. no.
City, town, or post office. If you have a foreign address, also complete spaces below.	State	ZIP code
Foreign country name	Foreign province/state/county	Foreign postal code

Presidential Election Campaign
Check here if you, or your spouse if filing jointly, want $3 to go to this fund. Checking a box below will not change your tax or refund. ☐ **You** ☐ **Spouse**

At any time during 2020, did you receive, sell, send, exchange, or otherwise acquire any financial interest in any virtual currency? ☐ **Yes** ☐ **No**

Standard Deduction **Someone can claim:** ☐ You as a dependent ☐ Your spouse as a dependent
☐ Spouse itemizes on a separate return or you were a dual-status alien

Age/Blindness **You:** ☐ Were born before January 2, 1956 ☐ Are blind **Spouse:** ☐ Was born before January 2, 1956 ☐ Is blind

Dependents (see instructions):
If more than four dependents, see instructions and check here ▶ ☐

(1) First name Last name	(2) Social security number	(3) Relationship to you	(4) ✔ if qualifies for (see instructions): Child tax credit	Credit for other dependents
			☐	☐
			☐	☐
			☐	☐
			☐	☐

Attach Sch. B if required.

Standard Deduction for—
- Single or Married filing separately, $12,400
- Married filing jointly or Qualifying widow(er), $24,800
- Head of household, $18,650
- If you checked any box under *Standard Deduction*, see instructions.

1	Wages, salaries, tips, etc. Attach Form(s) W-2		1	
2a	Tax-exempt interest ... 2a	b Taxable interest	2b	
3a	Qualified dividends ... 3a	b Ordinary dividends	3b	
4a	IRA distributions ... 4a	b Taxable amount	4b	
5a	Pensions and annuities ... 5a	b Taxable amount	5b	
6a	Social security benefits ... 6a	b Taxable amount	6b	
7	Capital gain or (loss). Attach Schedule D if required. If not required, check here ▶ ☐		7	
8	Other income from Schedule 1, line 9		8	
9	Add lines 1, 2b, 3b, 4b, 5b, 6b, 7, and 8. This is your **total income** ▶		9	
10	Adjustments to income:			
a	From Schedule 1, line 22	10a		
b	Charitable contributions if you take the standard deduction. See instructions	10b		
c	Add lines 10a and 10b. These are your **total adjustments to income** ▶		10c	
11	Subtract line 10c from line 9. This is your **adjusted gross income** ▶		11	
12	**Standard deduction or itemized deductions** (from Schedule A)		12	
13	Qualified business income deduction. Attach Form 8995 or Form 8995-A		13	
14	Add lines 12 and 13		14	
15	**Taxable income.** Subtract line 14 from line 11. If zero or less, enter -0-		15	

For Disclosure, Privacy Act, and Paperwork Reduction Act Notice, see separate instructions. Cat. No. 11320B Form **1040** (2020)

Form 1040 (2020) Page **2**

16	**Tax** (see instructions). Check if any from Form(s): 1 ☐ 8814 2 ☐ 4972 3 ☐ ________		16
17	Amount from Schedule 2, line 3		17
18	Add lines 16 and 17		18
19	Child tax credit or credit for other dependents		19
20	Amount from Schedule 3, line 7		20
21	Add lines 19 and 20		21
22	Subtract line 21 from line 18. If zero or less, enter -0-		22
23	Other taxes, including self-employment tax, from Schedule 2, line 10		23
24	Add lines 22 and 23. This is your **total tax** ▶		24
25	Federal income tax withheld from:		
a	Form(s) W-2	25a	
b	Form(s) 1099	25b	
c	Other forms (see instructions)	25c	
d	Add lines 25a through 25c		25d
26	2020 estimated tax payments and amount applied from 2019 return		26
27	Earned income credit (EIC)	27	
28	Additional child tax credit. Attach Schedule 8812	28	
29	American opportunity credit from Form 8863, line 8	29	
30	Recovery rebate credit. See instructions	30	
31	Amount from Schedule 3, line 13	31	
32	Add lines 27 through 31. These are your **total other payments and refundable credits** ▶		32
33	Add lines 25d, 26, and 32. These are your **total payments** ▶		33

• If you have a qualifying child, attach Sch. EIC.
• If you have nontaxable combat pay, see instructions.

Refund

34	If line 33 is more than line 24, subtract line 24 from line 33. This is the amount you **overpaid**		34
35a	Amount of line 34 you want **refunded to you.** If Form 8888 is attached, check here ▶ ☐		35a
▶ b	Routing number ▶ **c** Type: ☐ Checking ☐ Savings		
▶ d	Account number		
36	Amount of line 34 you want **applied to your 2021 estimated tax** ▶	36	

Direct deposit? See instructions.

Amount You Owe

For details on how to pay, see instructions.

37	Subtract line 33 from line 24. This is the **amount you owe now** ▶		37
	Note: Schedule H and Schedule SE filers, line 37 may not represent all of the taxes you owe for 2020. See Schedule 3, line 12e, and its instructions for details.		
38	Estimated tax penalty (see instructions) ▶	38	

Third Party Designee

Do you want to allow another person to discuss this return with the IRS? See instructions ▶ ☐ **Yes.** Complete below. ☐ **No**

Designee's name ▶ Phone no. ▶ Personal identification number (PIN) ▶

Sign Here

Under penalties of perjury, I declare that I have examined this return and accompanying schedules and statements, and to the best of my knowledge and belief, they are true, correct, and complete. Declaration of preparer (other than taxpayer) is based on all information of which preparer has any knowledge.

Joint return? See instructions. Keep a copy for your records.

Your signature	Date	Your occupation	If the IRS sent you an Identity Protection PIN, enter it here (see inst.) ▶
Spouse's signature. If a joint return, **both** must sign.	Date	Spouse's occupation	If the IRS sent your spouse an Identity Protection PIN, enter it here (see inst.) ▶
Phone no.	Email address		

Paid Preparer Use Only

Preparer's name	Preparer's signature	Date	PTIN	Check if: ☐ Self-employed
Firm's name ▶			Phone no.	
Firm's address ▶			Firm's EIN ▶	

Go to *www.irs.gov/Form1040* for instructions and the latest information. Form **1040** (2020)

SCHEDULE 1 (Form 1040)

Department of the Treasury
Internal Revenue Service

Additional Income and Adjustments to Income

▶ Attach to Form 1040, 1040-SR, or 1040-NR.
▶ Go to *www.irs.gov/Form1040* for instructions and the latest information.

OMB No. 1545-0074
2020
Attachment Sequence No. 01

Name(s) shown on Form 1040, 1040-SR, or 1040-NR | **Your social security number**

Part I Additional Income

1	Taxable refunds, credits, or offsets of state and local income taxes	1	
2a	Alimony received	2a	
b	Date of original divorce or separation agreement (see instructions) ▶		
3	Business income or (loss). Attach Schedule C	3	
4	Other gains or (losses). Attach Form 4797	4	
5	Rental real estate, royalties, partnerships, S corporations, trusts, etc. Attach Schedule E	5	
6	Farm income or (loss). Attach Schedule F	6	
7	Unemployment compensation	7	
8	Other income. List type and amount ▶	8	
9	Combine lines 1 through 8. Enter here and on Form 1040, 1040-SR, or 1040-NR, line 8	9	

Part II Adjustments to Income

10	Educator expenses	10	
11	Certain business expenses of reservists, performing artists, and fee-basis government officials. Attach Form 2106	11	
12	Health savings account deduction. Attach Form 8889	12	
13	Moving expenses for members of the Armed Forces. Attach Form 3903	13	
14	Deductible part of self-employment tax. Attach Schedule SE	14	
15	Self-employed SEP, SIMPLE, and qualified plans	15	
16	Self-employed health insurance deduction	16	
17	Penalty on early withdrawal of savings	17	
18a	Alimony paid	18a	
b	Recipient's SSN ▶		
c	Date of original divorce or separation agreement (see instructions) ▶		
19	IRA deduction	19	
20	Student loan interest deduction	20	
21	Tuition and fees deduction. Attach Form 8917	21	
22	Add lines 10 through 21. These are your **adjustments to income.** Enter here and on Form 1040, 1040-SR, or 1040-NR, line 10a	22	

For Paperwork Reduction Act Notice, see your tax return instructions. Cat. No. 71479F **Schedule 1 (Form 1040) 2020**

SCHEDULE 2
(Form 1040)
Department of the Treasury
Internal Revenue Service

Additional Taxes

▶ Attach to Form 1040, 1040-SR, or 1040-NR.
▶ Go to *www.irs.gov/Form1040* for instructions and the latest information.

OMB No. 1545-0074
2020
Attachment Sequence No. **02**

Name(s) shown on Form 1040, 1040-SR, or 1040-NR	**Your social security number**

Part I Tax

1	Alternative minimum tax. Attach Form 6251	1	
2	Excess advance premium tax credit repayment. Attach Form 8962	2	
3	Add lines 1 and 2. Enter here and on Form 1040, 1040-SR, or 1040-NR, line 17 . .	3	

Part II Other Taxes

4	Self-employment tax. Attach Schedule SE	4	
5	Unreported social security and Medicare tax from Form: **a** ☐ 4137 **b** ☐ 8919 .	5	
6	Additional tax on IRAs, other qualified retirement plans, and other tax-favored accounts. Attach Form 5329 if required	6	
7a	Household employment taxes. Attach Schedule H	7a	
b	Repayment of first-time homebuyer credit from Form 5405. Attach Form 5405 if required	7b	
8	Taxes from: **a** ☐ Form 8959 **b** ☐ Form 8960 **c** ☐ Instructions; enter code(s)	8	
9	Section 965 net tax liability installment from Form 965-A . . . | **9** |		
10	Add lines 4 through 8. These are your **total other taxes.** Enter here and on Form 1040 or 1040-SR, line 23, or Form 1040-NR, line 23b	10	

For Paperwork Reduction Act Notice, see your tax return instructions. Cat. No. 71478U **Schedule 2 (Form 1040) 2020**

SCHEDULE 3 (Form 1040) Department of the Treasury Internal Revenue Service	**Additional Credits and Payments** ▶ Attach to Form 1040, 1040-SR, or 1040-NR. ▶ Go to *www.irs.gov/Form1040* for instructions and the latest information.	OMB No. 1545-0074 2020 Attachment Sequence No. 03
Name(s) shown on Form 1040, 1040-SR, or 1040-NR		Your social security number

Part I Nonrefundable Credits

1	Foreign tax credit. Attach Form 1116 if required	1	
2	Credit for child and dependent care expenses. Attach Form 2441	2	
3	Education credits from Form 8863, line 19	3	
4	Retirement savings contributions credit. Attach Form 8880	4	
5	Residential energy credits. Attach Form 5695	5	
6	Other credits from Form: a ☐ 3800 b ☐ 8801 c ☐ ____________	6	
7	Add lines 1 through 6. Enter here and on Form 1040, 1040-SR, or 1040-NR, line 20	7	

Part II Other Payments and Refundable Credits

8	Net premium tax credit. Attach Form 8962			8	
9	Amount paid with request for extension to file (see instructions)			9	
10	Excess social security and tier 1 RRTA tax withheld			10	
11	Credit for federal tax on fuels. Attach Form 4136			11	
12	Other payments or refundable credits:				
a	Form 2439	12a			
b	Qualified sick and family leave credits from Schedule(s) H and Form(s) 7202	12b			
c	Health coverage tax credit from Form 8885	12c			
d	Other: ____________	12d			
e	Deferral for certain Schedule H or SE filers (see instructions) .	12e			
f	Add lines 12a through 12e			12f	
13	Add lines 8 through 12f. Enter here and on Form 1040, 1040-SR, or 1040-NR, line 31			13	

For Paperwork Reduction Act Notice, see your tax return instructions. Cat. No. 71480G **Schedule 3 (Form 1040) 2020**

二、美国个人所得税申报表（中）

表1040 财政部 - 国税局 美国个人所得税申报表 (99) 2020 OMB No. 1545-0074 国税局专用 - 请勿书写或装订

报税身份 只勾选一个框 ☐单身 ☐夫妻联合报税 ☐夫妻分别报税 ☐户主 ☐符合条件的鳏夫

如果您勾选了夫妻分别报税框，在此处输入配偶姓名。如果您勾选了户主或符合条件的鳏夫框，如果符合条件的人员是儿童但不是您的被抚养人，在此处输入儿童的姓名 ▶

您的名和中间名首字母	姓	您的社会安全号码
如果夫妻联报，配偶的名和中间名首字母	姓	配偶的社会安全号码
家庭住址（门牌号和街道）如果您是邮政信箱，请参阅说明。	公寓号	总统竞选活动 勾选此处，如果您或您的配偶（夫妻联报），希望缴纳3美元给该基金。勾选下方的复选框不会改变您的税或退税。
城市、城镇或邮局、州和邮政编码。如果您是外国地址，也请填写在下方空白处（请参阅说明）。		
外国国家名	外国省/州/县	外国邮政编码 ☐您 ☐配偶

在2020年间，您是否有接受、卖出、发送、交换或其他方式获取任何虚拟货币的利息？ ☐是 ☐否

标准免税额 有人可申报：☐您作为被抚养人 ☐您配偶作为被抚养人
☐配偶在分报税表上逐项扣减或您是双重身份的外国人

年龄/失明 您：☐出生在1956年1月2日之前 ☐盲人 配偶：☐出生在1956年1月2日之前 ☐盲人

被抚养人（请参阅说明）：

如果有超过四个被抚养人，请参阅说明并勾选此处 ▶ ☐

(1) 名	姓	(2) 社会安全号码	(3) 与您的关系	(4) ✔ 如果符合（请参阅说明）：子女税优惠	其他被抚养人抵税优惠
				☐	☐
				☐	☐
				☐	☐
				☐	☐

如要求，附上副表B

行	项目		行	项目		
1	工资、薪水、小费等。请附上表格W-2				1	
2a	可免税的利息	2a	b	应纳税的利息	2b	
3a	符合条件的股息	3a	b	普通股息	3b	
4a	IRA退休金收入	4a	b	应税金额	4b	
5a	抚恤金和养老金	5a	b	应税金额	5b	
6a	社会安全福利金	6a	b	应税金额	6b	
7	资本利得（亏损）。如需要，请附上副表D。如果不需要，请勾选此处 ▶ ☐				7	
8	副表1第9行的其他收入				8	
9	将第1，2b，3b，4b，4d，5b，6b，7和8行加总。这是您的总收入 ▶				9	
10	对收入的调整金额：					
a	副表1第22行		10a			
b	若标准免税额，慈善捐助金额。请参阅说明		10b			
c	将第10a行和第10b行加总。这是您的总调整 ▶				10c	
11	从第9行中减去第10c行的数字。这是您的调整后总收入 ▶				11	
12	标准免税额或逐项扣减（从副表A）				12	
13	合格营业收入扣除额。请附上8995表或8995-A表				13	
14	将第12行和第13行加总				14	
15	应税收入。从第11行中减去第14行的数字。如果为0或更低，则输入-0-				15	

标准免税额的适用人群：
- 单身或夫妻分报，$12，400
- 夫妻合报或符合条件的寡妇（鳏夫），$24，800
- 户主，$18，650
- 如果您在标准减税额下有勾选任何框，请参阅说明。

关于披露、隐私法、减少书面文件的法案，请参阅说明。 Cat. No. 11320B 表 1040 (2020)

表 1040 (2020) 第2页

16	税额（请参阅说明）。如果有任何表格请勾选：1 ☐ 8814 2 ☐ 4972 3 ☐ ______		16	
17	副表2第3行金额		17	
18	将第16行和第17行加总		18	
19	子女税优惠或其他被抚养人抵税优惠		19	
20	将副表3第7行金额		20	
21	将第19行和第20行加总		21	
22	从第18行中减去第21行的数字。如果为0或更低，则输入-0-		22	
23	其他税额，包括副表2第10行的自雇税		23	
24	将第22行和第23行加总。这些是您的总税额 ▶		24	
25	联邦所得税预扣款：			
a	表 W-2	25a		
b	表 1099	25b		
c	其他表（请参阅说明）	25c		
d	将第25a行到第25c行加总		25d	
26	2020年预交税及2019年税表所转金额		26	
27	低收入家庭优惠（EIC）	27		
28	附加子女减税优惠。请附上副表8812	28		
29	美国机会教育优惠从8863表，第8行	29		
30	纾困金退税额。请参阅说明	30		
31	副表3，第13行	31		
32	将第27行到第31行加总。这些是您总其他付款额和可退还优惠额 ▶		32	
33	将第25d行，26和第32行加总。这些是您总付款额 ▶		33	

如果您有符合条件的儿童，请附上附表EIC。

如果您有可免税的危险工种津贴，请参阅说明。

退税

经转账直接存款？请参阅说明。

34	如果第33行大于第24行，从第33行中减去第24行的数字。这是您多付的金额		34	
35a	第34行中您希望退还给您的金额。如果有附8888表，请勾选此处 ▶ ☐		35a	
▶ b	银行代码 ▶ c 类别： ☐ 支票账户 ☐ 储蓄账户			
▶ d	账户号码			
36	第34行中您希望适用于您2021年预估税的金额 ▶	36		

欠税金额

如何付款细节，请参阅说明。

37	从第24行中减去第33行的数字。这是您欠税的金额 ▶		37	
	注意：附表H以及附表SE的填报人，第37行可能没有显示2020年全部欠税金额。请参阅附表3第12e行及说明。			
38	预估税罚款（请参阅说明） ▶	38		

第三方指定人

您是否希望委托另一个人与国税局讨论这份税表？请参阅说明。 ▶ ☐ 是。请填写以下信息。 ☐ 不是

指定人名字　电话号码　个人身份号码（PIN）

签名

根据美国法律有关伪证罪的规定，本人宣誓，我已审查这份税表及其附带的副表和声明，且基于我本人的知识和信任，所填写的内容是真实、正确和完整的。报税员（纳税人除外）的声明基于报税员知道的所有信息。

联合报税？请参阅说明。请保留一份副本供您记录。

您的签名	日期	您的职业	如果国税局向您发送了一个身份保护密码请在此输入（请参阅说明）
配偶的签名。如果是联合保税，双方必须签字。	日期	配偶的职业	如果国税局向您发送了一个身份保护密码（请参阅说明）
电话号码	邮箱地址		

收费报税员专用

报税员名字	报税员签名	日期	PTIN	勾选如果 ☐ 自雇
公司名称 ▶			电话号码	
公司地址 ▶			公司EIN	

前往www.irs.gov/Form1040关于说明和最新信息。　表 1040 (2020)

副表1（1040表或1040-SR表） 国税局 财政部	附加收入和对收入的调整 ▶ 请附在1040表或1040-SR表后。 ▶ 前往 ***www.irs.gov/Form1040*** 查阅说明和最新信息。	OMB No. 1545-0074 2020

1040表或1040-SR表上显示的姓名	您的社会安全号码

请问您在2020年任意时间是否有收到、卖出、寄出、交换或其他形式获得任何虚拟货币的金融利息？ □是 □否

第一部分 附加收入

1	应纳税的退款、抵税优惠或州和地方所得税的抵免	1	
2a	收到的赡养费	2a	
b	原始离婚协议或分居协议的日期（请参阅说明） ▶		
3	营业收入（亏损）。请附上副表C	3	
4	其他收入（亏损）。请附上4797表	4	
5	房地产租金、版税、合伙公司、小公司、信托等收入。请附上副表E	5	
6	农场收入（亏损）。请附上附表F	6	
7	失业救济金	7	
8	其他收入。列举类型和金额 ▶	8	
9	将第1行到第8行加总。请在此处和1040表或1040-SR表第7a行输入此数字	9	

第二部分 对收入的调整

10	教育人员费用	10	
11	后备军人、行为艺术家和收费依据的政府职员的特定业务费用。请附上2106表	11	
12	健康储蓄帐户的扣减。请附上8889表	12	
13	军队人员的搬家费用。请附上3903表	13	
14	可扣减部分的自雇税。请附上附表SE	14	
15	自雇方案SEP、SIMPLE和合格计划	15	
16	自雇医疗保险的扣减	16	
17	储蓄提前提款的处罚金	17	
18a	支付的赡养费	18a	
b	受益人的社安号 ▶		
c	原始离婚协议或分居协议的日期（请参阅说明） ▶		
19	IRA退休金扣减	19	
20	学生贷款利息扣减	20	
21	学费和其他费用。请附上8917表	21	
22	将第10行到第21行加总。这是您对收入的调整。请在此处和1040表或1040-SR表第8a行输入此数字	22	

关于减少书面文件的法案，请参阅您税表的说明。 Cat. No. 71479F 附表1（1040表或1040-SR表）2020

副表2 （1040表或1040-SR表） 国税局 财政部	附加税 ▶ 请附在1040表或1040-SR表后。 ▶ 前往 ***www.irs.gov/Form1040*** 查阅说明和最新信息。	OMB No. 1545-0074 2020

1040表或1040-SR表上显示的姓名	您的社会安全号码

第一部分	**税额**		
1	替代性的最低限额税。请附上6251表	**1**	
2	超额的预付健保抵税优惠偿还。请附上8962表	**2**	
3	将第1行和第2行加总。请在此处和1040表或1040-SR表第12b行输入此数字	**3**	
第二部分	**其他税额**		
4	自雇税。请附上副表SE	**4**	
5	未上报的社会安全和医疗保险税来自于表： **a** ☐ 4137表 **b** ☐ 8919表	**5**	
6	对IRA退休金计划、其他合格退休计划和其他利税账户征收的附加税。如需要，请附上5329表	**6**	
7a	家庭服务就业税。请附上副表H	**7a**	
b	5405表中首次购房者优惠偿还。如需要，请附上5405表	**7b**	
8	税来自于： **a** ☐ 8959表 **b** ☐ 8960表 **c** ☐ 税表说明；请输入代码 ____	**8**	
9	965-A表中965部分净税责任分期 . . . . **9** ____		
10	将第4行到第8行加总。这是您总附加税金额。请在此处和1040表或1040-SR表第15行输入此数字	**10**	

关于减少书面文件的法案，请参阅您税表的说明。 Cat. No. 71478U 附表2（1040表或1040-SR表）2020

副表3 （1040表或1040-SR表） 国税局 财政部	附加优惠和付款 ▶请附在1040表或1040-SR表后。 ▶ 前往 ***www.irs.gov/Form1040*** 查阅说明和最新信息。	OMB No. 1545-0074 2020

1040表或1040-SR表上显示的姓名	您的社会安全号码

	第一部分 不可退税的优惠		
1	外国税收优惠。如需要，请附上1116表	**1**	
2	托儿费及被抚养人的护理费用优惠。请附上2441表	**2**	
3	8863表第19行的教育优惠	**3**	
4	退休储蓄账户贡献优惠。请附上8880表	**4**	
5	住宅能源优惠。请附上5695表	**5**	
6	其他优惠来自于表格： **a** ☐ 3800 表 **b** ☐ 8801 表 **c** ☐ ______	**6**	
7	将第1行到第6行加总。请在此处和1040表或1040-SR表第13b行输入此数字	**7**	
	第二部分 其他付款和可退税优惠		
8	2019年预估税缴纳额和2018年退税额	**8**	
9	净保费税额抵免优惠。请附上8962表	**9**	
10	要求延期报税时缴纳的税额（请参阅说明） o file (see instructions)	**10**	
11	超额预扣的社会安全税和1级RRTA铁路退休金税	**11**	
12	燃料联邦税优惠。请附上4136表	**12**	
13	优惠来自于表： **a** ☐ 2439表 **b** ▒ 保留 **c** ☐ 8885表 **d** ☐ ______	**13**	
14	将第8行到第13行加总。请在此处和1040表或1040-SR表第18d行输入此数字	**14**	

关于减少书面文件的法案，请参阅您税表的说明。 Cat. No. 71480G 附表3（1040表或1040-SR表）2020

三、A副表——逐项扣减（英）

SCHEDULE A
(Form 1040)

Department of the Treasury
Internal Revenue Service (99)

Itemized Deductions

▶ **Go to *www.irs.gov/ScheduleA* for instructions and the latest information.**
▶ **Attach to Form 1040 or 1040-SR.**

Caution: If you are claiming a net qualified disaster loss on Form 4684, see the instructions for line 16.

OMB No. 1545-0074
2020
Attachment Sequence No. **07**

Name(s) shown on Form 1040 or 1040-SR | **Your social security number**

Medical and Dental Expenses

Caution: Do not include expenses reimbursed or paid by others.

1 Medical and dental expenses (see instructions) **1**

2 Enter amount from Form 1040 or 1040-SR, line 11 **2**

3 Multiply line 2 by 7.5% (0.075) **3**

4 Subtract line 3 from line 1. If line 3 is more than line 1, enter -0- **4**

Taxes You Paid

5 State and local taxes.

a State and local income taxes or general sales taxes. You may include either income taxes or general sales taxes on line 5a, but not both. If you elect to include general sales taxes instead of income taxes, check this box . . . . ▶ ☐ **5a**

b State and local real estate taxes (see instructions) **5b**

c State and local personal property taxes **5c**

d Add lines 5a through 5c **5d**

e Enter the smaller of line 5d or $10,000 ($5,000 if married filing separately) **5e**

6 Other taxes. List type and amount ▶ ____________________ **6**

7 Add lines 5e and 6 . . . . **7**

Interest You Paid

Caution: Your mortgage interest deduction may be limited (see instructions).

8 Home mortgage interest and points. If you didn't use all of your home mortgage loan(s) to buy, build, or improve your home, see instructions and check this box . . . . ▶ ☐

a Home mortgage interest and points reported to you on Form 1098. See instructions if limited **8a**

b Home mortgage interest not reported to you on Form 1098. See instructions if limited. If paid to the person from whom you bought the home, see instructions and show that person's name, identifying no., and address . . . .
▶ ____________________ **8b**

c Points not reported to you on Form 1098. See instructions for special rules **8c**

d Mortgage insurance premiums (see instructions) **8d**

e Add lines 8a through 8d **8e**

9 Investment interest. Attach Form 4952 if required. See instructions . **9**

10 Add lines 8e and 9 . . . . **10**

Gifts to Charity

Caution: If you made a gift and got a benefit for it, see instructions.

11 Gifts by cash or check. If you made any gift of $250 or more, see instructions **11**

12 Other than by cash or check. If you made any gift of $250 or more, see instructions. You **must** attach Form 8283 if over $500. . . . . **12**

13 Carryover from prior year **13**

14 Add lines 11 through 13 . . . . **14**

Casualty and Theft Losses

15 Casualty and theft loss(es) from a federally declared disaster (other than net qualified disaster losses). Attach Form 4684 and enter the amount from line 18 of that form. See instructions **15**

Other Itemized Deductions

16 Other—from list in instructions. List type and amount ▶ ____________________ **16**

Total Itemized Deductions

17 Add the amounts in the far right column for lines 4 through 16. Also, enter this amount on Form 1040 or 1040-SR, line 12 . . . . **17**

18 If you elect to itemize deductions even though they are less than your standard deduction, check this box . . . . ▶ ☐

For Paperwork Reduction Act Notice, see the Instructions for Forms 1040 and 1040-SR. Cat. No. 17145C **Schedule A (Form 1040) 2020**

四、A副表——逐项扣减（中）

副表A （1040表或1040-SR表） 财政部 国税局(99)	**逐项扣减** ▶副表A的相关信息及单独说明，请查阅网站：www.irs.gov/ScheduleA ▶请附在1040表或1040-SR表之后 注意：如果您在4684表有申报净符合条件灾难损失，请参阅第16行的说明。	OMB No. 1545-0074 2020 附件序列号 07
1040表或1040-SR表上显示的姓名		您的社会安全号码

医疗与牙科费用	注意：请不要包括被别人报销或支付的费用			
	1 医疗与牙科费用（请参阅说明）	1		
	2 请输入1040表或1040-SR表第8b行的数字 2			
	3 将第2行的数字乘7.5%(0.75)。	3		
	4 从第1行中减去第3行的数字。如果第3行的数字大于第1行，请输入-0-			4
已付税额	5 州与地方税			
	a 州与地方所得税或一般销售税。你可在第5a行包括所得税或一般销售税，但不是两个都包括。如果你选择包括一般销售税而不是所得税，勾选这个框 ▶ ☐	5a		
	b 州与地方房地产税（请参阅说明）	5b		
	c 州与地方个人财产税	5c		
	d 将第5a行到第5c行加总	5d		
	e 输入第5d行或¥10,000(如果夫妻分别报税为¥5,000）中较小数	5e		
	6 其他税。请列示类型和数额 ▶	6		
	7 将第5e行和第6行加总			7
已付利息 注意： 您抵押贷款利息的扣减可能受到限制（请参阅说明）	8 房屋抵押贷款利息和计点。如果您没有将所有房屋抵押贷款金用于买、建或改善您的房屋，请参阅说明并勾选这个框 ▶ ☐			
	a 房屋抵押贷款利息和计点报告在您的1098表上的数额。如果受限请参阅说明	8a		
	b 房屋抵押贷款利息未报告在您的1098表上的数额。如果是由卖您房屋的人支付，请参阅说明并输入该人的姓名，身份代码和地址 ▶	8b		
	c 计点未报告在您的1098表上的数额。请参阅特殊条款的说明	8c		
	d 保留	8d		
	e 将第8a行到第8c行加总	8e		
	9 投资利息。如需要请附上4952表。请参阅说明	9		
	10 将第8e行和第9行加总			10
慈善捐赠 注意：如果您赠予并且收到回报，请参阅说明。	11 现金或支票形式的赠予。如果您的赠予额是¥250或以上，请参阅说明	11		
	12 除了现金或支票形式的赠予。如果您的赠予额是¥250或以上，请参阅说明。如果金额超过¥500，您必须附上8283表	12		
	13 从过去年度结转到今年的部分	13		
	14 将第11行到第13行加总			14
意外和盗窃损失	15 意外和盗窃损失发生于联邦承认灾害（而非净符合条件灾害损失）。请附上4684表并将其第18行数字输入此处。请参阅说明			15
其他逐项扣减	16 其他 - 来自于说明中的相关列表。请列示类型和数额 ▶			16
总逐项扣减	17 将第4行到第16行最右栏的数字加总。同时，将此数输入在1040表或1040-SR表第9行			17
	18 如果您的逐项扣减额小于您的标准免税额，您仍选择逐项扣减，请勾选此框 ▶ ☐			

关于减少书面文件的法案，请参阅1040表和1040-SR表的说明。　　Cat. No. 17145C　　附表A（1040表或1040-SR表）202(

五、B副表——利息和普通股息（英）

SCHEDULE B (Form 1040)

Department of the Treasury Internal Revenue Service (99)

Interest and Ordinary Dividends

▶ Go to *www.irs.gov/ScheduleB* for instructions and the latest information.
▶ Attach to Form 1040 or 1040-SR.

OMB No. 1545-0074

2020

Attachment Sequence No. **08**

Name(s) shown on return | **Your social security number**

Part I Interest

(See instructions and the instructions for Forms 1040 and 1040-SR, line 2b.)

Note: If you received a Form 1099-INT, Form 1099-OID, or substitute statement from a brokerage firm, list the firm's name as the payer and enter the total interest shown on that form.

			Amount
1	List name of payer. If any interest is from a seller-financed mortgage and the buyer used the property as a personal residence, see the instructions and list this interest first. Also, show that buyer's social security number and address ▶	1	
2	Add the amounts on line 1	2	
3	Excludable interest on series EE and I U.S. savings bonds issued after 1989. Attach Form 8815	3	
4	Subtract line 3 from line 2. Enter the result here and on Form 1040 or 1040-SR, line 2b . . . . ▶	4	

Note: If line 4 is over $1,500, you must complete Part III.

Part II Ordinary Dividends

(See instructions and the instructions for Forms 1040 and 1040-SR, line 3b.)

Note: If you received a Form 1099-DIV or substitute statement from a brokerage firm, list the firm's name as the payer and enter the ordinary dividends shown on that form.

			Amount
5	List name of payer ▶	5	
6	Add the amounts on line 5. Enter the total here and on Form 1040 or 1040-SR, line 3b . . . . ▶	6	

Note: If line 6 is over $1,500, you must complete Part III.

Part III Foreign Accounts and Trusts

Caution: If required, failure to file FinCEN Form 114 may result in substantial penalties. See instructions.

	You must complete this part if you **(a)** had over $1,500 of taxable interest or ordinary dividends; **(b)** had a foreign account; or **(c)** received a distribution from, or were a grantor of, or a transferor to, a foreign trust.	**Yes**	**No**
7a	At any time during 2020, did you have a financial interest in or signature authority over a financial account (such as a bank account, securities account, or brokerage account) located in a foreign country? See instructions		
	If "Yes," are you required to file FinCEN Form 114, Report of Foreign Bank and Financial Accounts (FBAR), to report that financial interest or signature authority? See FinCEN Form 114 and its instructions for filing requirements and exceptions to those requirements		
b	If you are required to file FinCEN Form 114, enter the name of the foreign country where the financial account is located ▶		
8	During 2020, did you receive a distribution from, or were you the grantor of, or transferor to, a foreign trust? If "Yes," you may have to file Form 3520. See instructions		

For Paperwork Reduction Act Notice, see your tax return instructions. Cat. No. 17146N **Schedule B (Form 1040) 2020**

六、B 副表——利息和普通股息（中）

副表B （1040表或1040-SR表） 财政部 国税局 (99)	利息和普通股息 ▶ 附在1040表或1040-SR表之后 ▶副表B的相关信息和单独说明，请查阅网站：www.irs.gov/scheduleb.	OMB No. 1545-0074 2020 附件序列号 08

税表上的显示的姓名	您的社会安全号码

				金额
第一部分 利息 （请参阅背面的说明和1040表和1040-SR表的第2b行的说明） 注意：如果您收到了代理经纪公司寄来的1099-INT、1099-OID或替代的明细表。列出这些公司的名称作为付款人，并输入该表格上显示的总利息。	1	列出付款人的名称。如果任何利息来自于卖方的抵押贷款，而买方使用该财产作为个人住所，请参阅背面的说明并首先列举这种利息。 并且，显示买方的社会安全号码和地址 ▶	1	
	2	将第1行中的数额加总	2	
	3	可排除的利息，来自于1989年以后发行的EE和I系列美国储蓄债券 请附上8815表	3	
	4	从第2行中减去第3行的数字。请在1040表或1040-SR表的第2b行和此处 输入结果 . . . . ▶	4	
		注意：如果第4行的数字超过了$1,500，您必须完成第三部分。		金额
第二部分 普通股息 （请参阅背面的说明和1040表和1040-SR表的第3b行的说明） 注意：如果您收到了代理经纪公司寄来的1099-DIV或替代的明细表。列出这些公司的名称作为付款人，并输入该表格上显示的普通股息。	5	列出付款人的名称 ▶	5	
	6	将第5行的数额加总。输入在此处和1040表或1040-SR表的 第3b行 . . . . ▶	6	
		注意：如果第6行的数字超过了$1,500，您必须完成第三部分。		

			是	否
第三部分 外国账户和信托 注意：如果有要求，未报FinCEN 114表可能会产生巨额罚款。请参阅说明。		您必须完成此部分，如果您(a)拥有超过$1,500的应税利息或普通股息；(b)拥有外国账户；或(c)从外国信托收到红利分配或是外国信托的设保人或转让人。		
	7a	在2020日历年度的任何时候，您是否在外国的金融账户（例如：银行帐户、证券帐户或其他金融帐户）拥有金融利益、署名或其他权力？ （请参阅说明）		
		如果“是”，您是否需要提交FinCEN114表，关于外国银行和金融帐户的报告（FBAR），以申报其金融利益或署名权力？关于FinCen114表的提交要求和例外，关于外国银行和金融帐户的报告，请参阅说明。		
	b	如果您需要提交FinCEN114表，请输入该金融账户所在 国家的名称 ▶		
	8	2020年度期间，您是否收到外国信托的红利分配，或是外国信托的设保人或转让人？ 如果“是”，您必须要提交3520表，请参阅背面的说明		

关于减少书面文件的法案，请参阅税表说明。　　Cat. No. 17146N　　附表B(1040表或1040-SR表) 2020

七、C副表——营业利润或亏损（英）

SCHEDULE C (Form 1040) Department of the Treasury Internal Revenue Service (99)	**Profit or Loss From Business** (Sole Proprietorship) ▶ Go to *www.irs.gov/ScheduleC* for instructions and the latest information. ▶ Attach to Form 1040, 1040-SR, 1040-NR, or 1041; partnerships generally must file Form 1065.	OMB No. 1545-0074 **2020** Attachment Sequence No. **09**

Name of proprietor		**Social security number (SSN)**
A	Principal business or profession, including product or service (see instructions)	**B** Enter code from instructions ▶
C	Business name. If no separate business name, leave blank.	**D** Employer ID number (EIN) (see instr.)

E Business address (including suite or room no.) ▶

City, town or post office, state, and ZIP code

F Accounting method: **(1)** ☐ Cash **(2)** ☐ Accrual **(3)** ☐ Other (specify) ▶

G Did you "materially participate" in the operation of this business during 2020? If "No," see instructions for limit on losses . ☐ **Yes** ☐ **No**

H If you started or acquired this business during 2020, check here . . . ▶ ☐

I Did you make any payments in 2020 that would require you to file Form(s) 1099? See instructions . . . ☐ **Yes** ☐ **No**

J If "Yes," did you or will you file required Form(s) 1099? . . . ☐ **Yes** ☐ **No**

Part I Income

1	Gross receipts or sales. See instructions for line 1 and check the box if this income was reported to you on Form W-2 and the "Statutory employee" box on that form was checked . . . ▶ ☐	1	
2	Returns and allowances . . .	2	
3	Subtract line 2 from line 1 . . .	3	
4	Cost of goods sold (from line 42) . . .	4	
5	**Gross profit.** Subtract line 4 from line 3 . . .	5	
6	Other income, including federal and state gasoline or fuel tax credit or refund (see instructions) . . .	6	
7	**Gross income.** Add lines 5 and 6 . . . ▶	7	

Part II Expenses. Enter expenses for business use of your home **only** on line 30.

8	Advertising . . .	8		18	Office expense (see instructions)	18	
9	Car and truck expenses (see instructions) . . .	9		19	Pension and profit-sharing plans .	19	
10	Commissions and fees .	10		20	Rent or lease (see instructions):		
11	Contract labor (see instructions)	11		a	Vehicles, machinery, and equipment	20a	
12	Depletion . . .	12		b	Other business property . . .	20b	
13	Depreciation and section 179 expense deduction (not included in Part III) (see instructions) . . .	13		21	Repairs and maintenance . . .	21	
				22	Supplies (not included in Part III) .	22	
				23	Taxes and licenses . . .	23	
				24	Travel and meals:		
14	Employee benefit programs (other than on line 19) . .	14		a	Travel . . .	24a	
15	Insurance (other than health)	15		b	Deductible meals (see instructions) . . .	24b	
16	Interest (see instructions):			25	Utilities . . .	25	
a	Mortgage (paid to banks, etc.)	16a		26	Wages (less employment credits) .	26	
b	Other . . .	16b		27a	Other expenses (from line 48) . .	27a	
17	Legal and professional services	17		b	**Reserved for future use** . . .	27b	

28	**Total expenses** before expenses for business use of home. Add lines 8 through 27a . . . ▶	28	
29	Tentative profit or (loss). Subtract line 28 from line 7 . . .	29	
30	Expenses for business use of your home. Do not report these expenses elsewhere. Attach Form 8829 unless using the simplified method. See instructions. **Simplified method filers only:** Enter the total square footage of (a) your home: ______ and (b) the part of your home used for business: ______ . Use the Simplified Method Worksheet in the instructions to figure the amount to enter on line 30 . . .	30	
31	**Net profit or (loss).** Subtract line 30 from line 29. • If a profit, enter on both **Schedule 1 (Form 1040), line 3,** and on **Schedule SE, line 2**. (If you checked the box on line 1, see instructions). Estates and trusts, enter on **Form 1041, line 3.** • If a loss, you **must** go to line 32.	31	
32	If you have a loss, check the box that describes your investment in this activity. See instructions. • If you checked 32a, enter the loss on both **Schedule 1 (Form 1040), line 3**, and on **Schedule SE, line 2.** (If you checked the box on line 1, see the line 31 instructions). Estates and trusts, enter on **Form 1041, line 3.** • If you checked 32b, you **must** attach **Form 6198.** Your loss may be limited.		**32a** ☐ All investment is at risk. **32b** ☐ Some investment is not at risk.

For Paperwork Reduction Act Notice, see the separate instructions. Cat. No. 11334P **Schedule C (Form 1040) 2020**

Schedule C (Form 1040) 2020 Page 2

Part III Cost of Goods Sold (see instructions)

33 Method(s) used to value closing inventory: a ☐ Cost b ☐ Lower of cost or market c ☐ Other (attach explanation)

34 Was there any change in determining quantities, costs, or valuations between opening and closing inventory? If "Yes," attach explanation . . . ☐ Yes ☐ No

35	Inventory at beginning of year. If different from last year's closing inventory, attach explanation	35	
36	Purchases less cost of items withdrawn for personal use	36	
37	Cost of labor. Do not include any amounts paid to yourself	37	
38	Materials and supplies	38	
39	Other costs	39	
40	Add lines 35 through 39	40	
41	Inventory at end of year	41	
42	**Cost of goods sold.** Subtract line 41 from line 40. Enter the result here and on line 4	42	

Part IV Information on Your Vehicle. Complete this part **only** if you are claiming car or truck expenses on line 9 and are not required to file Form 4562 for this business. See the instructions for line 13 to find out if you must file Form 4562.

43 When did you place your vehicle in service for business purposes? (month/day/year) ▶ / /

44 Of the total number of miles you drove your vehicle during 2020, enter the number of miles you used your vehicle for:

a Business ________ b Commuting (see instructions) ________ c Other ________

45 Was your vehicle available for personal use during off-duty hours? . . . ☐ Yes ☐ No

46 Do you (or your spouse) have another vehicle available for personal use? . . . ☐ Yes ☐ No

47a Do you have evidence to support your deduction? . . . ☐ Yes ☐ No

b If "Yes," is the evidence written? . . . ☐ Yes ☐ No

Part V Other Expenses. List below business expenses not included on lines 8–26 or line 30.

48 **Total other expenses.** Enter here and on line 27a . . . 48	

Schedule C (Form 1040) 2020

八、C 副表——营业利润或亏损（中）

副表C（表1040）财政部-国税局	营业利润或亏损（独资经营）► C副表的相关信息和单独说明，请查阅网站 www.irs.gov/schedulec. ► 请附在表1040、1040NR或1041之后；合伙企业必须提交表1065。	OMB No. 1545-0074 2020 附件序列号 09

经营业主的名称　　　　社会安全号码(SSN)

A　主营业务或专业，包括产品或服务（请参阅说明）　　B 请输入说明中的代码 ►

C　营业名称。如果没有单独的营业名称，请留白。　　D 雇主身份号码，（请参阅说明）

E　营业地址（包括套房或房间号码） ►

城市、镇或邮政局、州、和邮政编码

F　会计方法：　(1) ☐收付实现制　(2) ☐权责发生制　(3) ☐其他（列示） ►

G　您是否在2015年期间“实质参与”此业务的运营？如果“否”，请参照有关亏损限制的说明 . . . ☐是 ☐否

H　如果您在2015年开始或获得此业务，请勾选此处 . . . ► ☐

I　您是否在2015年有需要提交1099表的付款？（请参阅说明） . . . ☐是 ☐否

J　如果“是”，您是否已经或将要提交1099表？ . . . ☐是 ☐否

第一部分　收入

1	总收入或销售额。请参阅第1行的说明，并且如果此收入被报告在您的W-2表上而且“法定雇员”框被勾选，请勾选此处。 . . . ► ☐	1	
2	退货及折让	2	
3	从第1行中减去第2行的数字	3	
4	主营业务成本（来自于第42行）	4	
5	销售利润。从第3行中减去第4行的数字	5	
6	其他收入，包括联邦和州汽油或燃油税收优惠或退税（请参阅说明）	6	
7	总收入。将第5行和第6行的数字相加 . . . ►	7	

第二部分　费用。 请在第30行输入使用您家作为经营办公的费用。

8	广告	8		18	办公室费用（请参阅说明）	18	
9	汽车及卡车费用（请参阅说明）	9		19	养老金及利润分成计划	19	
10	佣金和费用	10		20	租赁（请参阅说明）：		
11	合同雇工（请参阅说明）	11		a	车辆，机械和设备	20a	
12	折耗	12		b	其他商业财产	20b	
13	折旧及第179章费用扣减（未包括在第3部分中）（请参阅说明）	13		21	修理及维护	21	
				22	供给（未包括在第3部分中）	22	
				23	税和执照	23	
				24	旅游，餐饮及招待费用		
14	雇员福利计划（第19行以外的数字）	14		a	旅游	24a	
15	保险（健康保险除外）	15		b	可扣减的餐饮及招待费用（请参阅说明）	24b	
16	利息：			25	水电煤气费	25	
a	抵押贷款（支付给银行等）	16a		26	工资（减去雇员税收优惠）	26	
b	其他	16b		27a	其他费用（来自于第48行）	27a	
17	法律和专业服务	17		b	保留供将来使用	27b	

28	在扣减使用您家作为办公用处的费用之前的总费用。将第8行到第27a行的数字相加 . . . ►	28	
29	暂定利润或（亏损）。从第7行中减去第28行的数字	29	
30	使用您家作为办公用处的费用。请不要在其他地方报告此费用。如果您不使用简易化方法，请附上8829表（请参阅说明）。仅适用于使用简易化方法的报税者：请输入总平方英尺数：(a) 您的家　：＿＿＿＿ 及 (b)　您家中用于办公的面积　：＿＿＿＿. 请使用说明中的简易化方法工作表来计算第30行的金额。	30	
31	净收益（亏损）。从第29行中减去第30行的数字。 • 如果是净收益，请将此数额输入表1040的第12行（或表1040NR的第13行）和SE副表的第2行。（如果您在第1行勾选了框，请参阅说明）。如果是遗产和信托，请输入表1041的第3行。 • 如果是净亏损，您必须进入第32行。	31	
32	如果您有亏损，请勾选能描述您在此活动中的投资的框（请参阅说明）。 • 如果您勾选了32a框，请将此亏损输入表1040的第12行（或表1040NR的第13行）和SE副表的第2行。（如果您在第1行勾选了框，请参阅第31行的说明）。如果是遗产和信托，请输入表1041的第3行。 • 如果您勾选了32b框，您必须附上6198表。您的亏损可能会受到限制。	32a ☐ 所有的投资都面临风险。 32b ☐ 一些投资没有风险。	

关于减少书面文件的法案，请参阅单独的说明。　　Cat. No. 11334P　　附表C（表1040）2020

副表C（表1040）2020 第2页

第三部分 主营业务成本（请参阅说明）

33 用于评估期末库存的方法 a ☐ 成本法 b ☐ 成本或市场价值孰低法 c ☐ 其他（请附上解释说明）

34 在确定期初库存和期末库存之间的数量、成本或估值时，是否有任何变化？如果“是”，请附上解释说明 ☐ 是 ☐ 否

35 期初存货。如果与上一年的期末存货不同，请附上解释说明	35		
36 购买成本减去供个人使用物品的成本	36		
37 劳工成本。请不要包括任何给您本人的付款	37		
38 物料及供给	38		
39 其他成本	39		
40 将第35行到第39行的数字相加	40		
41 年末库存	41		
42 主营业务成本。从第40行中减去第41行的数字。请在此处和第4行输入此数字	42		

第四部分 您的车辆信息。仅当您在第9行申报汽车或卡车费用，并且对于此业务您不被要求填写4562表。

请参阅对第13行的说明来决定您是否需要填写4562表。

43 您何时将此车辆用于商业用途？（月、日、年） ► ____/____/____

44 在2015年期间，您的车辆的总里程数中，分别输入以下用途的里程数：

a 商业用途 ________ b 通勤（请参阅说明）________ c 其他 ________

45 您的车辆在下班时间可供个人使用吗？ ☐ 是 ☐ 否

46 您（或您的配偶）有另一辆可供个人使用的车辆吗？ ☐ 是 ☐ 否

47a 您是否有能支持您扣减的证明？ ☐ 是 ☐ 否

b 如果“是”，证明是书面的吗？ ☐ 是 ☐ 否

第五部分 其他费用。请在下面列出不被包括在第8到26行或第30行的商业业务费用。

48 总其他费用。请在此处和第27a行输入此数字	48	

附表C（表1040）2020

九、D副表——资本利得和亏损（英）

SCHEDULE D
(Form 1040)

Department of the Treasury
Internal Revenue Service (99)

Capital Gains and Losses

▶ Attach to Form 1040, 1040-SR, or 1040-NR.
▶ Go to *www.irs.gov/ScheduleD* for instructions and the latest information.
▶ Use Form 8949 to list your transactions for lines 1b, 2, 3, 8b, 9, and 10.

OMB No. 1545-0074
2020
Attachment Sequence No. **12**

Name(s) shown on return | **Your social security number**

Did you dispose of any investment(s) in a qualified opportunity fund during the tax year? ☐ **Yes** ☐ **No**
If "Yes," attach Form 8949 and see its instructions for additional requirements for reporting your gain or loss.

Part I **Short-Term Capital Gains and Losses—Generally Assets Held One Year or Less** (see instructions)

See instructions for how to figure the amounts to enter on the lines below. This form may be easier to complete if you round off cents to whole dollars.	**(d)** Proceeds (sales price)	**(e)** Cost (or other basis)	**(g)** Adjustments to gain or loss from Form(s) 8949, Part I, line 2, column (g)	**(h) Gain or (loss)** Subtract column (e) from column (d) and combine the result with column (g)
1a Totals for all short-term transactions reported on Form 1099-B for which basis was reported to the IRS and for which you have no adjustments (see instructions). However, if you choose to report all these transactions on Form 8949, leave this line blank and go to line 1b .				
1b Totals for all transactions reported on Form(s) 8949 with **Box A** checked				
2 Totals for all transactions reported on Form(s) 8949 with **Box B** checked				
3 Totals for all transactions reported on Form(s) 8949 with **Box C** checked				

4 Short-term gain from Form 6252 and short-term gain or (loss) from Forms 4684, 6781, and 8824 . .	**4**	
5 Net short-term gain or (loss) from partnerships, S corporations, estates, and trusts from Schedule(s) K-1	**5**	
6 Short-term capital loss carryover. Enter the amount, if any, from line 8 of your **Capital Loss Carryover Worksheet** in the instructions	**6**	( )
7 **Net short-term capital gain or (loss).** Combine lines 1a through 6 in column (h). If you have any long-term capital gains or losses, go to Part II below. Otherwise, go to Part III on the back	**7**	

Part II **Long-Term Capital Gains and Losses—Generally Assets Held More Than One Year** (see instructions)

See instructions for how to figure the amounts to enter on the lines below. This form may be easier to complete if you round off cents to whole dollars.	**(d)** Proceeds (sales price)	**(e)** Cost (or other basis)	**(g)** Adjustments to gain or loss from Form(s) 8949, Part II, line 2, column (g)	**(h) Gain or (loss)** Subtract column (e) from column (d) and combine the result with column (g)
8a Totals for all long-term transactions reported on Form 1099-B for which basis was reported to the IRS and for which you have no adjustments (see instructions). However, if you choose to report all these transactions on Form 8949, leave this line blank and go to line 8b .				
8b Totals for all transactions reported on Form(s) 8949 with **Box D** checked				
9 Totals for all transactions reported on Form(s) 8949 with **Box E** checked				
10 Totals for all transactions reported on Form(s) 8949 with **Box F** checked.				

11 Gain from Form 4797, Part I; long-term gain from Forms 2439 and 6252; and long-term gain or (loss) from Forms 4684, 6781, and 8824	**11**	
12 Net long-term gain or (loss) from partnerships, S corporations, estates, and trusts from Schedule(s) K-1	**12**	
13 Capital gain distributions. See the instructions	**13**	
14 Long-term capital loss carryover. Enter the amount, if any, from line 13 of your **Capital Loss Carryover Worksheet** in the instructions	**14**	( )
15 **Net long-term capital gain or (loss).** Combine lines 8a through 14 in column (h). Then, go to Part III on the back	**15**	

For Paperwork Reduction Act Notice, see your tax return instructions. Cat. No. 11338H **Schedule D (Form 1040) 2020**

Part III Summary

16 Combine lines 7 and 15 and enter the result 16

- If line 16 is a **gain,** enter the amount from line 16 on Form 1040, 1040-SR, or 1040-NR, line 7. Then, go to line 17 below.
- If line 16 is a **loss,** skip lines 17 through 20 below. Then, go to line 21. Also be sure to complete line 22.
- If line 16 is **zero,** skip lines 17 through 21 below and enter -0- on Form 1040, 1040-SR, or 1040-NR, line 7. Then, go to line 22.

17 Are lines 15 and 16 **both** gains?

☐ **Yes.** Go to line 18.

☐ **No.** Skip lines 18 through 21, and go to line 22.

18 If you are required to complete the **28% Rate Gain Worksheet** (see instructions), enter the amount, if any, from line 7 of that worksheet . . . . ▶ 18

19 If you are required to complete the **Unrecaptured Section 1250 Gain Worksheet** (see instructions), enter the amount, if any, from line 18 of that worksheet . . . . ▶ 19

20 Are lines 18 and 19 both zero or blank and are you not filing Form 4952?

☐ **Yes.** Complete the **Qualified Dividends and Capital Gain Tax Worksheet** in the instructions for Forms 1040 and 1040-SR, line 16. **Don't** complete lines 21 and 22 below.

☐ **No.** Complete the **Schedule D Tax Worksheet** in the instructions. **Don't** complete lines 21 and 22 below.

21 If line 16 is a loss, enter here and on Form 1040, 1040-SR, or 1040-NR, line 7, the **smaller** of:

- The loss on line 16; or
- ($3,000), or if married filing separately, ($1,500)

} . . . . 21 ( )

Note: When figuring which amount is smaller, treat both amounts as positive numbers.

22 Do you have qualified dividends on Form 1040, 1040-SR, or 1040-NR, line 3a?

☐ **Yes.** Complete the **Qualified Dividends and Capital Gain Tax Worksheet** in the instructions for Forms 1040 and 1040-SR, line 16.

☐ **No.** Complete the rest of Form 1040, 1040-SR, or 1040-NR.

十、D 副表——资本利得和亏损（中）

副表D（表1040） 财政部-国税局	资本利得和亏损 ▶请附在表1040或1040NR之后 ▶D副表的相关信息及单独说明，请查阅网站 www.irs.gov/scheduled. ▶请用8949表来列示您在第1b、2、3、8b、9、和10行的交易。	OMB No. 1545-0074 2020 附件序列号 12

税表上显示的姓名	您的社会安全号码

第一部分 短期资本利得和亏损 - 持有期一年或以下的资产

请参阅说明来计算以下每行中的数额。 如果您将数字小数位四舍五入进整数，这种形式可能更有助于表格的完成。	(d) 收入 （售价）	(e) 成本 （或其他基础）	(g) 利得或亏损调整，来自于8949表第1部分第2行(g)栏	(h)利得或（亏损） 从(d)栏中减去(e)栏的数字，并且将结果与(g)栏的数字相加
1a 在1099-B表上报告的所有短期交易的总额，其基础已报告给美国国税局，且您没有对其进行调整（请参阅说明）。然而，如果您选择将所有这些交易申报在8949表上，请将此行留白并且进入第1b行				
1b 在8949表上被勾选了A框的所有交易总额				
2 在8949表上被勾选了B框的所有交易总额				
3 在8949表上被勾选了C框的所有交易总额				

4 短期利得，来自于6252表，和短期利得或（亏损），来自于4684表，6781表和8824表	4	
5 净短期利得或（亏损），来自于合伙企业、小公司、遗产和信托的K-1副表	5	
6 短期资本亏损结转。请输入说明中资本亏损结转工作表第8行的金额（若有）	6	( )
7 净短期资本利得或（亏损）。在(h)栏中将第1a行到第6行的数字相加。如果您有任何长期资本利得或亏损，请进入下方第二部分。否则，请进入背面的第三部分。	7	

第二部分 长期资本利得和亏损 - 持有期超过一年的资产

请参阅说明来计算以下每行中的数额。 如果您将数字小数位四舍五入进整数，这种形式可能更有助于表格的完成。	(d) 收入 （售价）	(e) 成本 （或其他基础）	(g) 利得或亏损调整，来自于8949表第2部分第2行(g)栏	(h)利得或（亏损） 从(d)栏中减去(e)栏的数字，并且将结果与(g)栏的数字相加
8a 在1099-B表上报告的所有长期交易的总额，其基础已报告给美国国税局，且您没有对其进行调整（请参阅说明）。然而，如果您选择将所有这些交易报告在8949表上，请将此行留白并且进入第8b行				
8b 在8949表上被勾选了D框的所有交易总额				
9 在8949表上被勾选了E框的所有交易总额				
10 在8949表上被勾选了F框的所有交易总额				

11 利得，来自于4797表第1部分；长期利得，来自于2439表和6252表；长期利得或（亏损），来自于4684表、6781表和8824表	11	
12 净短期利得或（亏损），来自于合伙企业、小公司、遗产和信托的K-1副表	12	
13 资本利得分配。请参阅说明	13	
14 长期资本亏损结转。请输入说明中资本亏损结转工作表第13行的金额（若有）	14	( )
15 净长期资本利得或（亏损）。在(h)栏中将第8a行到第14行的数字相加。然后请进入背面的第三部分。	15	

关于减少书面文件的法案，请参阅您报税表的说明。 Cat. No. 11338H 附表D（表1040） 2020

第三部分 总结

16 将第7行与第15行的数字相加，并输入结果 **16**

- 如果第16行是利得，请将第16行的数字输入表1040第13行、或表1040NR第14行。然后进入下面第17行。
- 如果第16行是亏损，请跳过下面第17行到第20行。然后进入第21行，并且请务必填写第22行。
- 如果第16行是0，请跳过下方的第17行到第21行，并在表1040第13行或表1040NR第14行输入-0-。然后进入第22行。

17 第15行和第16行是否都是利得？

☐ 是。进入第18行。

☐ 否。请跳过第18行到第21行，进入第22行。

18 请输入说明中28%税率利得工作表第7行的金额（若有） . . ▶ **18**

19 请输入说明中不可收复的第1250章利得工作表第18行的金额 . . . . ▶ **19**

20 第18行和第19行是否都是0或空白？

☐ 是。请完成表1040第44行的说明（或表1040NR第42行的说明）中符合条件的股息和资本利得税收工作表。请不要完成下方第21行和第22行。

☐ 否。请完成说明中的D副表税收工作表。请不要完成下方第21行和第22行。

21 如果第16行显示亏损，请在此处和表1040第13行、或表1040NR第14行中输入以下数字中较小者：

- 第16行中的亏损额
- ($3,000)，或如果夫妻分报，($1,500)

} . . . . **21** (　　　　)

注意：当比较哪个数字较小时，将两个数视为正数。

22 您是否在表1040第9b行或表1040NR第10b行有符合条件的股息？

☐ 是。请完成表1040第44行（或表1040NR第42行）的说明中符合条件的股息和资本利得税收工作表。

☐ 否。请完成表1040或表1040NR的剩余部分。

十一、E副表——补充收入与损失（英）

SCHEDULE E (Form 1040)
Department of the Treasury Internal Revenue Service (99)

Supplemental Income and Loss

(From rental real estate, royalties, partnerships, S corporations, estates, trusts, REMICs, etc.)
▶ Attach to Form 1040, 1040-SR, 1040-NR, or 1041.
▶ Go to *www.irs.gov/ScheduleE* for instructions and the latest information.

OMB No. 1545-0074
2020
Attachment Sequence No. 13

Name(s) shown on return | **Your social security number**

Part I **Income or Loss From Rental Real Estate and Royalties** **Note:** If you are in the business of renting personal property, use **Schedule C.** See instructions. If you are an individual, report farm rental income or loss from **Form 4835** on page 2, line 40.

A Did you make any payments in 2020 that would require you to file Form(s) 1099? See instructions . . . . . . ☐ **Yes** ☐ **No**
B If "Yes," did you or will you file required Form(s) 1099? . . . . ☐ **Yes** ☐ **No**

1a	Physical address of each property (street, city, state, ZIP code)
A	
B	
C	

1b	Type of Property (from list below)	2 For each rental real estate property listed above, report the number of fair rental and personal use days. Check the **QJV** box only if you meet the requirements to file as a qualified joint venture. See instructions.		**Fair Rental Days**	**Personal Use Days**	**QJV**
A			A			☐
B			B			☐
C			C			☐

Type of Property:
1 Single Family Residence　3 Vacation/Short-Term Rental　5 Land　7 Self-Rental
2 Multi-Family Residence　4 Commercial　6 Royalties　8 Other (describe)

Income: **Properties:**		**A**	**B**	**C**
3 Rents received	3			
4 Royalties received	4			
Expenses:				
5 Advertising	5			
6 Auto and travel (see instructions)	6			
7 Cleaning and maintenance	7			
8 Commissions.	8			
9 Insurance	9			
10 Legal and other professional fees	10			
11 Management fees	11			
12 Mortgage interest paid to banks, etc. (see instructions)	12			
13 Other interest.	13			
14 Repairs.	14			
15 Supplies	15			
16 Taxes	16			
17 Utilities.	17			
18 Depreciation expense or depletion	18			
19 Other (list) ▶	19			
20 Total expenses. Add lines 5 through 19	20			
21 Subtract line 20 from line 3 (rents) and/or 4 (royalties). If result is a (loss), see instructions to find out if you must file **Form 6198**	21			
22 Deductible rental real estate loss after limitation, if any, on **Form 8582** (see instructions)	22	( )	( )	( )

23a Total of all amounts reported on line 3 for all rental properties	23a	
b Total of all amounts reported on line 4 for all royalty properties	23b	
c Total of all amounts reported on line 12 for all properties	23c	
d Total of all amounts reported on line 18 for all properties	23d	
e Total of all amounts reported on line 20 for all properties	23e	

24 **Income.** Add positive amounts shown on line 21. **Do not** include any losses	24	
25 **Losses.** Add royalty losses from line 21 and rental real estate losses from line 22. Enter total losses here .	25	( )
26 **Total rental real estate and royalty income or (loss).** Combine lines 24 and 25. Enter the result here. If Parts II, III, IV, and line 40 on page 2 do not apply to you, also enter this amount on Schedule 1 (Form 1040), line 5. Otherwise, include this amount in the total on line 41 on page 2 .	26	

For Paperwork Reduction Act Notice, see the separate instructions.　Cat. No. 11344L　**Schedule E (Form 1040) 2020**

Schedule E (Form 1040) 2020 | Attachment Sequence No. 13 | Page 2

Name(s) shown on return. Do not enter name and social security number if shown on other side. | **Your social security number**

Caution: The IRS compares amounts reported on your tax return with amounts shown on Schedule(s) K-1.

Part II Income or Loss From Partnerships and S Corporations

Note: If you report a loss, receive a distribution, dispose of stock, or receive a loan repayment from an S corporation, you **must** check the box in column **(e)** on line 28 and attach the required basis computation. If you report a loss from an at-risk activity for which **any** amount is **not** at risk, you **must** check the box in column **(f)** on line 28 and attach **Form 6198.** See instructions.

27 Are you reporting any loss not allowed in a prior year due to the at-risk or basis limitations, a prior year unallowed loss from a passive activity (if that loss was not reported on Form 8582), or unreimbursed partnership expenses? If you answered "Yes," see instructions before completing this section . . . . ☐ **Yes** ☐ **No**

28	**(a)** Name	**(b)** Enter **P** for partnership; **S** for S corporation	**(c)** Check if foreign partnership	**(d)** Employer identification number	**(e)** Check if basis computation is required	**(f)** Check if any amount is not at risk
A			☐		☐	☐
B			☐		☐	☐
C			☐		☐	☐
D			☐		☐	☐

	Passive Income and Loss		Nonpassive Income and Loss		
	(g) Passive loss allowed (attach **Form 8582** if required)	**(h)** Passive income from **Schedule K-1**	**(i)** Nonpassive loss allowed (see **Schedule K-1**)	**(j)** Section 179 expense deduction from **Form 4562**	**(k)** Nonpassive income from **Schedule K-1**
A					
B					
C					
D					
29a Totals					
b Totals					

30	Add columns (h) and (k) of line 29a	30	
31	Add columns (g), (i), and (j) of line 29b	31	( )
32	**Total partnership and S corporation income or (loss).** Combine lines 30 and 31	32	

Part III Income or Loss From Estates and Trusts

33	**(a)** Name	**(b)** Employer identification number
A		
B		

	Passive Income and Loss		Nonpassive Income and Loss	
	(c) Passive deduction or loss allowed (attach **Form 8582** if required)	**(d)** Passive income from **Schedule K-1**	**(e)** Deduction or loss from **Schedule K-1**	**(f)** Other income from **Schedule K-1**
A				
B				
34a Totals				
b Totals				

35	Add columns (d) and (f) of line 34a	35	
36	Add columns (c) and (e) of line 34b	36	( )
37	**Total estate and trust income or (loss).** Combine lines 35 and 36	37	

Part IV Income or Loss From Real Estate Mortgage Investment Conduits (REMICs)—Residual Holder

38	**(a)** Name	**(b)** Employer identification number	**(c)** Excess inclusion from **Schedules Q,** line 2c (see instructions)	**(d)** Taxable income (net loss) from **Schedules Q,** line 1b	**(e)** Income from **Schedules Q,** line 3b

39	Combine columns (d) and (e) only. Enter the result here and include in the total on line 41 below	39	

Part V Summary

40	Net farm rental income or (loss) from **Form 4835.** Also, complete line 42 below	40	
41	**Total income or (loss).** Combine lines 26, 32, 37, 39, and 40. Enter the result here and on Schedule 1 (Form 1040), line 5 ▶	41	
42	**Reconciliation of farming and fishing income.** Enter your **gross** farming and fishing income reported on Form 4835, line 7; Schedule K-1 (Form 1065), box 14, code B; Schedule K-1 (Form 1120-S), box 17, code AD; and Schedule K-1 (Form 1041), box 14, code F. See instructions . .	42	
43	**Reconciliation for real estate professionals.** If you were a real estate professional (see instructions), enter the net income or (loss) you reported anywhere on Form 1040, Form 1040-SR, or Form 1040-NR from all rental real estate activities in which you materially participated under the passive activity loss rules	43	

Schedule E (Form 1040) 2020

十二、E副表——补充收入与损失（中）

副表E （表1040） 财政部-国税局	补充收入与损失 （来自于房地产出租、版税、合伙企业、小公司、遗产、信托、房地产抵押投资渠道等。） ▶请附在表1040，1040NR或1041之后。 ▶E副表的相关信息和单独说明，请查阅网站： www.irs.gov/schedulee.	OMB No. 1545-0074 **2020** 附件序列号 13

税表上显示的姓名	您的社会安全号码

第一部分 来自房地产出租和版税的收入或损失。注意：如果您经营个人财产出租的业务，请使用C副表或C-EZ副表（请参阅说明）。如果您是个体，请把来自于4835表的农场出租收入或损失申报在第2页第40行。

A 您在2020年是否有要求提交1099表的付款？ ☐是 ☐否

B 如果“是”，您是否有过或将要提交1099表？ ☐是 ☐否

1a	每项资产的实际地址(街道、城市、州、邮政编码)
A	
B	
C	

1b	资产类型（来自下方的列表）	2 对于上方列示的每项出租的房地产，请报告公平租赁天数和个人使用天数。仅当您满足作为符合条件的合资企业进行报税的要求时，勾选对应的框“符合条件的合资企业”。请参阅说明。		公平租赁天数	个人使用天数	符合条件的合资企业
A			A			☐
B			B			☐
C			C			☐

资产类型：

1 单家庭住宅	3 度假/短期出租	5 土地	7 自助租赁
2 多家庭住宅	4 商用	6 版税	8 其他（请描述）

收入： 财产：		A	B	C
3 租金收入	3			
4 版税收入	4			
费用：				
5 广告	5			
6 汽车和旅行（请参阅说明）	6			
7 清洁与维护	7			
8 佣金	8			
9 保险	9			
10 法律及其他专业费用	10			
11 管理费	11			
12 支付给银行等的抵押贷款利息(请参阅说明)	12			
13 其他利息	13			
14 修理	14			
15 供给	15			
16 税额	16			
17 水电煤气	17			
18 折旧费用或折耗	18			
19 其他(列示) ▶	19			
20 总费用。将第5行到第19行的数字相加。	20			
21 从第3行(租金)和/或第4行(版税)中减去第20行的数字。如果结果是亏损（负数），请参阅说明来确认您是否必须填写6198表。	21			
22 8582表上的、除去限制之外的（若有）、可扣减的房地产出租损失（请参阅说明）	22	( )	( )	( )

23a 所有出租财产在第3行报告的总金额	23a	
b 所有版税财产在第4行报告的总金额 . . .	23b	
c 所有财产在第12行报告的总金额	23c	
d 所有财产在第18行报告的总金额	23d	
e 所有财产在第20行报告的总金额	23e	
24 收入。将显示在第21行的正数相加。请不要包括任何损失	24	
25 损失。将第21行的版税损失和第22行的租赁性房地产损失相加。在此输入结果。	25	( )
26 总出租房地产和版税收入或(损失)。将第24行和第25行的数字相加。在此输入结果。如果第二、三、四部分和第2页第40行不适用于您的情况，请将此数字也输入表1040第17行，或表1040NR第18行。否则，将此数字包括在第2页第41行的总额中	26	

关于减少书面文件的法案，请参阅单独的说明。　　Cat. No. 11344L　　E副表(表1040) 2020

副表E(表1040) 2020 附件序列号 **13** 第2页

税表上显示的姓名。如果在另一侧有显示姓名和社会安全号码，请不要在此输入。	您的社会安全号码

注意。美国国税局会比较您报告在您的税表上的金额和显示在K-1副表上的金额。

第二部分 来自合伙企业和小公司的收入或损失。 注意：如果您报告高风险活动的损失中存在没有任何风险的金额，您必须勾选第28行(e)栏中的框，并附上6198表。请参阅说明。

27 您是否有报告由于风险、超额农场损失或基础的限制导致的在上年度中不允许的损失，上年度来自间接运营活动的不允许的损失（如果该损失未申报在8582表上），或未偿还的合伙企业的费用？
如果您回答“是”，在完成这部分之前，请参阅说明。 ☐是 ☐否

28	(a) 姓名	(b) 合伙企业，请输入P；小公司，请输入S	(c) 如果是外国合伙企业，请勾选	(d) 雇主识别号码	(e) 如果任何金额没有风险，请勾选
A			☐		☐
B			☐		☐
C			☐		☐
D			☐		☐

	间接收入和损失		非间接收入和损失		
	(f) 被允许扣减的间接损失（如需要，请附上8582表）	(g) 间接收入 来自K-1副表	(h) 非间接损失 来自K-1副表	(i) 第179章费用扣减 来自4562表	(j) 非间接收入 来自K-1副表
A					
B					
C					
D					
29a 总 额					
b 总 额					

30	将第29a行的(g)栏和(j)栏的数字相加	30	
31	将第29b行的(f)栏、(h)栏和(i)栏的数字相加	31	( )
32	合伙企业和小公司收入或(亏损)总额。将第30行和第31行的数字相加。请将结果输入此处，并且包括在下方第41行的总额中	32	

第三部分 来自遗产和信托的收入或损失

33	(a) 名称	(b) 雇主识别号码
A		
B		

	间接收入和损失		非间接收入和损失	
	(c) 间接活动扣减或被允许扣减的损失（如需要，附上8582表）	(d) 间接收入 来自K-1副表	(e) 扣减或损失 来自K-1副表	(f) 其他收入 来自K-1副表
A				
B				
34a 总 额				
b 总 额				

35	将第34a行的(d)栏和(f)栏的数字相加	35	
36	将第34b行的(c)栏和(e)栏的数字相加	36	( )
37	遗产和信托收入或(亏损)总额。请将第35行和第36行的数字相加。请将结果输入此处，并且包括在下方第41行的总额中	37	

第四部分 来自房地产抵押投资渠道的收入或损失（REMICs） - 残余持有人

38	(a) 姓名	(b) 雇主识别号码	(c) 超额包含额 来自Q副表第2c行（请参阅说明）	(d) 应纳税所得额(净损失) 来自Q副表第1b行	(e) 收入 来自Q副表第3b行

39	将(d)栏和(e)栏的数字相加。请将结果输入此处，并且包括在以下第41行的总额中。	39	

第五部分 总结

40	净农场出租收入或(损失)，来自4835表。并且完成下方第42行	40	
41	总收入或(损失)。请将第26、32、37、39和40行的数字相加。请将结果输入此处和表1040第17行、或表1040NR第18行。 ▶	41	
42	农场和渔业收入的调整。请输入您的农场和渔业总收入，来自4835表第7行；K-1副表(表1065)14框的代码B；K-1副表(表1120S)17框的代码V；和K-1副表(表1041)14框的代码F。(请参阅说明)	42	
43	为房地产专业人士的调整。如果您是房地产专业人士(请参阅说明)，请输入您报告在表1040或表1040NR上任何地方、所有您在间接运营损失规则下实质性参与的出租房地产活动的净收入或(损失)	43	

E副表(表1040) 2020

十三、W-2 工资与税务申报表（英）

22222 VOID ☐

a Employee's social security number

For Official Use Only ▶
OMB No. 1545-0008

b Employer identification number (EIN)

1 Wages, tips, other compensation

2 Federal income tax withheld

c Employer's name, address, and ZIP code

3 Social security wages

4 Social security tax withheld

5 Medicare wages and tips

6 Medicare tax withheld

7 Social security tips

8 Allocated tips

d Control number

9

10 Dependent care benefits

e Employee's first name and initial | Last name | Suff.

11 Nonqualified plans

12a See instructions for box 12 (Code)

13 Statutory employee ☐ | Retirement plan ☐ | Third-party sick pay ☐

12b (Code)

14 Other

12c (Code)

12d (Code)

f Employee's address and ZIP code

15 State	Employer's state ID number	16 State wages, tips, etc.	17 State income tax	18 Local wages, tips, etc.	19 Local income tax	20 Locality name

Form **W-2** **Wage and Tax Statement** **2020**

Department of the Treasury—Internal Revenue Service

For Privacy Act and Paperwork Reduction Act Notice, see the separate instructions.

Cat. No. 10134D

Copy A—For Social Security Administration. Send this entire page with Form W-3 to the Social Security Administration; photocopies are **not** acceptable.

Do Not Cut, Fold, or Staple Forms on This Page

十四、W-2 工资与税务申报表（中）

22222	无效 ☐	a 雇员的社安号	仅限官方使用 ▶ OMB No. 1545-0008
b 雇主的税务识别号		1 工资、小费和其他薪金	2 联邦所得税预扣
c 雇主的名字、地址和邮编		3 社安税工资	4 社安税预扣
		5 医疗税工资和小费	6 医疗税预扣
		7 社安税小费	8 分配的小费
d 管理编号		9	10 被扶养人照顾优惠
e 雇员的名和中间名缩写	雇员的姓 后缀	11 非合格计划	12a 请见说明 Code
		13 法定雇员 ☐ 退休计划 ☐ 第三方病假支付 ☐	12b Code
		14 其他	12c Code
f 雇员的住址和邮编			12d Code

15 州 雇主的州税号码	16 州工资、小费等	17 州所得税	18 本地工资、小费等	19 本地所得税	20 本地地名

Form **W-2** 工资与税务申报表 2020

美国财政部— 国税局
隐私法案和减少纸张行动通知，请参见单独的说明

A副本用于社安局申报— 请将全部页数与W-3表一并寄至社安局；不接受复印件

Cat. No. 10134D

请勿剪裁、折叠或者装订表格在本页上

十五、1099 非雇员收入表（英）

7171 ☐ VOID ☐ CORRECTED

PAYER'S name, street address, city or town, state or province, country, ZIP or foreign postal code, and telephone no.		OMB No. 1545-0116 2020 Form 1099-NEC	**Nonemployee Compensation**
	1 Nonemployee compensation $		**Copy A** **For** **Internal Revenue Service Center** **File with Form 1096.** For Privacy Act and Paperwork Reduction Act Notice, see the **2020 General Instructions for Certain Information Returns.**
PAYER'S TIN | RECIPIENT'S TIN	2		
RECIPIENT'S name	3		
Street address (including apt. no.)	4 Federal income tax withheld $		
City or town, state or province, country, and ZIP or foreign postal code			
FATCA filing requirement ☐			
Account number (see instructions) | 2nd TIN not. ☐	5 State tax withheld $ $	6 State/Payer's state no.	7 State income $ $

Form **1099-NEC** Cat. No. 72590N www.irs.gov/Form1099NEC Department of the Treasury - Internal Revenue Service

Do Not Cut or Separate Forms on This Page — Do Not Cut or Separate Forms on This Page

十六、1099 非雇员收入表（中）

7171　□ 无效　□ 纠正

支付人的名字、地址、邮编和电话

OMB No. 1545-0116

2020

1099-NEC表

非雇员收入

1 非雇员的佣金收入
$

A副表
国税局申报用

支付人的税号

接受人的税号

2

与1096表一并申报

接受人的名字

3

隐私法案和节省纸张法
案通知，请见2020特定
信息表的通用说明

接受人的街道地址

4 联邦所得税预扣
$

接受人的州省市和邮编

FATCA申
报要求
□

账号（请见说明）

第2次税号通知
□

5 州所得税预扣
$
$

6 州税号

7 州所得收入
$
$

1099-NEC表　Cat. No. 72590N　www.irs.gov/Form1099NEC　美国财政部— 国税局

请勿剪裁或裁开本页上的表格— 请勿剪裁或裁开本页上的表格

十七、美国非居民外国人所得税申报表（英）

Form **1040-NR** Department of the Treasury—Internal Revenue Service (99) **U.S. Nonresident Alien Income Tax Return** **2020** OMB No. 1545-0074 IRS Use Only—Do not write or staple in this space.

Filing Status Check only one box. ☐ Single ☐ Married filing separately (MFS) (formerly Married) ☐ Qualifying widow(er) (QW)

If you checked the QW box, enter the child's name if the qualifying person is a child but not your dependent ▶

Your first name and middle initial	Last name	**Your identifying number** (see instructions)
Home address (number and street or rural route). If you have a P.O. box, see instructions.	Apt. no.	Check if: ☐ Individual ☐ Estate or Trust
City, town, or post office. If you have a foreign address, also complete spaces below.	State	ZIP code
Foreign country name	Foreign province/state/county	Foreign postal code

At any time during 2020, did you receive, sell, send, exchange, or otherwise acquire any financial interest in any virtual currency? ☐ **Yes** ☐ **No**

Dependents (see instructions):	**(1)** First name Last name	**(2)** Dependent's identifying number	**(3)** Dependent's relationship to you	**(4)** ✔ if qualifies for (see instr.): Child tax credit	Credit for other dependents
If more than four dependents, see instructions and check here ▶ ☐				☐	☐
				☐	☐
				☐	☐
				☐	☐

Income Effectively Connected With U.S. Trade or Business

1a	Wages, salaries, tips, etc. Attach Form(s) W-2				1a	
b	Scholarship and fellowship grants. Attach Form(s) 1042-S or required statement. See instructions				1b	
c	Total income exempt by a treaty from Schedule OI (Form 1040-NR), Item L, line 1(e)	1c				
2a	Tax-exempt interest	2a		b Taxable interest	2b	
3a	Qualified dividends	3a		b Ordinary dividends	3b	
4a	IRA distributions	4a		b Taxable amount	4b	
5a	Pensions and annuities	5a		b Taxable amount	5b	
6	Reserved for future use				6	
7	Capital gain or (loss). Attach Schedule D (Form 1040) if required. If not required, check here ▶ ☐				7	
8	Other income from Schedule 1 (Form 1040), line 9				8	
9	Add lines 1a, 1b, 2b, 3b, 4b, 5b, 7, and 8. This is your **total effectively connected income** ▶				9	
10	Adjustments to income:					
a	From Schedule 1 (Form 1040), line 22	10a				
b	Charitable contributions for certain residents of India. See instructions	10b				
c	Scholarship and fellowship grants excluded	10c				
d	Add lines 10a through 10c. These are your **total adjustments to income** ▶				10d	
11	Subtract line 10d from line 9. This is your **adjusted gross income** ▶				11	
12	**Itemized deductions** (from Schedule A (Form 1040-NR)) or, for certain residents of India, standard deduction. See instructions				12	
13a	Qualified business income deduction. Attach Form 8995 or Form 8995-A	13a				
b	Exemptions for estates and trusts only. See instructions	13b				
c	Add lines 13a and 13b				13c	
14	Add lines 12 and 13c				14	
15	**Taxable income.** Subtract line 14 from line 11. If zero or less, enter -0-				15	

For Disclosure, Privacy Act, and Paperwork Reduction Act Notice, see separate instructions. Cat. No. 11364D Form **1040-NR** (2020)

Line	Description	Box	Amount	Box	Amount
16	**Tax** (see instructions). Check if any from Form(s): 1 ☐ 8814 2 ☐ 4972 3 ☐ ______			16	
17	Amount from Schedule 2 (Form 1040), line 3			17	
18	Add lines 16 and 17			18	
19	Child tax credit or credit for other dependents			19	
20	Amount from Schedule 3 (Form 1040), line 7			20	
21	Add lines 19 and 20			21	
22	Subtract line 21 from line 18. If zero or less, enter -0-			22	
23a	Tax on income not effectively connected with a U.S. trade or business from Schedule NEC (Form 1040-NR), line 15	23a			
b	Other taxes, including self-employment tax, from Schedule 2 (Form 1040), line 10	23b			
c	Transportation tax (see instructions)	23c			
d	Add lines 23a through 23c			23d	
24	Add lines 22 and 23d. This is your **total tax** ▶			24	
25	Federal income tax withheld from:				
a	Form(s) W-2	25a			
b	Form(s) 1099	25b			
c	Other forms (see instructions)	25c			
d	Add lines 25a through 25c			25d	
e	Form(s) 8805			25e	
f	Form(s) 8288-A			25f	
g	Form(s) 1042-S			25g	
26	2020 estimated tax payments and amount applied from 2019 return			26	
27	Reserved for future use	27			
28	Additional child tax credit. Attach Schedule 8812 (Form 1040)	28			
29	Credit for amount paid with Form 1040-C	29			
30	Reserved for future use	30			
31	Amount from Schedule 3 (Form 1040), line 13	31			
32	Add lines 28 through 31. These are your **total other payments and refundable credits** ▶			32	
33	Add lines 25d, 25e, 25f, 25g, 26, and 32. These are your **total payments** ▶			33	

Refund

Line	Description	Box	Amount	Box	Amount
34	If line 33 is more than line 24, subtract line 24 from line 33. This is the amount you **overpaid**			34	
35a	Amount of line 34 you want **refunded to you.** If Form 8888 is attached, check here ▶ ☐			35a	
▶ b	Routing number ▶ c Type: ☐ Checking ☐ Savings				
▶ d	Account number				
▶ e	If you want your refund check mailed to an address outside the United States not shown on page 1, enter it here.				
36	Amount of line 34 you want **applied to your 2021 estimated tax** ▶	36			

Direct deposit? See instructions.

Amount You Owe

Line	Description	Box	Amount	Box	Amount
37	**Amount you owe.** Subtract line 33 from line 24. For details on how to pay, see instructions ▶			37	
38	Estimated tax penalty (see instructions) ▶	38			

Third Party Designee
(Other than paid preparer)

Do you want to allow another person (other than your paid preparer) to discuss this return with the IRS? See instructions ▶ ☐ **Yes.** Complete below. ☐ **No**

Designee's name ▶ Phone no. ▶ Personal identification number (PIN) ▶

Sign Here

Under penalties of perjury, I declare that I have examined this return and accompanying schedules and statements, and to the best of my knowledge and belief, they are true, correct, and complete. Declaration of preparer (other than taxpayer) is based on all information of which preparer has any knowledge.

Your signature	Date	Your occupation	If the IRS sent you an Identity Protection PIN, enter it here (see inst.) ▶
Phone no.	Email address		

Paid Preparer Use Only

Preparer's name	Preparer's signature	Date	PTIN	Check if: ☐ Self-employed
Firm's name ▶			Phone no.	
Firm's address ▶			Firm's EIN ▶	

SCHEDULE A (Form 1040-NR)

Department of the Treasury
Internal Revenue Service (99)

Itemized Deductions

▶ Go to *www.irs.gov/Form1040NR* for instructions and the latest information.
▶ Attach to Form 1040-NR.
Caution: If you are claiming a net qualified disaster loss on Form 4684, see instructions for line 7.

OMB No. 1545-0074
2020
Attachment Sequence No. **7A**

Name shown on Form 1040-NR | **Your identifying number**

Taxes You Paid	1a	State and local income taxes	1a			
	b	Enter the smaller of line 1a or $10,000 ($5,000 if you checked Married filing separately under *Filing Status* on page 1 of Form 1040-NR)			1b	
Gifts to U.S. Charities	2	Gifts by cash or check. If you made any gift of $250 or more, see instructions	2			
Caution: If you made a gift and received a benefit in return, see instructions.	3	Other than by cash or check. If you made any gift of $250 or more, see instructions. Individuals **must** attach Form 8283 if line 3 is over $500	3			
	4	Carryover from prior year	4			
	5	Add lines 2 through 4			5	
Casualty and Theft Losses	6	Casualty and theft loss(es) from a federally declared disaster (other than net qualified disaster losses). Attach Form 4684 and enter the amount from line 18 of that form. See instructions			6	
Other Itemized Deductions	7	Other—from list in instructions. List type and amount ▶			7	
Total Itemized Deductions	8	Add the amounts in the far right column for lines 1b through 7. Also, enter this amount on Form 1040-NR, line 12			8	

For Paperwork Reduction Act Notice, see the Instructions for Form 1040-NR. Cat. No. 72749E **Schedule A (Form 1040-NR) 2020**

SCHEDULE NEC (Form 1040-NR)
Department of the Treasury Internal Revenue Service (99)

Tax on Income Not Effectively Connected With a U.S. Trade or Business

► Go to *www.irs.gov/Form1040NR* for instructions and the latest information.
► Attach to Form 1040-NR.

OMB No. 1545-0074
2020
Attachment Sequence No. 7B

Name shown on Form 1040-NR | **Your identifying number**

Enter **amount of income** under the appropriate rate of tax. See instructions.

	Nature of Income		(a) 10%	(b) 15%	(c) 30%	(d) Other (specify) %	%
1	Dividends and dividend equivalents:						
a	Dividends paid by U.S. corporations	1a					
b	Dividends paid by foreign corporations	1b					
c	Dividend equivalent payments received with respect to section 871(m) transactions	1c					
2	Interest:						
a	Mortgage	2a					
b	Paid by foreign corporations	2b					
c	Other	2c					
3	Industrial royalties (patents, trademarks, etc.)	3					
4	Motion picture or TV copyright royalties	4					
5	Other royalties (copyrights, recording, publishing, etc.)	5					
6	Real property income and natural resources royalties	6					
7	Pensions and annuities	7					
8	Social security benefits	8					
9	Capital gain from line 18 below	9					
10	Gambling—Residents of Canada only. Enter net income in column (c). **If zero or less, enter -0-.**						
a	Winnings ________						
b	Losses ________	10c					
11	Gambling winnings—Residents of countries other than Canada. **Note:** Losses not allowed	11					
12	Other (specify) ► ________	12					
13	Add lines 1a through 12 in columns (a) through (d)	13					
14	**Multiply line 13 by rate of tax at top of each column**	14					

15 **Tax on income not effectively connected with a U.S. trade or business.** Add columns (a) through (d) of line 14. Enter the total here and on Form 1040-NR, line 23a ► | 15 |

Capital Gains and Losses From Sales or Exchanges of Property

Enter only the capital gains and losses from property sales or exchanges that are from sources within the United States and not effectively connected with a U.S. business. Do not include a gain or loss on disposing of a U.S. real property interest; report these gains and losses on Schedule D (Form 1040).

Report property sales or exchanges that are effectively connected with a U.S. business on Schedule D (Form 1040), Form 4797, or both.

16 (a) Kind of property and description (if necessary, attach statement of descriptive details not shown below)	(b) Date acquired mm/dd/yyyy	(c) Date sold mm/dd/yyyy	(d) Sales price	(e) Cost or other basis	(f) LOSS If (e) is more than (d), subtract (d) from (e).	(g) GAIN If (d) is more than (e subtract (e) from (d)

17 Add columns (f) and (g) of line 16 | 17 | ( ) |

18 **Capital gain.** Combine columns (f) and (g) of line 17. Enter the net gain here and on line 9 above. If a loss, enter -0- ► | 18 |

For Paperwork Reduction Act Notice, see the Instructions for Form 1040-NR. Cat. No. 72752B **Schedule NEC (Form 1040-NR) 20**

SCHEDULE OI (Form 1040-NR)

Department of the Treasury Internal Revenue Service (99)

Other Information

▶ Go to *www.irs.gov/Form1040NR* for instructions and the latest information.
▶ Attach to Form 1040-NR.
▶ Answer all questions.

OMB No. 1545-0074

2020

Attachment Sequence No. **7C**

Name shown on Form 1040-NR | **Your identifying number**

A Of what country or countries were you a citizen or national during the tax year? ____________

B In what country did you claim residence for tax purposes during the tax year? ____________

C Have you ever applied to be a green card holder (lawful permanent resident) of the United States? . . . . . ☐ **Yes** ☐ **No**

D Were you ever:

1. A U.S. citizen? . . . . . ☐ **Yes** ☐ **No**

2. A green card holder (lawful permanent resident) of the United States? . . . . . ☐ **Yes** ☐ **No**

If you answer "Yes" to (1) or (2), see Pub. 519, chapter 4, for expatriation rules that apply to you.

E If you had a visa on the last day of the tax year, enter your visa type. If you did not have a visa, enter your U.S. immigration status on the last day of the tax year. ____________

F Have you ever changed your visa type (nonimmigrant status) or U.S. immigration status? . . . . . ☐ **Yes** ☐ **No**

If you answered "Yes," indicate the date and nature of the change ▶ ____________

G List all dates you entered and left the United States during 2020. See instructions.

Note: If you are a resident of Canada or Mexico **AND** commute to work in the United States at frequent intervals, **check the box for Canada or Mexico** and skip to item H . . . . . ☐ Canada ☐ Mexico

Date entered United States mm/dd/yy	Date departed United States mm/dd/yy	Date entered United States mm/dd/yy	Date departed United States mm/dd/yy

H Give number of days (including vacation, nonworkdays, and partial days) you were present in the United States during: 2018 ________ , 2019 ________ , and 2020 ________ .

I Did you file a U.S. income tax return for any prior year? . . . . . ☐ **Yes** ☐ **No**

If "Yes," give the latest year and form number you filed ▶ ____________

J Are you filing a return for a trust? . . . . . ☐ **Yes** ☐ **No**

If "Yes," did the trust have a U.S. or foreign owner under the grantor trust rules, make a distribution or loan to a U.S. person, or receive a contribution from a U.S. person? . . . . . ☐ **Yes** ☐ **No**

K Did you receive total compensation of $250,000 or more during the tax year? . . . . . ☐ **Yes** ☐ **No**

If "Yes," did you use an alternative method to determine the source of this compensation? . . . . . ☐ **Yes** ☐ **No**

L Income Exempt From Tax—If you are claiming exemption from income tax under a U.S. income tax treaty with a foreign country, complete (1) through (3) below. See Pub. 901 for more information on tax treaties.

1. Enter the name of the country, the applicable tax treaty article, the number of months in prior years you claimed the treaty benefit, and the amount of exempt income in the columns below. Attach Form 8833 if required. See instructions.

(a) Country	**(b)** Tax treaty article	**(c)** Number of months claimed in prior tax years	**(d)** Amount of exempt income in current tax year

(e) Total. Enter this amount on Form 1040-NR, line 1c. Do not enter it on line 1a or line 1b . . . ▶ ____

2. Were you subject to tax in a foreign country on any of the income shown in 1(d) above? . . . . . ☐ **Yes** ☐ **No**

3. Are you claiming treaty benefits pursuant to a Competent Authority determination? . . . . . ☐ **Yes** ☐ **No**

If "Yes," attach a copy of the Competent Authority determination letter to your return.

M Check the applicable box if:

1. This is the first year you are making an election to treat income from real property located in the United States as effectively connected with a U.S. trade or business under section 871(d). See instructions . . . . . ▶ ☐

2. You have made an election in a previous year that has not been revoked, to treat income from real property located in the United States as effectively connected with a U.S. trade or business under section 871(d). See instructions . . . . . ▶ ☐

十八、美国非居民外国人所得税申报表（中）

表 **1040-NR** 国税局-财政部 美国非居民外国人所得税申报表 (99) **2020** OMB No. 1545-0074 IRS Use Only—Do not write or staple in this space.

报税身份 只勾选一个框 ☐ 单身 ☐ 已婚分报 ☐ 符合条件的鳏夫

如勾选鳏夫，输入孩子姓名如果孩子不是符合条件被抚养人 ▶

您的名和中间名的缩写	姓		识别号码（请参阅说明）
当前的家庭住址（号码和街道或乡村道路）。如果您有邮政信箱，请参阅说明。		公寓号	勾选如果 ☐ 个人 ☐ 遗产或信托
城市、城镇或邮局。如果您有外国地址，也请填写在下方空白处。	州	邮政编码	
外国国家名	外国省/州/县	外国邮政编码	

在2020年间，您是否有接受、卖出、发送、交换或其他方式获取任何虚拟货币的利息？ ☐ 是 ☐ 否

被抚养人	(1) 名 姓	(2) 被抚养人识别码	(3) 被抚养人与您的关系	(4) ✔ 如果符合（请参阅说明）：子女税优惠	其他被抚养人抵税优惠
如果被抚养人超过四个，请参阅说明并勾选此处。				☐	☐
				☐	☐
				☐	☐
				☐	☐

有效与美国贸易/商业联系的收入

行	项目				行号	金额
1a	工资、薪水、小费等。请附上表格W-2				1a	
b	奖学金和助学金。附上1042-S表或要求的表。请参阅说明。				1b	
c	总免税收入，来自附表OI（表1040-NR），第L(1)(e)项的协定。	1c				
2a	可免税的利息。	2a		b 应纳税的利息	2b	
3a	符合条件的股息	3a		b 普通股息	3b	
4a	IRA收入	4a		b 应纳税金额	4b	
5a	抚恤金和养老金	5a		b 应纳税金额	5b	
6	保留				6	
7	资本收益或（亏损）。如果需要，附上附表D（1040表）。如果不需要，勾选此处 ▶ ☐				7	
8	其他收入来自于附表1（1040表）第9行				8	
9	将1a, 1b, 2b, 3b, 4b, 5b, 7和第8行数额加总。这是您的有效联结总收入 ▶				9	
10	收入调整：					
a	来自于附表1（1040表）第22行	10a				
b	为特定印度居民慈善捐赠。请参阅说明	10b				
c	未包含奖学金和助学金	10c				
d	将10a行至10c行加总。这是您的总收入调整 ▶				10d	
11	从第9行中减去第10d行数额。这是您调整后收入。 ▶				11	
12	逐项扣减（来自附表A1040-NR 表）或特定印度居民标准减税额。请参阅说明				12	
13a	符合条件的营业收入扣除。附上8995表或8995-A表	13a				
b	仅针对遗产和信托的豁免。请参阅说明	13b				
c	将第13a行和13b行的数额加总				13c	
14	将第12行和13c行的数额加总				14	
15	应税收入。从第11行中减去第14行的数额。如果为零或更少，则输入-0-				15	

关于披露、隐私法、减少书面文件的法案，请参阅说明。 Cat. No. 11364D 表 **1040-NR** (2020)

表 1040-NR (2020) 第2页

	16	税额（请参阅说明）。勾选如果有税额来自于： 1 ☐ 8814 2 ☐ 4972 3 ☐		16	
	17	附表2（1040表）第3行金额		17	
	18	将第16行和17行的数额加总		18	
	19	儿童抵税优惠和其他被抚养人优惠		19	
	20	附表3（1040表）第7行金额		20	
	21	将第19行和20行的数额加总		21	
	22	从第18行中减去第21行的数额。如果为零或更少，输入-0-		22	
	23a	与美国交易或商贸没有有效联结的收入的所得税，来自附表NEC，第15行	23a		
	b	其他税，包括自雇税，来自附表SE（1040表）第10行	23b		
	c	交通税（请参阅说明）	23c		
	d	将第23a行和23c行的数额加总		23d	
	24	将第22行和第23d行的数额加总。这是您的总税额。 ▶		24	
	25	联邦所得税预扣款来自于：			
	a	W-2表	25a		
	b	1099表	25b		
	c	其他表格（请参阅说明）	25c		
	d	将第25a行到25c行的数额加总		25d	
	e	8805表		25e	
	f	8288-A表		25f	
	g	1042-S表		25g	
	26	2020年预估税缴纳额和来自2019年税表金额		26	
	27	保留	27		
	28	额外的儿童抵税优惠。附上附表8812	28		
	29	与1040-C所付金额	29		
	30	保留	30		
	31	附表3（1040表）第13行金额	31		
	32	将第28行到第31行的数额加总。这些是您的总其他付款额和可退还优惠 ▶		32	
	33	将第25d，25e，25f，25g，26行和第32行的数额加总。这些是您的总付款额 ▶		33	
退税	34	如果第33行的数额大于第24行，则从第33行中减去第24行的数额。这是您超额支付的金额		34	
	35a	第34行数额中您希望返还给您的金额。如果有附8888表，请勾选此处。 ▶ ☐		35a	
经转账直接存款？请参阅说明。	▶ b	银行代码 ▶ c 类别： ☐ 支票账户 ☐ 储蓄账户			
	▶ d	账户号码			
	▶ e	如果您希望您的退款支票被寄到没有在第1页显示的、美国之外的地址，请在此输入。			
	36	第34行中您希望适用于您2021年预估税的金额 ▶	36		
欠税金额	37	欠税的金额。从第24行中减去第33行的数额。关于如何支付的详细信息，请参阅说明。 ▶		37	
	38	预估税罚款（请参阅说明） ▶	38		

第三方指定人

您是否允许另一个人与国税局讨论这份税表？请参阅说明 ▶ ☐ 是。请完成以下信息。 ☐ 否

指定人姓名　　电话号码　　个人识别码

签名

根据美国法律有关伪证罪的规定，本人宣誓，我已审查这份税表及其附带的副表和声明，且基于我本人的知识和信任，所填写的内容是真实、正确和完整的。报税员（纳税人除外）的声明基于报税员知道的所有信息。

您的签名　　日期　　您的职业　　如果国税局向您发送了一个身份保护密码，请在此输入。（请查阅说明） ▶

电话号码　　邮箱

收费报税员专用

报税员名字	报税员签名	日期	PTIN	勾选 如果自雇
公司名称 ▶			电话号码	
公司地址 ▶			公司 EIN ▶	

Go to *www.irs.gov/Form1040NR* for instructions and the latest information. 表 **1040-NR** (2020)

副表A (1040-NR) 国税局 财政部	逐项扣减 ▶ Go to *www.irs.gov/Form1040NR* for instructions and the latest information. ▶ 附在1040-NR表 注意：如果您申报合格净损失在4684表，请参阅第7行说明。			OMB No. 1545-0074 **2020** Attachment Sequence No. **7A**
1040-NR表上姓名				识别号码
您已支付的税额	**1a** 州和地方所得税	**1a**		
	b 输入第1a行和¥10,000中的较小者（如果在1040-NR表第一页报税状态勾选了夫妻分报，则为¥ 5,000）		**1b**	
对美国慈善机构的赠予	**2** 现金或支票形式的赠予。如果您的赠予是¥250或以上，请参阅说明	**2**		
注意：如果您赠予并获得了回报，请参阅说明。	**3** 除了现金或支票形式的赠予。如果您的赠予是¥250或以上，请参阅说明。个人必须附8283表如果第3行超过¥500。	**3**		
	4 从过去年度结转到现在	**4**		
	5 将第2行到第4行的数额加总		**5**	
意外和盗窃损失	**6** 联邦政府宣布的灾难造成的伤亡和盗窃损失（合格净损失除外）。附上4684表并输入该表第18行数额。请参阅说明		**6**	
其他逐项扣减	**7** 其他-从说明中的列表。列示类型和金额 ▶		**7**	
总逐项扣减	**8** 将第1b行至7行的最右列数额加总。此外，在1040-NR表的第12行中输入此金额		**8**	

关于披露、隐私法、减少书面文件的法案，请参阅说明。 Cat. No. 72749E 附表A **(Form 1040-NR) 2020**

副表NEC（1040-NR） 国税局 财政部	和美国交易或商贸未有效联结的收入的税额 ss ▶ Go to *www.irs.gov/Form1040NR* for instructions and the latest information. ▶ 附在1040-NR表	OMB No. 1545-0074 **2020** Attachment Sequence No. **7B**

1040-NR表上姓名 | 识别号码

输入适当税率的收入金额（请参阅说明）

收入性质			(a) 10%	(b) 15%	(c) 30%	(d) 其他（列举）%	%
1	股息或股息等价物：						
a	美国公司所付股息	1a					
b	外国公司所付股息	1b					
c	就871（m）条交易获得的股息等价物付款	1c					
2	利息：						
a	抵押贷款	2a					
b	由外国公司支付	2b					
c	其他	2c					
3	行业版税（专利、商标等）	3					
4	电影或电视的著作版权税	4					
5	其他版税（著作、制片、出版等）	5					
6	房地产收入和自然资源使用费	6					
7	退休金和养老金	7					
8	社会安全福利	8					
9	资本利得，来自以下第18行	9					
10	赌博 - 仅针对加拿大居民。请在(c)栏中输入净收入。如果是0或更少，输入-0-。						
a	赢利						
b	亏损	10c					
11	赌博赢利 - 加拿大以外的其他国家居民。注意：不允许亏损	11					
12	其他（列举）▶	12					
13	在(a)栏到(d)栏中将第1a行到第12行的数额加总	13					
14	第13行的数额乘以每栏最上面的税率	14					

15 和美国交易或商贸未有效联结的收入的税额。将(a)栏到(d)栏的第14行加总。在1040-NR表第23行和此处输入总数 | 15 |

由财产买卖或交换产生的资本利得或亏损

只输入由财产买卖或交换产生的利得和亏损，其来自于美国内部资源并且与美国商业未有效联结。 请不要包括由处理美国不动产利息产生的利得或亏损；将这些利得和亏损申报在附表D（1040表）上。 请将与美国商业有效联结的财产买卖或交换申报在附表D（1040表），4797表，或同时申报在两个表上。	16 (a) 财产类型和描述（若需要，请附上未显示在下方的描述栏细节的说明）	(b) 获得日期（月、日、年）	(c) 出售日期（月、日、年）	(d) 销售价格	(e) oth 成本或其他计税基础	(f) 亏损 如果(e)的数额大于(d)，从(e)中减去(d)	(g) 利得 如果(d)的数额大于(e)，从(d)中减去(e)

17 将第16行的(f)栏和(g)栏加总 | 17 | ( ) |

18 资本利得。将第17行的(f)栏和(g)栏加总。请在上方的第9行和此处输入净利得（如果是亏损，输入-0-）▶ | 18 |

关于披露、隐私法、减少书面文件的法案，请参阅说明。 Cat. No. 72752B 附表 NEC (Form 1040-NR) 2020

副表OI (1040-NR)

国税局 财政部

其他信息

▶ Go to *www.irs.gov/Form1040NR* for instructions and the latest information.

▶ 附在1040-NR表

▶ 回答所有问题。

OMB No. 1545-0074

2020

Attachment Sequence No. 7C

1040-NR表上姓名 | 识别号码

A 在本税务年中您曾经是哪个（些）国家的公民或者国民？

B 在本税务年中，您曾经在哪个国家声称过是税务意义上的居民？

C 您申请过美国绿卡持有者的身份（合法永久性居民）吗？ ☐是 ☐否

D 您曾是：

1. 美国公民？ ☐是 ☐否

2. 美国绿卡持有者（合法永久性居民）？ ☐是 ☐否

如果您回答(1)或(2)“是”，请参阅公告519第4章中适用于您的放弃国籍的法规。

E 如果您在本税务年的最后一天有签证，请输入您的签证类型。如果您没有签证，请输入您在本税务年最后一天的美国移民状态。

F 您是否曾修改过您的签证类型（非移民状态）或美国移民状态？ ☐是 ☐否

如果您回答“是”，请列示修改的日期和性质。 ▶

G 请列示您在2020年间所有出、入境美国的日期。请参阅说明。

注意：如果您是加拿大或墨西哥居民并且以较高的频率通勤来美国工作，请勾选加拿大或墨西哥的框并直接跳至H项 ☐加拿大 ☐墨西哥

入境美国的日期 月/日/年	离境美国的日期 月/日/年	入境美国的日期 月/日/年	离境美国的日期 月/日/年

H 请给出以下年份中您在美国的天数总和（包括假日、非工作日和半日）：

2018 ______, 2019 ______, and 2020 ______.

I 您是否提交过任何以前年度的美国所得税申报表？ ☐是 ☐否

如果“是”，请填写您提交税表的最新年份和税表号码 ▶

J 您是否为信托提交过税务申报表？ ☐是 ☐否

如果“是”，此信托是否有美国或外国所有人按照赠与人信托规则，曾分配或借款给美国人，或者接受美国人的捐赠？ ☐是 ☐否

K 您在本税务年间是否收到¥250,000或以上的薪资？ ☐是 ☐否

如果“是”，您是否用过替代性的方法来确定该薪资的来源？ ☐是 ☐否

L 免税收入 - 如果您根据与外国签订的美国所得税协定要求免征所得税，请完成下方(1)到(3)的部分。关于税收协定的更多信息请参阅公告901。

1. 请在以下表格中输入国家名称、适用的税务协定条款、以前年度中您要求了税务协定优惠的月数，和本税务年度免税收入的总额。如需要，附上8833表。请参阅说明。

(a) 国家	**(b)** 税务协定条款	**(c)** 以前年度要求了税务协定优惠的月数	**(d)** 本税务年度的免税收入总额
(e) 总额。请在1040-NR表第1c行中输入此数字。请不要在第1行或第1b行中输入此数字。 ▶			

2. 对于在上方1(d)中显示的数额，您是否需要缴纳国外的税？ ☐Yes ☐否

3. 您是否根据主管当局的决定要求享有税务协定优惠？ ☐Yes ☐否

如果“是”，请在您的税表后附上一份主管当局决定信的副本。

M 勾选符合的框如果：

1. 这是您第一年选择在第871（d）条下将来自美国房地产的收入视为与美国交易或商贸有效联结的收入。请参阅说明。 ▶ ☐

2. 您在上一年度选择且并未撤销，在第871（d）条下将来自美国房地产的收入视为与美国交易或商贸有效联结的收入。请参阅说明。 ▶ ☐

关于披露、隐私法、减少书面文件的法案，请参阅说明。 Cat. No. 72756T 附表 OI (Form 1040-NR) 2020

十九、美国股份有限公司所得税申报表（英）

Form **1120** Department of the Treasury Internal Revenue Service

U.S. Corporation Income Tax Return

For calendar year 2020 or tax year beginning ____________, 2020, ending ____________, 20 ____

▶ Go to *www.irs.gov/Form1120* for instructions and the latest information.

OMB No. 1545-0123

2020

A Check if:	TYPE OR PRINT		
1a Consolidated return (attach Form 851) ☐		Name	B Employer identification number
b Life/nonlife consolidated return ☐		Number, street, and room or suite no. If a P.O. box, see instructions.	C Date incorporated
2 Personal holding co. (attach Sch. PH) ☐		City or town, state or province, country, and ZIP or foreign postal code	D Total assets (see instructions) $
3 Personal service corp. (see instructions) ☐			
4 Schedule M-3 attached ☐	E Check if:	(1) ☐ Initial return (2) ☐ Final return (3) ☐ Name change (4) ☐ Address change	

Income	1a	Gross receipts or sales	1a			
	b	Returns and allowances	1b			
	c	Balance. Subtract line 1b from line 1a			1c	
	2	Cost of goods sold (attach Form 1125-A)			2	
	3	Gross profit. Subtract line 2 from line 1c			3	
	4	Dividends and inclusions (Schedule C, line 23)			4	
	5	Interest			5	
	6	Gross rents			6	
	7	Gross royalties			7	
	8	Capital gain net income (attach Schedule D (Form 1120))			8	
	9	Net gain or (loss) from Form 4797, Part II, line 17 (attach Form 4797)			9	
	10	Other income (see instructions—attach statement)			10	
	11	**Total income.** Add lines 3 through 10 ▶			11	
Deductions (See instructions for limitations on deductions.)	12	Compensation of officers (see instructions—attach Form 1125-E) ▶			12	
	13	Salaries and wages (less employment credits)			13	
	14	Repairs and maintenance			14	
	15	Bad debts			15	
	16	Rents			16	
	17	Taxes and licenses			17	
	18	Interest (see instructions)			18	
	19	Charitable contributions			19	
	20	Depreciation from Form 4562 not claimed on Form 1125-A or elsewhere on return (attach Form 4562)			20	
	21	Depletion			21	
	22	Advertising			22	
	23	Pension, profit-sharing, etc., plans			23	
	24	Employee benefit programs			24	
	25	Reserved for future use			25	
	26	Other deductions (attach statement)			26	
	27	**Total deductions.** Add lines 12 through 26 ▶			27	
	28	Taxable income before net operating loss deduction and special deductions. Subtract line 27 from line 11			28	
	29a	Net operating loss deduction (see instructions)	29a			
	b	Special deductions (Schedule C, line 24)	29b			
	c	Add lines 29a and 29b			29c	
Tax, Refundable Credits, and Payments	30	**Taxable income.** Subtract line 29c from line 28. See instructions			30	
	31	Total tax (Schedule J, Part I, line 11)			31	
	32	2020 net 965 tax liability paid (Schedule J, Part II, line 12)			32	
	33	Total payments, credits, and section 965 net tax liability (Schedule J, Part III, line 23)			33	
	34	Estimated tax penalty. See instructions. Check if Form 2220 is attached ▶ ☐			34	
	35	**Amount owed.** If line 33 is smaller than the total of lines 31, 32, and 34, enter amount owed			35	
	36	**Overpayment.** If line 33 is larger than the total of lines 31, 32, and 34, enter amount overpaid			36	
	37	Enter amount from line 36 you want: **Credited to 2021 estimated tax** ▶ **Refunded** ▶			37	

Sign Here

Under penalties of perjury, I declare that I have examined this return, including accompanying schedules and statements, and to the best of my knowledge and belief, it is true, correct, and complete. Declaration of preparer (other than taxpayer) is based on all information of which preparer has any knowledge.

▶ Signature of officer | Date | ▶ Title

May the IRS discuss this return with the preparer shown below? See instructions. ☐ **Yes** ☐ **No**

Paid Preparer Use Only	Print/Type preparer's name	Preparer's signature	Date	Check ☐ if self-employed	PTIN
	Firm's name ▶			Firm's EIN ▶	
	Firm's address ▶			Phone no.	

For Paperwork Reduction Act Notice, see separate instructions. Cat. No. 11450Q Form **1120** (2020)

Form 1120 (2020) Page **2**

Schedule C	**Dividends, Inclusions, and Special Deductions** (see instructions)	**(a)** Dividends and inclusions	**(b)** %	**(c)** Special deductions **(a)** × **(b)**
1	Dividends from less-than-20%-owned domestic corporations (other than debt-financed stock)		50	
2	Dividends from 20%-or-more-owned domestic corporations (other than debt-financed stock)		65	
3	Dividends on certain debt-financed stock of domestic and foreign corporations		See instructions	
4	Dividends on certain preferred stock of less-than-20%-owned public utilities		23.3	
5	Dividends on certain preferred stock of 20%-or-more-owned public utilities		26.7	
6	Dividends from less-than-20%-owned foreign corporations and certain FSCs		50	
7	Dividends from 20%-or-more-owned foreign corporations and certain FSCs		65	
8	Dividends from wholly owned foreign subsidiaries		100	
9	**Subtotal.** Add lines 1 through 8. See instructions for limitations		See instructions	
10	Dividends from domestic corporations received by a small business investment company operating under the Small Business Investment Act of 1958		100	
11	Dividends from affiliated group members		100	
12	Dividends from certain FSCs		100	
13	Foreign-source portion of dividends received from a specified 10%-owned foreign corporation (excluding hybrid dividends) (see instructions)		100	
14	Dividends from foreign corporations not included on line 3, 6, 7, 8, 11, 12, or 13 (including any hybrid dividends)			
15	Section 965(a) inclusion		See instructions	
16a	Subpart F inclusions derived from the sale by a controlled foreign corporation (CFC) of the stock of a lower-tier foreign corporation treated as a dividend (attach Form(s) 5471) (see instructions)		100	
b	Subpart F inclusions derived from hybrid dividends of tiered corporations (attach Form(s) 5471) (see instructions)			
c	Other inclusions from CFCs under subpart F not included on line 15, 16a, 16b, or 17 (attach Form(s) 5471) (see instructions)			
17	Global Intangible Low-Taxed Income (GILTI) (attach Form(s) 5471 and Form 8992)			
18	Gross-up for foreign taxes deemed paid			
19	IC-DISC and former DISC dividends not included on line 1, 2, or 3			
20	Other dividends			
21	Deduction for dividends paid on certain preferred stock of public utilities			
22	Section 250 deduction (attach Form 8993)			
23	**Total dividends and inclusions.** Add column (a), lines 9 through 20. Enter here and on page 1, line 4			
24	**Total special deductions.** Add column (c), lines 9 through 22. Enter here and on page 1, line 29b			

Form 1120 (2020) Page 3

Schedule J Tax Computation and Payment (see instructions)

Part I—Tax Computation

1	Check if the corporation is a member of a controlled group (attach Schedule O (Form 1120)). See instructions ▶ ☐				
2	Income tax. See instructions			2	
3	Base erosion minimum tax amount (attach Form 8991)			3	
4	Add lines 2 and 3			4	
5a	Foreign tax credit (attach Form 1118)	5a			
b	Credit from Form 8834 (see instructions)	5b			
c	General business credit (attach Form 3800)	5c			
d	Credit for prior year minimum tax (attach Form 8827)	5d			
e	Bond credits from Form 8912	5e			
6	**Total credits.** Add lines 5a through 5e			6	
7	Subtract line 6 from line 4			7	
8	Personal holding company tax (attach Schedule PH (Form 1120))			8	
9a	Recapture of investment credit (attach Form 4255)	9a			
b	Recapture of low-income housing credit (attach Form 8611)	9b			
c	Interest due under the look-back method—completed long-term contracts (attach Form 8697)	9c			
d	Interest due under the look-back method—income forecast method (attach Form 8866)	9d			
e	Alternative tax on qualifying shipping activities (attach Form 8902)	9e			
f	Interest/tax due under Section 453A(c) and/or Section 453(l)	9f			
g	Other (see instructions—attach statement)	9g			
10	**Total.** Add lines 9a through 9g			10	
11	**Total tax.** Add lines 7, 8, and 10. Enter here and on page 1, line 31			11	

Part II—Section 965 Payments (see instructions)

12	2020 net 965 tax liability paid from Form 965-B, Part II, column (k), line 4. Enter here and on page 1, line 32	12	

Part III—Payments, Refundable Credits, and Section 965 Net Tax Liability

13	2019 overpayment credited to 2020			13	
14	2020 estimated tax payments			14	
15	2020 refund applied for on Form 4466			15	( )
16	Combine lines 13, 14, and 15			16	
17	Tax deposited with Form 7004			17	
18	Withholding (see instructions)			18	
19	**Total payments.** Add lines 16, 17, and 18			19	
20	Refundable credits from:				
a	Form 2439	20a			
b	Form 4136	20b			
c	Reserved for future use	20c			
d	Other (attach statement—see instructions)	20d			
21	**Total credits.** Add lines 20a through 20d			21	
22	2020 net 965 tax liability from Form 965-B, Part I, column (d), line 4. See instructions			22	
23	**Total payments, credits, and section 965 net tax liability.** Add lines 19, 21, and 22. Enter here and on page 1, line 33			23	

Form **1120** (2020)

Form 1120 (2020) Page 4

Schedule K Other Information (see instructions)

		Yes	No
1	Check accounting method: **a** ☐ Cash **b** ☐ Accrual **c** ☐ Other (specify) ▶		
2	See the instructions and enter the:		
a	Business activity code no. ▶		
b	Business activity ▶		
c	Product or service ▶		
3	Is the corporation a subsidiary in an affiliated group or a parent–subsidiary controlled group?		
	If "Yes," enter name and EIN of the parent corporation ▶		
4	At the end of the tax year:		
a	Did any foreign or domestic corporation, partnership (including any entity treated as a partnership), trust, or tax-exempt organization own directly 20% or more, or own, directly or indirectly, 50% or more of the total voting power of all classes of the corporation's stock entitled to vote? If "Yes," complete Part I of Schedule G (Form 1120) (attach Schedule G)		
b	Did any individual or estate own directly 20% or more, or own, directly or indirectly, 50% or more of the total voting power of all classes of the corporation's stock entitled to vote? If "Yes," complete Part II of Schedule G (Form 1120) (attach Schedule G) .		
5	At the end of the tax year, did the corporation:		
a	Own directly 20% or more, or own, directly or indirectly, 50% or more of the total voting power of all classes of stock entitled to vote of any foreign or domestic corporation not included on **Form 851,** Affiliations Schedule? For rules of constructive ownership, see instructions. If "Yes," complete (i) through (iv) below.		

(i) Name of Corporation	**(ii)** Employer Identification Number (if any)	**(iii)** Country of Incorporation	**(iv)** Percentage Owned in Voting Stock

		Yes	No
b	Own directly an interest of 20% or more, or own, directly or indirectly, an interest of 50% or more in any foreign or domestic partnership (including an entity treated as a partnership) or in the beneficial interest of a trust? For rules of constructive ownership, see instructions. If "Yes," complete (i) through (iv) below.		

(i) Name of Entity	**(ii)** Employer Identification Number (if any)	**(iii)** Country of Organization	**(iv)** Maximum Percentage Owned in Profit, Loss, or Capital

		Yes	No
6	During this tax year, did the corporation pay dividends (other than stock dividends and distributions in exchange for stock) in excess of the corporation's current and accumulated earnings and profits? See sections 301 and 316		
	If "Yes," file **Form 5452,** Corporate Report of Nondividend Distributions. See the instructions for Form 5452.		
	If this is a consolidated return, answer here for the parent corporation and on Form 851 for each subsidiary.		
7	At any time during the tax year, did one foreign person own, directly or indirectly, at least 25% of the total voting power of all classes of the corporation's stock entitled to vote or at least 25% of the total value of all classes of the corporation's stock? .		
	For rules of attribution, see section 318. If "Yes," enter:		
	(a) Percentage owned ▶ ________ and **(b)** Owner's country ▶		
	(c) The corporation may have to file **Form 5472,** Information Return of a 25% Foreign-Owned U.S. Corporation or a Foreign Corporation Engaged in a U.S. Trade or Business. Enter the number of Forms 5472 attached ▶		
8	Check this box if the corporation issued publicly offered debt instruments with original issue discount . . . . ▶ ☐		
	If checked, the corporation may have to file **Form 8281,** Information Return for Publicly Offered Original Issue Discount Instruments.		
9	Enter the amount of tax-exempt interest received or accrued during the tax year ▶ $		
10	Enter the number of shareholders at the end of the tax year (if 100 or fewer) ▶		
11	If the corporation has an NOL for the tax year and is electing to forego the carryback period, check here (see instructions) ▶ ☐		
	If the corporation is filing a consolidated return, the statement required by Regulations section 1.1502-21(b)(3) must be attached or the election will not be valid.		
12	Enter the available NOL carryover from prior tax years (do not reduce it by any deduction reported on page 1, line 29a.) . . . . ▶ $		

Form 1120 (2020) Page **5**

Schedule K **Other Information** *(continued from page 4)*

		Yes	No
13	Are the corporation's total receipts (page 1, line 1a, plus lines 4 through 10) for the tax year **and** its total assets at the end of the tax year less than $250,000?		
	If "Yes," the corporation is not required to complete Schedules L, M-1, and M-2. Instead, enter the total amount of cash distributions and the book value of property distributions (other than cash) made during the tax year ▶ $		
14	Is the corporation required to file Schedule UTP (Form 1120), Uncertain Tax Position Statement? See instructions		
	If "Yes," complete and attach Schedule UTP.		
15a	Did the corporation make any payments in 2020 that would require it to file Form(s) 1099?		
b	If "Yes," did or will the corporation file required Form(s) 1099?		
16	During this tax year, did the corporation have an 80%-or-more change in ownership, including a change due to redemption of its own stock?		
17	During or subsequent to this tax year, but before the filing of this return, did the corporation dispose of more than 65% (by value) of its assets in a taxable, non-taxable, or tax deferred transaction?		
18	Did the corporation receive assets in a section 351 transfer in which any of the transferred assets had a fair market basis or fair market value of more than $1 million?		
19	During the corporation's tax year, did the corporation make any payments that would require it to file Forms 1042 and 1042-S under chapter 3 (sections 1441 through 1464) or chapter 4 (sections 1471 through 1474) of the Code?		
20	Is the corporation operating on a cooperative basis?		
21	During the tax year, did the corporation pay or accrue any interest or royalty for which the deduction is not allowed under section 267A? See instructions		
	If "Yes," enter the total amount of the disallowed deductions ▶ $		
22	Does the corporation have gross receipts of at least $500 million in any of the 3 preceding tax years? (See sections 59A(e)(2) and (3))		
	If "Yes," complete and attach Form 8991.		
23	Did the corporation have an election under section 163(j) for any real property trade or business or any farming business in effect during the tax year? See instructions		
24	Does the corporation satisfy one or more of the following? See instructions		
a	The corporation owns a pass-through entity with current, or prior year carryover, excess business interest expense.		
b	The corporation's aggregate average annual gross receipts (determined under section 448(c)) for the 3 tax years preceding the current tax year are more than $26 million and the corporation has business interest expense.		
c	The corporation is a tax shelter and the corporation has business interest expense.		
	If "Yes," complete and attach Form 8990.		
25	Is the corporation attaching Form 8996 to certify as a Qualified Opportunity Fund?		
	If "Yes," enter amount from Form 8996, line 15 ▶ $		
26	Since December 22, 2017, did a foreign corporation directly or indirectly acquire substantially all of the properties held directly or indirectly by the corporation, and was the ownership percentage (by vote or value) for purposes of section 7874 greater than 50% (for example, the shareholders held more than 50% of the stock of the foreign corporation)? If "Yes," list the ownership percentage by vote and by value. See instructions		
	Percentage: By Vote By Value		

Form **1120** (2020)

Form 1120 (2020) Page 6

Schedule L Balance Sheets per Books

Assets	Beginning of tax year (a)	(b)	End of tax year (c)	(d)
1 Cash				
2a Trade notes and accounts receivable				
b Less allowance for bad debts	( )		( )	
3 Inventories				
4 U.S. government obligations				
5 Tax-exempt securities (see instructions)				
6 Other current assets (attach statement)				
7 Loans to shareholders				
8 Mortgage and real estate loans				
9 Other investments (attach statement)				
10a Buildings and other depreciable assets				
b Less accumulated depreciation	( )		( )	
11a Depletable assets				
b Less accumulated depletion	( )		( )	
12 Land (net of any amortization)				
13a Intangible assets (amortizable only)				
b Less accumulated amortization	( )		( )	
14 Other assets (attach statement)				
15 Total assets				
Liabilities and Shareholders' Equity				
16 Accounts payable				
17 Mortgages, notes, bonds payable in less than 1 year				
18 Other current liabilities (attach statement)				
19 Loans from shareholders				
20 Mortgages, notes, bonds payable in 1 year or more				
21 Other liabilities (attach statement)				
22 Capital stock: a Preferred stock				
b Common stock				
23 Additional paid-in capital				
24 Retained earnings—Appropriated (attach statement)				
25 Retained earnings—Unappropriated				
26 Adjustments to shareholders' equity (attach statement)				
27 Less cost of treasury stock		( )		( )
28 Total liabilities and shareholders' equity				

Schedule M-1 Reconciliation of Income (Loss) per Books With Income per Return

Note: The corporation may be required to file Schedule M-3. See instructions.

1 Net income (loss) per books		7 Income recorded on books this year not included on this return (itemize): Tax-exempt interest $	
2 Federal income tax per books			
3 Excess of capital losses over capital gains			
4 Income subject to tax not recorded on books this year (itemize):		8 Deductions on this return not charged against book income this year (itemize):	
5 Expenses recorded on books this year not deducted on this return (itemize):		a Depreciation $	
a Depreciation $		b Charitable contributions $	
b Charitable contributions $			
c Travel and entertainment $		9 Add lines 7 and 8	
6 Add lines 1 through 5		10 Income (page 1, line 28)—line 6 less line 9	

Schedule M-2 Analysis of Unappropriated Retained Earnings per Books (Schedule L, Line 25)

1 Balance at beginning of year		5 Distributions: a Cash	
2 Net income (loss) per books		b Stock	
3 Other increases (itemize):		c Property	
		6 Other decreases (itemize):	
		7 Add lines 5 and 6	
4 Add lines 1, 2, and 3		8 Balance at end of year (line 4 less line 7)	

二十、美国股份有限公司所得税申报表（中）

表 **1120** 财政部 国税局

美国股份有限公司所得税申报表

为2019日历年度，或其他税务年度，起始日期________，2020 到结束日期________，20____

▶ 前往 ***www.irs.gov/Form1120*** 查阅说明和最新信息。

OMB No. 1545-0123

2020

A 勾选，如果： **1a** 合并税表（请附上851表）. . . ☐ **b** 寿险/非寿险的合并税表 . . . . . . ☐ **2** 个人控股公司（请附上附表PH）. . ☐ **3** 个人服务公司（请参阅说明）. . . ☐ **4** 请附上附表M-3 . . . ☐	输入或印刷体	名称 门牌号、街道、房间或套房号码。如果是邮政信箱，请参阅说明。 城市或城镇、州或省、国家、和邮政编码或外国邮政编码	**B** 雇主识别号码 **C** 成立日期 **D** 总资产（请参阅说明） $

E 勾选如果： **(1)** ☐ 初始税表 **(2)** ☐ 最终报表 **(3)** ☐ 名称更改 **(4)** ☐ 地址更改

收入	**1a**	总额收入或销售额	**1a**		
	b	退货及折让	**1b**		
	c	余额。从第1a行中减去第1b行的数字		**1c**	
	2	主营业务成本（请附上1125-A表）		**2**	
	3	销售利润。从第1c行中减去第2行的数字		**3**	
	4	股息及包含（附表C的第23行）		**4**	
	5	利息		**5**	
	6	总租金收入		**6**	
	7	总版税收入		**7**	
	8	资本利得净收入（请附上表1120的附表D）		**8**	
	9	净收入（亏损），来自于4797表第二部分的第17行（请附上4797表）		**9**	
	10	其他收入（请查阅说明 - 并附上明细表）		**10**	
	11	总收入。将第3行到第10行的数额加总。 ▶		**11**	
扣减（扣减的限制请参阅说明）	**12**	主管的补贴（请参阅说明 - 附上1125-E表） ▶		**12**	
	13	薪水与工资（减去雇佣抵税优惠）		**13**	
	14	修理与维护		**14**	
	15	坏账		**15**	
	16	租金		**16**	
	17	税和执照		**17**	
	18	利息（参阅说明）		**18**	
	19	慈善捐赠		**19**	
	20	折旧，来自于4562表且未报于1125-A表或税表其他地方（请附上4562表）		**20**	
	21	损耗		**21**	
	22	广告		**22**	
	23	养老金、利润分成等计划		**23**	
	24	员工福利项目		**24**	
	25	保留以备将来使用		**25**	
	26	其他扣减（请附上明细表）		**26**	
	27	总扣减。将第12行到第26行的数额加总。 ▶		**27**	
	28	应税收入，在净营业亏损扣减和特殊扣减之前。从第11行中减去第27行的数字		**28**	
	29a	净营业亏损扣减（请参阅说明）	**29a**		
	b	特殊扣减（副表C的第24行）	**29b**		
	c	将第29a行和第29b行的数额加总		**29c**	
税额、可退还的抵税优惠、付款	**30**	应税收入。从第28行中减去第29c行的数字.请参阅说明		**30**	
	31	总税额（附表J的第一部分第11行）		**31**	
	32	2019年已付的净965税义务（副表J，第二部分，第12行）		**32**	
	33	付款总额，抵免额和第965条的净纳税义务（副表J，第三部分，第23行）		**33**	
	34	估算的税务罚款。请参阅说明。如果有附上2220表，请勾选此处 ▶ ☐		**34**	
	35	欠税的金额。如果第33行的数字小于第31行、第32行和第34行的数字总和，输入欠税的金额		**35**	
	36	超额支付。如果第33行的数字大于第31行、第32行和第34行的数字总和，输入超额支付的金额		**36**	
	37	输入第36行的数额中您希望：适用于2021年预估税的金额 ▶ 退还金额 ▶		**37**	

签名

根据美国法律有关伪证罪的规定，本人宣誓，我已审查这份税表及其附带的副表和声明，且基于我本人的知识和信任，所填写的内容是真实、正确和完整的。报税员（纳税人除外）的声明基于报税员知道的所有信息。

▶ 主管的签名　　日期　　▶ 职位

是否允许国税局与下方显示的报税员讨论这份税表？请参阅说明. ☐ 是 ☐ 否

收费报税员专用				
用印刷体输入报税员名字	报税员签名	日期	勾选，如果自雇 ☐	PTIN
公司名称 ▶			公司EIN ▶	
公司地址 ▶			电话号码	

关于减少书面文件的法案，请参阅说明。　　Cat. No. 11450Q　　表**1120** 2020

表1120 2020 第2页

副表C 股息和特殊扣减（请参阅说明）		(a) 收到及包含	(b) %	(c) 特殊扣减 (a) × (b)
1	股息来自于所有权小于20%的国内公司（不包括债务融资股票）		50	
2	股息来自于所有权大于或等于20%的国内公司（不包括债务融资股票）		65	
3	股息来自于国内和国外公司的债务融资股票		参阅说明	
4	股息来自于所有权小于20%的公用事业的特定优先股		23.3	
5	股息来自于所有权大于或等于20%的公用事业的特定优先股		26.7	
6	股息来自于所有权小于20%的外国公司和特定的外国销售公司		50	
7	股息来自于所有权大于或等于20%的外国公司和特定的外国销售公司		65	
8	股息来自于全资外国子公司		100	
9	总额。将第1行到第8行加总。数额的限制请参阅说明		参阅说明	
10	股息来自于国内公司收到的由适用于1958年的小型企业投资法的小型企业投资公司		100	
11	股息来自于联营集团的成员公司		100	
12	股息来自于特定外国销售公司		100	
13	从指定拥有10%股份的外国公司获得的股息的外国来源部分（不包括混合股息）（请参阅说明）		100	
14	股息来自于外国公司其不包含在第3、6、7、8、11、12或13行中（包括任何混合股息）			
15	第965（a）条的包含		参阅说明	
16a	F子部分的包含来自受控外国公司（CFC）出售作为股息的较低级外国公司的股票（附5471表）（请参阅说明）		100	
b	F子部分的包含来自分层公司的混合股息（附5471表）（请参阅说明）			
c	F部分下CFC中的其他包含其未包含在第15、16a，16b或17行中（附5471表）（请参阅说明）			
17	全球无形低税收入（GILTI）（附5471表和8992表）			
18	视为已支付的外国税的总额			
19	第1、2或3行不包括IC-DISC和以前的DISC的股息			
20	其他股息			
21	扣除某些公用事业优先股支付的股息			
22	第250条扣除项（附8993表）			
23	总股息及包含。将第9行到第20行的（a）列数额加总。输入在第1页第4行和此处			
24	总特殊扣减。将第9行到第22行的（c）列数额相加。输入在第1页第29b行和此处			

表1120 2020

表1120 2020 第3页

副表J 税额计算和付款（请参阅说明）

第一部分 - 税额计算				
1	如果公司是控股集团的成员，请勾选（请附上1120表的附表O）。请参阅说明 ；▶ ☐			
2	所得税。请参阅说明）		2	
3	基本侵蚀最低税额（请附上8991表）		3	
4	将第2行和第3行加总		4	
5a	国外税务优惠（请附上1118表）	5a		
b	8834表的优惠（请参阅说明）	5b		
c	一般商业优惠（请附上3800表）	5c		
d	上年度最低税额优惠（请附上8827表）	5d		
e	8912表的债券优惠	5e		
6	总优惠额。将第5a行到第5e行的数额加总		6	
7	从第4行中减去第6行的数字		7	
8	个人控股公司税（请附上1120表的附表PH）		8	
9a	投资优惠回抵（请附上4255表）	9a		
b	低收入住房优惠回抵（请附上8611表）	9b		
c	回溯法下的应付利息 - 完成长期合约（请附上8697表）	9c		
d	回溯法下的应付利息 - 收入预测法（请附上8866表）	9d		
e	符合条件的航运活动的替代性税额（请附上8902表）	9e		
f	其他（请参阅说明 - 附上明细表）	9f		
10	总额。将第9a行到第9f行的数额加总		10	
11	总税额。将第7、8、10行的数额加总。输入在第1页第31行和此处		11	
第二部分 - 965条款付款（请参阅说明）				
12	从表格965-B，第二部分，（k）栏，第3行中支付的2020年净965税义务。在此处以及第1页，第32行输入		12	
第三部分 - 付款、可退还的抵税优惠和第965条净税义务				
13	2019年超额支付税款适用于2019年的部分		13	
14	2020年预估税缴纳额		14	
15	4466表中适用于2020年退款的部分		15	( )
16	将第12、13、14行的数字加总		16	
17	7004表中缴纳的税款		17	
18	预扣税款（请参阅说明）		18	
19	总付款额。将第15、16、17行的数额加总		19	
20	可退还抵税优惠来自于：			
a	2439表	20a		
b	4136表	20b		
c	8827表，第8c行	20c		
d	其他（请附上明细表 - 参阅说明）	20d		
21	总抵税优惠。将第20a行到第20d行的数额加总		21	
22	表格965-B，第一部分，（d）列，第3行的2020年第965条净税义务。请参阅说明		22	
23	付款额、抵税优惠总额和第965条净税义务。将第19行、21行和20行的数额加总。输入在第1页第33行和此处		23	

表**1120** 2020

表1120 2020 第4页

副表K	其他信息（请参阅说明）	是	否

1 勾选会计方法： a ☐ 收付实现制 b ☐ 权责发生制 c ☐ 其他（列举） ▶

2 请参阅说明并输入：

a 业务活动代码 ▶

b 业务活动 ▶

c 产品或服务 ▶

3 该公司是否为联营集团或母子公司控股集团的子公司？

如果“是”，请输入母公司名称和雇主识别号码（EIN） ▶

4 在税务年结束时：

a 任何国外或国内公司、合伙企业（包括被视为合伙企业的任何实体）、信托、或免税组织是否直接拥有20%或以上的总投票权，或者直接或间接拥有50%或以上的该公司有权投票的所有类别股票中的总投票权？如果是，请填写附表G（1120表）的第一部分（附附表G）

b 任何个人或遗产是否直接拥有该公司20%或以上的总投票权，或者直接或间接拥有50%或以上该公司有权投票的所有类别股票中的总投票权？如果“是”，请完成附表G的第二部分（1120表）（附附表G）

5 在税务年结束时，该公司是否：

a 直接拥有20%或以上，或者直接或间接拥有50%或以上的任何国外或国内公司（未包括在851表的附属计划中）的有权投票的所有类别股票中的总投票权？关于构造性所有权的相关规定，请参阅说明。

如果“是”，请完成下方（i）到（iv）的部分。

(i) 公司名称	(ii) 雇主识别号码（若有）	(iii) 公司注册所在国家	(iv) 拥有的表决权投票百分比

b 直接拥有20%或以上，或者直接或间接拥有50%或以上的任何国外或国内合伙企业（包括被视为合伙企业的任何实体）或信托的利益或可受益的权利？关于构造性所有权的相关规定，请参阅说明。

如果“是”，请完成下方（i）到（iv）的部分。

(i) 实体名称	(ii) 雇主识别号码（若有）	(iii) 组织成立所在国家	(iv) 拥有的利润、损失或资本的最大百分比

6 在此税务年间，该公司支付的股息（股票股利和分配股息以交易股票除外）是否超过该公司目前和累积的盈利和利润？（请参阅301和316章节）

如果“是”，请提交5452表的非股息分配公司报告。请参阅5452表说明。

如果这是一份合并税表，请在此回答母公司的相关问题并在851表中回答每个子公司的问题。

7 在此税务年的任何时间，任何外国人是否直接或间接拥有公司有权投票的所有股票类别的总投票权的至少25%或至少拥有该股票所有类别总价值的25%公司的股票？

关于归属性的规则，请参阅第318章节。如果“是”，请输入：

(a) 所有权的百分比 ▶ 和 **(b)** 所有者的国家 ▶

(c) 该公司可能需要提交5472表，关于25%外国所有美国公司或外国公司从事美国贸易或商业的信息报告。

请输入附加5472表的数额 ▶

8 勾选此框如果该公司公开发行带有原始发行折扣的债务证券 ▶ ☐

如果勾选，该公司可能需要提交8281表，关于公开发行带有原始发行折扣的金融工具的信息报告。

9 输入在此税务年期间收到或应计的免税利息金额 ▶ $

10 输入在此税务年结束时的股东人数（若100人或以下） ▶

11 如果该公司在税务年有净营业亏损并选择放弃亏损转回，请勾选此处（请参阅说明） ▶ ☐

如果公司提交了合并报表，按法规1.1502-21(b)(3)章节规定必须附上陈述说明，否则该选择将视为无效。

12 输入前税务年可用的净营业亏损互抵（请不要减去第1页第29a行的任何扣减） ▶ $

表1120 2020 第5页

副表K 其他信息（接第4页）

		是	否
13	在此税务年期间该公司的总收入（第1页，第1a行加上第4行到第10行的总数）和其税务年末的总资产是否低于$250,000？		
	如果"是"，该公司不需要完成附表L、M-1和M-2。另外，在此输入该税务年期间总现金分配和资产分配的账面价值的总额 ▶ $		
14	该公司是否被要求提交附表UTP（1120表），关于不确定税务状况表？请参阅说明		
	如果"是"，请完成并附上附表UTP。		
15a	2019年期间该公司是否有需要提交1099表的付款？		
b	如果"是"，该公司是否有或即将提交要求的1099表？		
16	在此税务年期间，公司的所有权是否有80%或以上的变化，包括由于赎回自己的股票而发生的变化？		
17	在本税务年期间或之后，但在提交此税表之前，公司是否处置超65%以上（按价值）的资产在应纳税，非纳税或递延税务交易？		
18	公司是否收到适用于第351章节转让的资产，其中任何转让的资产具有公允市场基础或公允市值超过100万美元？		
19	在公司税务年间，公司是否支付了任何要求其根据第3章（第1441至1464节）或第4章（第1471至1474节）提交表格1042和1042-S的款项？		
20	公司是否在合作基础上运作？		
21	在税务年间，公司是否支付或应计了根据第267A条不被允许扣减的任何利息或特许权使用费？请参阅说明		
	如果为"是"，输入不被允许扣减的总额 ▶ $		
22	公司在前三个税务年中的任何一年收入是否至少达到5亿美元？（见第59A（e）（2）和（3）条）		
	如果"是"，完成并附上8991表。		
23	公司在税务年间是否根据第163（j）条进行了任何房地产贸易或商业或任何农业商业的选择？请参阅说明		
24	公司是否满足以下一个或多个条件？请参阅说明		
a	公司拥有一个传递实体，该传递实体具有当期或上一年结转的超额商业利息费用。		
b	公司在当前税务年之前的三个税务年的年平均总收入总额（根据第448（c）条确定）超过2600万美元，并且公司有商业利息费用。		
c	公司是避税公司并且公司有商业利息费用。		
	如果"是"，完成并附上8990表。		
25	公司是否附8996表以证明是合格机会基金？		
	如果"是"，请输入8996表第14行金额 ▶ $		

表**1120** 2020

表1120 2020 第6页

副表L	资产负债表（账面）	税务年期初余额		税务年期末余额	
	资产	(a)	(b)	(c)	(d)
1	现金				
2a	应收商业票据和应收账款				
b	减：坏账准备金	( )		( )	
3	存货				
4	美国政府债券				
5	免税证券（请参阅说明）				
6	其他流动资产（请附明细表）				
7	股东贷款				
8	抵押贷款和不动产贷款				
9	其他投资（请附明细表）				
10a	房屋和其他可折旧的资产				
b	减：累积折旧	( )		( )	
11a	递耗资产				
b	减：累积折耗	( )		( )	
12	土地（摊提净值）				
13a	无形资产（仅包含可摊提的）				
b	减：累积摊提	( )		( )	
14	其他资产（请附明细表）				
15	资产总计				
	负债和股东权益				
16	应付账款				
17	一年内到期的抵押贷款、应付票据、应付债券				
18	其他流动负债（请附明细表）				
19	股东借款				
20	一年或以上到期的抵押贷款、应付票据、应付债券				
21	其他负债（请附明细表）				
22	股本： a 优先股				
	b 普通股				
23	资本公积				
24	留存收益 - 已分配（请附明细表）				
25	留存收益 - 未分配				
26	股东权益调整（请附明细表）				
27	减库存股成本		( )		( )
28	负债和股东权益总计				

副表M-1 账面收入（亏损）和税表收入（亏损）调节表

注意：公司可能被要求提交M-3副表。请参阅说明。

1	账面净利润（亏损）		7	收入，今年记录在账面上但未包括在此税表（逐项）： 免税利息 $	
2	账面上的联邦所得税				
3	资本损失超过资本收益的部分				
4	应税收入，今年未记录在账面上的部分（逐项）：		8	在此税表中扣减但未计入今年账面收入的部分（逐项）： a 折旧 $ b 慈善捐赠 $	
5	费用，今年记录在账面上但未在此税表中扣减（逐项）： a 折旧 $ b 慈善捐赠 $ c 旅费和交际费 $				
			9	将第7行和第8行的数额加总	
6	将第1行到第5行的数额加总		10	收入（第1页第28行）- 第6行减去第9行	

副表M-2 账面上未分配的保留盈余分析（附表L，第25行）

1	期初余额		5	分配： a 现金	
2	账面净利润（亏损）			b 股票	
3	其他增加（逐项）：			c 固定资产	
			6	其他扣减（逐项）：	
			7	将第5行和第6行相加	
4	将第1、2、3行的数额加总		8	期末余额（第4行减去第7行）	

表1120 2020

二十一、美国小公司所得税申报表（英）

Form **1120-S**

Department of the Treasury
Internal Revenue Service

U.S. Income Tax Return for an S Corporation

▶ Do not file this form unless the corporation has filed or is attaching Form 2553 to elect to be an S corporation.
▶ Go to *www.irs.gov/Form1120S* for instructions and the latest information.

OMB No. 1545-0123

2020

For calendar year 2020 or tax year beginning , 2020, ending , 20

A S election effective date	TYPE OR PRINT	Name	D Employer identification number
B Business activity code number (see instructions)		Number, street, and room or suite no. If a P.O. box, see instructions.	E Date incorporated
C Check if Sch. M-3 attached ☐		City or town, state or province, country, and ZIP or foreign postal code	F Total assets (see instructions) $

G Is the corporation electing to be an S corporation beginning with this tax year? ☐ Yes ☐ No If "Yes," attach Form 2553 if not already filed

H Check if: (1) ☐ Final return (2) ☐ Name change (3) ☐ Address change (4) ☐ Amended return (5) ☐ S election termination or revocation

I Enter the number of shareholders who were shareholders during any part of the tax year . . . . ▶

J Check if corporation: (1) ☐ Aggregated activities for section 465 at-risk purposes (2) ☐ Grouped activities for section 469 passive activity purposes

Caution: Include **only** trade or business income and expenses on lines 1a through 21. See the instructions for more information.

Section	Line	Description	Sub-line	Sub-amount	Line	Amount
Income	1a	Gross receipts or sales	1a			
	b	Returns and allowances	1b			
	c	Balance. Subtract line 1b from line 1a			1c	
	2	Cost of goods sold (attach Form 1125-A)			2	
	3	Gross profit. Subtract line 2 from line 1c			3	
	4	Net gain (loss) from Form 4797, line 17 (attach Form 4797)			4	
	5	Other income (loss) (see instructions—attach statement)			5	
	6	**Total income (loss).** Add lines 3 through 5 ▶			6	
Deductions (see instructions for limitations)	7	Compensation of officers (see instructions—attach Form 1125-E)			7	
	8	Salaries and wages (less employment credits)			8	
	9	Repairs and maintenance			9	
	10	Bad debts			10	
	11	Rents			11	
	12	Taxes and licenses			12	
	13	Interest (see instructions)			13	
	14	Depreciation not claimed on Form 1125-A or elsewhere on return (attach Form 4562)			14	
	15	Depletion **(Do not deduct oil and gas depletion.)**			15	
	16	Advertising			16	
	17	Pension, profit-sharing, etc., plans			17	
	18	Employee benefit programs			18	
	19	Other deductions (attach statement)			19	
	20	**Total deductions.** Add lines 7 through 19 ▶			20	
	21	**Ordinary business income (loss).** Subtract line 20 from line 6			21	
Tax and Payments	22a	Excess net passive income or LIFO recapture tax (see instructions)	22a			
	b	Tax from Schedule D (Form 1120-S)	22b			
	c	Add lines 22a and 22b (see instructions for additional taxes)			22c	
	23a	2020 estimated tax payments and 2019 overpayment credited to 2020	23a			
	b	Tax deposited with Form 7004	23b			
	c	Credit for federal tax paid on fuels (attach Form 4136)	23c			
	d	Reserved for future use	23d			
	e	Add lines 23a through 23d			23e	
	24	Estimated tax penalty (see instructions). Check if Form 2220 is attached ▶ ☐			24	
	25	**Amount owed.** If line 23e is smaller than the total of lines 22c and 24, enter amount owed			25	
	26	**Overpayment.** If line 23e is larger than the total of lines 22c and 24, enter amount overpaid			26	
	27	Enter amount from line 26: **Credited to 2021 estimated tax ▶** **Refunded ▶**			27	

Sign Here

Under penalties of perjury, I declare that I have examined this return, including accompanying schedules and statements, and to the best of my knowledge and belief, it is true, correct, and complete. Declaration of preparer (other than taxpayer) is based on all information of which preparer has any knowledge.

▶ Signature of officer | Date | ▶ Title

May the IRS discuss this return with the preparer shown below? See instructions. ☐ Yes ☐ No

Paid Preparer Use Only

Print/Type preparer's name	Preparer's signature	Date	Check ☐ if self-employed	PTIN
Firm's name ▶			Firm's EIN ▶	
Firm's address ▶			Phone no.	

For Paperwork Reduction Act Notice, see separate instructions. Cat. No. 11510H Form **1120-S** (2020)

Form 1120-S (2020) Page **2**

Schedule B **Other Information** (see instructions)

		Yes	No
1	Check accounting method: a ☐ Cash b ☐ Accrual c ☐ Other (specify) ▶		
2	See the instructions and enter the: **a** Business activity ▶ **b** Product or service ▶		
3	At any time during the tax year, was any shareholder of the corporation a disregarded entity, a trust, an estate, or a nominee or similar person? If "Yes," attach Schedule B-1, Information on Certain Shareholders of an S Corporation		
4	At the end of the tax year, did the corporation:		
a	Own directly 20% or more, or own, directly or indirectly, 50% or more of the total stock issued and outstanding of any foreign or domestic corporation? For rules of constructive ownership, see instructions. If "Yes," complete (i) through (v) below		

(i) Name of Corporation	**(ii)** Employer Identification Number (if any)	**(iii)** Country of Incorporation	**(iv)** Percentage of Stock Owned	**(v)** If Percentage in (iv) Is 100%, Enter the Date (if any) a Qualified Subchapter S Subsidiary Election Was Made

		Yes	No
b	Own directly an interest of 20% or more, or own, directly or indirectly, an interest of 50% or more in the profit, loss, or capital in any foreign or domestic partnership (including an entity treated as a partnership) or in the beneficial interest of a trust? For rules of constructive ownership, see instructions. If "Yes," complete (i) through (v) below		

(i) Name of Entity	**(ii)** Employer Identification Number (if any)	**(iii)** Type of Entity	**(iv)** Country of Organization	**(v)** Maximum Percentage Owned in Profit, Loss, or Capital

		Yes	No
5a	At the end of the tax year, did the corporation have any outstanding shares of restricted stock?		
	If "Yes," complete lines (i) and (ii) below.		
	(i) Total shares of restricted stock ▶		
	(ii) Total shares of non-restricted stock ▶		
b	At the end of the tax year, did the corporation have any outstanding stock options, warrants, or similar instruments?		
	If "Yes," complete lines (i) and (ii) below.		
	(i) Total shares of stock outstanding at the end of the tax year ▶		
	(ii) Total shares of stock outstanding if all instruments were executed ▶		
6	Has this corporation filed, or is it required to file, **Form 8918,** Material Advisor Disclosure Statement, to provide information on any reportable transaction?		
7	Check this box if the corporation issued publicly offered debt instruments with original issue discount ▶ ☐ If checked, the corporation may have to file **Form 8281,** Information Return for Publicly Offered Original Issue Discount Instruments.		
8	If the corporation **(a)** was a C corporation before it elected to be an S corporation **or** the corporation acquired an asset with a basis determined by reference to the basis of the asset (or the basis of any other property) in the hands of a C corporation, **and (b)** has net unrealized built-in gain in excess of the net recognized built-in gain from prior years, enter the net unrealized built-in gain reduced by net recognized built-in gain from prior years. See instructions ▶ $		
9	Did the corporation have an election under section 163(j) for any real property trade or business or any farming business in effect during the tax year? See instructions		
10	Does the corporation satisfy one or more of the following? See instructions		
a	The corporation owns a pass-through entity with current, or prior year carryover, excess business interest expense.		
b	The corporation's aggregate average annual gross receipts (determined under section 448(c)) for the 3 tax years preceding the current tax year are more than $26 million and the corporation has business interest expense.		
c	The corporation is a tax shelter and the corporation has business interest expense. If "Yes," complete and attach Form 8990.		
11	Does the corporation satisfy **both** of the following conditions?		
a	The corporation's total receipts (see instructions) for the tax year were less than $250,000.		
b	The corporation's total assets at the end of the tax year were less than $250,000. If "Yes," the corporation is not required to complete Schedules L and M-1.		

Form **1120-S** (2020)

Form 1120-S (2020) Page 3

Schedule B Other Information (see instructions) *(continued)*

		Yes	No
12	During the tax year, did the corporation have any non-shareholder debt that was canceled, was forgiven, or had the terms modified so as to reduce the principal amount of the debt?		
	If "Yes," enter the amount of principal reduction ▶ $		
13	During the tax year, was a qualified subchapter S subsidiary election terminated or revoked? If "Yes," see instructions		
14a	Did the corporation make any payments in 2020 that would require it to file Form(s) 1099?		
b	If "Yes," did the corporation file or will it file required Form(s) 1099?		
15	Is the corporation attaching Form 8996 to certify as a Qualified Opportunity Fund?		
	If "Yes," enter the amount from Form 8996, line 15 ▶ $		

Schedule K Shareholders' Pro Rata Share Items

					Total amount
Income (Loss)	1	Ordinary business income (loss) (page 1, line 21)		1	
	2	Net rental real estate income (loss) (attach Form 8825)		2	
	3a	Other gross rental income (loss)	3a		
	b	Expenses from other rental activities (attach statement)	3b		
	c	Other net rental income (loss). Subtract line 3b from line 3a		3c	
	4	Interest income		4	
	5	Dividends: **a** Ordinary dividends		5a	
		b Qualified dividends	5b		
	6	Royalties		6	
	7	Net short-term capital gain (loss) (attach Schedule D (Form 1120-S))		7	
	8a	Net long-term capital gain (loss) (attach Schedule D (Form 1120-S))		8a	
	b	Collectibles (28%) gain (loss)	8b		
	c	Unrecaptured section 1250 gain (attach statement)	8c		
	9	Net section 1231 gain (loss) (attach Form 4797)		9	
	10	Other income (loss) (see instructions) Type ▶		10	
Deductions	11	Section 179 deduction (attach Form 4562)		11	
	12a	Charitable contributions		12a	
	b	Investment interest expense		12b	
	c	Section 59(e)(2) expenditures Type ▶		12c	
	d	Other deductions (see instructions) Type ▶		12d	
Credits	13a	Low-income housing credit (section 42(j)(5))		13a	
	b	Low-income housing credit (other)		13b	
	c	Qualified rehabilitation expenditures (rental real estate) (attach Form 3468, if applicable)		13c	
	d	Other rental real estate credits (see instructions) Type ▶		13d	
	e	Other rental credits (see instructions) Type ▶		13e	
	f	Biofuel producer credit (attach Form 6478)		13f	
	g	Other credits (see instructions) Type ▶		13g	
Foreign Transactions	14a	Name of country or U.S. possession ▶			
	b	Gross income from all sources		14b	
	c	Gross income sourced at shareholder level		14c	
		Foreign gross income sourced at corporate level			
	d	Reserved for future use		14d	
	e	Foreign branch category		14e	
	f	Passive category		14f	
	g	General category		14g	
	h	Other (attach statement)		14h	
		Deductions allocated and apportioned at shareholder level			
	i	Interest expense		14i	
	j	Other		14j	
		Deductions allocated and apportioned at corporate level to foreign source income			
	k	Reserved for future use		14k	
	l	Foreign branch category		14l	
	m	Passive category		14m	
	n	General category		14n	
	o	Other (attach statement)		14o	
		Other information			
	p	Total foreign taxes (check one): ☐ Paid ☐ Accrued ▶		14p	
	q	Reduction in taxes available for credit (attach statement)		14q	
	r	Other foreign tax information (attach statement)			

Form **1120-S** (2020)

Form 1120-S (2020) Page 4

Schedule K **Shareholders' Pro Rata Share Items** *(continued)*

Section	Line	Item		Total amount
Alternative Minimum Tax (AMT) Items	15a	Post-1986 depreciation adjustment	15a	
	b	Adjusted gain or loss	15b	
	c	Depletion (other than oil and gas)	15c	
	d	Oil, gas, and geothermal properties—gross income	15d	
	e	Oil, gas, and geothermal properties—deductions	15e	
	f	Other AMT items (attach statement)	15f	
Items Affecting Shareholder Basis	16a	Tax-exempt interest income	16a	
	b	Other tax-exempt income	16b	
	c	Nondeductible expenses	16c	
	d	Distributions (attach statement if required) (see instructions)	16d	
	e	Repayment of loans from shareholders	16e	
Other Information	17a	Investment income	17a	
	b	Investment expenses	17b	
	c	Dividend distributions paid from accumulated earnings and profits	17c	
	d	Other items and amounts (attach statement)		
Recon-ciliation	18	**Income (loss) reconciliation.** Combine the amounts on lines 1 through 10 in the far right column. From the result, subtract the sum of the amounts on lines 11 through 12d and 14p	18	

Schedule L **Balance Sheets per Books**

	Assets	Beginning of tax year (a)	(b)	End of tax year (c)	(d)
1	Cash				
2a	Trade notes and accounts receivable				
b	Less allowance for bad debts	( )		( )	
3	Inventories				
4	U.S. government obligations				
5	Tax-exempt securities (see instructions)				
6	Other current assets (attach statement)				
7	Loans to shareholders				
8	Mortgage and real estate loans				
9	Other investments (attach statement)				
10a	Buildings and other depreciable assets				
b	Less accumulated depreciation	( )		( )	
11a	Depletable assets				
b	Less accumulated depletion	( )		( )	
12	Land (net of any amortization)				
13a	Intangible assets (amortizable only)				
b	Less accumulated amortization	( )		( )	
14	Other assets (attach statement)				
15	Total assets				
	Liabilities and Shareholders' Equity				
16	Accounts payable				
17	Mortgages, notes, bonds payable in less than 1 year				
18	Other current liabilities (attach statement)				
19	Loans from shareholders				
20	Mortgages, notes, bonds payable in 1 year or more				
21	Other liabilities (attach statement)				
22	Capital stock				
23	Additional paid-in capital				
24	Retained earnings				
25	Adjustments to shareholders' equity (attach statement)				
26	Less cost of treasury stock		( )		( )
27	Total liabilities and shareholders' equity				

Form 1120-S (2020) Page **5**

Schedule M-1 Reconciliation of Income (Loss) per Books With Income (Loss) per Return

Note: The corporation may be required to file Schedule M-3. See instructions.

1	Net income (loss) per books		5	Income recorded on books this year not included on Schedule K, lines 1 through 10 (itemize):	
2	Income included on Schedule K, lines 1, 2, 3c, 4, 5a, 6, 7, 8a, 9, and 10, not recorded on books this year (itemize)		a	Tax-exempt interest $	
3	Expenses recorded on books this year not included on Schedule K, lines 1 through 12 and 14p (itemize):		6	Deductions included on Schedule K, lines 1 through 12 and 14p, not charged against book income this year (itemize):	
a	Depreciation $		a	Depreciation $	
b	Travel and entertainment $		7	Add lines 5 and 6	
4	Add lines 1 through 3		8	Income (loss) (Schedule K, line 18). Subtract line 7 from line 4	

Schedule M-2 Analysis of Accumulated Adjustments Account, Shareholders' Undistributed Taxable Income Previously Taxed, Accumulated Earnings and Profits, and Other Adjustments Account

(see instructions)

		(a) Accumulated adjustments account	(b) Shareholders' undistributed taxable income previously taxed	(c) Accumulated earnings and profits	(d) Other adjustments account
1	Balance at beginning of tax year				
2	Ordinary income from page 1, line 21 . . .				
3	Other additions				
4	Loss from page 1, line 21	( )			
5	Other reductions	( )			( )
6	Combine lines 1 through 5				
7	Distributions				
8	Balance at end of tax year. Subtract line 7 from line 6				

Form **1120-S** (2020)

二十二、美国小公司所得税申报表（中）

表 **1120-S** 美国小公司所得税申报表 OMB No. 1545-0123

财政部 国税局

▶ 请不要提交此表，除非该公司已经提交或附上2553表来选择作为小公司报税。

▶ 前往 ***www.irs.gov/Form1120S*** 查阅说明和最新信息。

2020

为2020日历年度，或其他税务年度，起始日期 ______, 2020 到结束日期 ______, 20

A 小公司选择的有效开始日期	输入或印刷体	名称	D 雇主识别号码
B 业务活动代码（请参阅说明）		门牌号、街道、房间或套房号码。如果是邮政信箱，请参阅说明。	E 成立日期
C 勾选，如果附附表M-3 ☐		城市或城镇、州或省、国家、和邮政编码或外国邮政编码。	F 总资产（请参阅说明） $

G 该公司是否从此税务年度开始选择作为小公司进行报税？ ☐是 ☐否 如果“是”，并且还未申报，请附上2553表

H 勾选，如果 (1) ☐ 最终报税 (2) ☐ 名称更改 (3) ☐ 地址更改 (4) ☐ 修订税表 (5) ☐ 小公司选择终止或撤销

I 输入在本税务年的任何时段内曾是股东的股东人数 ▶

J 勾选如果公司： (1) ☐ 针对第465条有风险目的的汇总活动 (2) ☐ 为第469条被动活动目的的分组活动

注意：在第1a行至第21行中仅包括交易或业务收入和支出。更多相关信息请参阅说明。

收入	1a	总额收入或销售额	1a		
	b	退货及折让	1b		
	c	余额。从第1a行中减去第1b行的数字		1c	
	2	销货成本（请附1125-A表）		2	
	3	销售利润。从第1c行中减去第2行的数字		3	
	4	净收入（亏损），来自于4797表的第17行（请附上4797表）		4	
	5	其他收入（亏损）（请参阅说明 － 并附上明细表）		5	
	6	总收入（亏损）。将第3行到第5行的数额加总 ▶		6	
扣减（扣减的限制请参阅说明）	7	主管的福利及补贴（请参阅说明 － 并附上1125-E表）		7	
	8	薪水与工资（减去雇佣抵税优惠）		8	
	9	修理与维护		9	
	10	坏账		10	
	11	租金		11	
	12	税和执照		12	
	13	利息（请参阅说明）		13	
	14	折旧未报于1125-A表或税表上其他地方（请附上4562表）		14	
	15	损耗（请不要扣减石油和天然气的耗损）		15	
	16	广告		16	
	17	养老金、利润分成等计划		17	
	18	员工福利项目		18	
	19	其他扣减（请附上明细表）		19	
	20	总扣减。将第7行到第19行的数额加总 ▶		20	
	21	普通营业收入（亏损）。从第6行中减去第20行的数字		21	
税额及付款	22a	超额的净被动收入或后进先出法收回税额（请参阅说明）	22a		
	b	来自附表D的税额（1120-S表）	22b		
	c	将第22a行和第22b行的数额加总（额外的税款请参阅说明）		22c	
	23a	2020年预估税支付和2018年超额支付税款适用于2019年的部分	23a		
	b	7004表中缴纳的税款	23b		
	c	燃料联邦税优惠（请附上4136表）	23c		
	d	保留以备将来使用	23d		
	e	将第23a行到第23d行的数额加总		23e	
	24	估算的税务罚款（请参阅说明）。如果有附上2220表，请勾选此处 ▶ ☐		24	
	25	欠税的金额。如果第23e行的数字小于第22c行和第24行的数字总和，输入欠税的金额		25	
	26	超额支付。如果第23e行的数字大于第22c行和第24行的数字总和，输入超额支付的金额		26	
	27	输入第26行的数额中您希望：适用于2021年预估税的金额 ▶ 退还金额 ▶		27	

签名

根据美国法律有关伪证罪的规定，本人宣誓，我已审查这份税表及其所附带的附表和声明，且基于我本人的知识和信任，所填写的内容是真实、正确和完整的。报税员（纳税人除外）的声明基于报税员知道的所有信息。

▶ 主管的签名 ______ 日期 ______ ▶ 职位 ______

是否允许国税局与下方显示的报税员讨论这份税表？（请参阅说明） ☐是 ☐否

收费报税员专用	用印刷体输入报税员名字	报税员签名	日期	勾选，☐ 如果自雇	PTIN
	公司名称 ▶			公司EIN ▶	
	公司地址 ▶			电话号码	

表 1120-S 2020 第2页

副表B 其他信息（请参阅说明）

		是	否
1	勾选会计方法： a ☐收付实现制 b ☐权责发生制 c ☐其他（列举）▶		
2	请参阅说明并输入： a 业务活动 ▶ b 产品或服务 ▶		
3	在本税务年度的任何时段内，该公司的任何股东是否为非独立实体、信托、遗产、代理人或者类似人士？如果“是”，请附上附表B-1，小公司的特定股东信息。		
4	在本税务年末，该公司是否：		
a	直接拥有20%或以上，或直接或间接拥有50%或以上的国外或国内公司的所有在外发行的股份？关于构造性所有权的相关规定，请参阅说明。如果“是”，请完成下方(i)到(v)的部分。		

(i) 公司名称	(ii) 雇主识别号码（若有）	(iii) 公司成立所在国家	(iv) 拥有的股份比例	(v) 如果(iv)中的股份比例为100%，输入选择符合条件的小公司子公司的日期（若有）

		是	否
b	直接拥有20%或以上，或者直接或间接拥有50%或以上的任何国外或国内合伙企业（包括被视为合伙企业的任何实体）的利润、亏损或资本的利益，或信托的受益权？关于构造性所有权的相关规定，请参阅说明。如果“是”，请完成下方(i)到(v)的部分。		

(i) 主体名称	(ii) 雇主识别号码（若有）	(iii) 实体类别	(iv) 组织成立所在国家	(v) 拥有的利润、损失或资本的最大百分比

		是	否
5a	在本税务年结束时，该公司是否有在外发行的限制性股票？如果“是”，请完成下方第（i）行和第（ii）行。		
	(i) 限制性股票的总数量 ▶		
	(ii) 非限制性股票的总数量 ▶		
b	在本税务年结束时，该公司是否有在外发行的股票期权、股票担保、或者类似的金融工具？如果“是”，请完成下方第（i）行和第（ii）行。		
	(i) 本税务年年末时在外发行的股票总数量 ▶		
	(ii) 如果所有的金融工具被执行，在外发行的股票总数量 ▶		
6	该公司是否提交或需要提交8918表，关于重要顾问披露的声明，以提供关于任何应报告交易的信息？		
7	请勾选此框，如果该公司公开发行带有原始发行折扣的债务证券 ▶ ☐ 如果勾选，该公司需要填写8281表，关于公开发行带有原始发行折扣的金融工具的信息报告。		
8	如果公司（a）在选择作为小公司之前是C公司，或公司获得资产其参考C公司手中资产的基础（或任何其他财产的基础）确定基础，并且（b）有未实现内置收益净额超过往年确认的内置收益净额，请输入未实现的内置收益净额减去前几年的已确认的内置收益净额。请参见说明 ▶ $		
9	公司是否做出了在第163（j）条下针对税务年内有效的任何房地产贸易或业务或任何农业业务的选择？请参阅说明		
10	公司是否满足以下一项或多项？请参阅说明		
a	公司拥有一个传递实体，该传递实体在当期或上一年有结转的超额商业利息费用。		
b	公司在当前税务年之前的三个纳税年度的年均总收入总额（根据第448（c）条确定）超过2600万美元，并且该公司有商业利息费用。		
c	合伙企业是避税场所（请参见说明）且合伙企业有商业利息费用。如果“是”，完成并附上8990表。		
11	公司是否满足以下两个条件？		
a	本税务年该公司的总收入低于¥250,000（请参阅说明）		
b	税务年结束时，该公司的总资产低于¥250,000 如果“是”，该公司不需要完成L和附表M-1。		

表 **1120-S** 2020

表 1120-S 2020　　　　第3页

副表B	其他信息（请参阅说明）（继续）	是	否
12	本税务年间，该公司是否有任何非股东债务被取消、被免除或修改了条款以减少债务的本金数额？		
	如果"是"，请输入减少的本金 ▶ $		
13	本税务年间，是否有符合条件的小公司的子公司选择被终止或者被撤销？如果"是"，请参阅说明		
14a	2020年期间，该公司是否有需要提交1099表的付款？		
b	如果"是"，该公司是否有或即将提交要求的1099表？		
15	公司是否附有8996表以证明是合格机会基金？ 如果"是"，输入8996表第14行金额 ▶ $		

副表K		股东按比例分配份额的项目			总金额
收入（亏损）	1	普通业务收入（亏损）（第1页第21行）		1	
	2	净房地产出租收入（亏损）（请附上8825表）		2	
	3a	其他总出租收入（亏损）	3a		
	b	其他出租活动的费用（请附上明细表）	3b		
	c	其他净出租收入（亏损）（从第3a行中减去第3b行的数字）		3c	
	4	利息收入		4	
	5	股息：a 普通股息		5a	
		b 符合条件的股息	5b		
	6	版税收入		6	
	7	净短期资本利得（亏损）（请附上副表D（1120-S表））		7	
	8a	净长期资本利得（亏损）（请附上副表D（1120-S表））		8a	
	b	可收（28%）增益（亏损）	8b		
	c	不可收复的第1250章节的增益（损失）（请附上明细表）	8c		
	9	净增益（亏损）（第1231章节）（请附上4797表）		9	
	10	其他收入（亏损）（请参阅说明）　类型 ▶		10	
扣减	11	符合第179章节的扣减（请附上4562表）		11	
	12a	慈善捐赠		12a	
	b	投资利息费用		12b	
	c	符合第59(e)(2)章节的支出　(1)类型 ▶　(2)金额 ▶		12c(2)	
	d	其他扣减（请参阅说明）　类型 ▶		12d	
抵税优惠	13a	低收入住房优惠（第42(j)(5)章节）		13a	
	b	低收入住房优惠（其他）		13b	
	c	符合条件的修复费用（出租房地产）（如果适用，请附上3468表）		13c	
	d	其他出租房地产优惠（请参阅说明）　类型 ▶		13d	
	e	其他出租优惠（请参阅说明）　类型 ▶		13e	
	f	生物燃料生产者优惠（请附上6478表）		13f	
	g	其他优惠（请参阅说明）　类型 ▶		13g	
外国交易	14a	国家或美国领地的名称 ▶			
	b	来自所有来源的总收入		14b	
	c	股东层面的总收入		14c	
		公司层面的外国总收入			
	d	保留以备将来使用		14d	
	e	国外分支机构类别		14e	
	f	属于间接参与交易的范畴		14f	
	g	属于普通交易的范畴		14g	
	h	其他（请附上明细表）		14h	
		按股东层面分配和分摊的扣减			
	i	利息费用		14i	
	j	其他		14j	
		按公司层面分配和分摊到外国来源收入的扣减			
	k	保留以备将来使用		14k	
	l	国外分支机构类别		14l	
	m	属于间接参与交易的范畴		14m	
	n	属于普通交易的范畴		14n	
	o	其他（请附上明细表）		14o	
		其他信息			
	p	外国税总额（勾选一个）：☐已付　☐应计 ▶		14p	
	q	可用于抵税优惠的税额的扣减（请附上明细表）		14q	
	r	其他外国税的信息（请附上明细表）			

表 1120-S 2020 第4页

副表K		股东按比例分配份额的项目（继续）		总金额
替代性最低限额税（AMT）项目	15a	1986年后的折旧调整	15a	
	b	调整后的利得或亏损	15b	
	c	损耗（石油和天然气除外）	15c	
	d	石油、天然气和地热能 - 总收入	15d	
	e	石油、天然气和地热能 - 扣减	15e	
	f	其他替代性最低限额税项目（请附上明细表）	15f	
影响股东基数的项目	16a	免税利息收入	16a	
	b	其他免税收入	16b	
	c	不可扣减的费用	16c	
	d	分配（如需要，请附上明细表）（请参阅说明）	16d	
	e	偿还来自股东的贷款	16e	
其他信息	17a	投资收入	17a	
	b	投资费用	17b	
	c	从累计盈余和利润中支付的股息	17c	
	d	其他项目和数额（请附上明细表）		
调节	18	收入/亏损的调节。将第1行到第10行的最右边的数额加总。从结果中减去第11行到第12d行和第14p行的总数。	18	

副表L 资产负债表（账面）	税务年期初余额		税务年期末余额	
资产	(a)	(b)	(c)	(d)
1 现金				
2a 应收商业票据和应收账款				
b 减：坏账准备金	( )		( )	
3 存货				
4 美国政府债券				
5 免税证券（请参阅说明）				
6 其他流动资产（请附上明细表）				
7 股东贷款				
8 抵押贷款和不动产贷款				
9 其他投资（请附上明细表）				
10a 房屋和其他可折旧的资产				
b 减：累积折旧	( )		( )	
11a 递耗资产				
b 减：累积折耗	( )		( )	
12 土地（摊提净值）				
13a 无形资产（仅包含可摊提的）				
b 减：累积摊提	( )		( )	
14 其他资产（请附上明细表）				
15 资产总计				
负债和股东权益				
16 应付账款				
17 一年内到期的抵押贷款、应付票据、应付债券				
18 其他流动负债（请附上明细表）				
19 股东借款				
20 一年或以上到期的抵押贷款、应付票据、应付债券				
21 其他负债（请参阅说明）				
22 股本：				
23 资本公积				
24 留存收益				
25 股东权益调整（请附上明细表）				
26 减：库藏股成本		( )		( )
27 负债和股东权益总计				

表 **1120-S** 2020

副表M－1 账面收入（亏损）和税表收入（亏损）调节表

注意：该公司可能被要求提交附表M-3（请参阅说明）。

1	账面净利润（亏损）		5	收入，今年记录在账面上但未包括在附表K的第1行到第10行的部分（逐项）：	
2	收入，包括在附表K中第1、2、3c、4、5a、6、7、8a、9和10行，但今年未记录在账面上的部分（逐项）：		a	免税利息 $	
3	费用，今年记录在账面上的但未包括在附表K第1行到第12行和第14p行的部分（逐项）：		6	扣减，包括在附表K中第1行到第12行和第14p行，但今年未记录在账面的部分（逐项）：	
a	折旧 $		a	折旧 $	
b	旅费和交际费 $		7	将第5行和第6行的数字加总	
4	将第1行到第3行的数字加总 . .		8	收入（亏损）（附表K第18行）第4行减去第7行	

副表M－2 累计调整账户、股东的尚未分配的已被征税的应税收入、累计收益和利润和其他调整账户分析（请参阅说明）

		(a) 累计调整账户	(b) 股东的尚未分配的已被征税的应税收入	(c) 累计收益和利润	(d) 其他调整账户
1	税务年度期初余额				
2	普通收入，来自第1页第21行 . . .				
3	其他附加				
4	亏损，来自第1页第21行	( )			
5	其他扣减	( )			( )
6	第1行到第5行数字加总				
7	分配				
8	税务年度期末余额。从第6行中减去第7行				

二十三、美国合伙企业所得税申报表（英）

Form **1065** — Department of the Treasury, Internal Revenue Service

U.S. Return of Partnership Income

For calendar year 2020, or tax year beginning ________, 2020, ending ________, 20____.

▶ Go to *www.irs.gov/Form1065* for instructions and the latest information.

OMB No. 1545-0123 — **2020**

	Type or Print		
A Principal business activity		Name of partnership	D Employer identification number
B Principal product or service		Number, street, and room or suite no. If a P.O. box, see instructions.	E Date business started
C Business code number		City or town, state or province, country, and ZIP or foreign postal code	F Total assets (see instructions) $

G Check applicable boxes: (1) ☐ Initial return (2) ☐ Final return (3) ☐ Name change (4) ☐ Address change (5) ☐ Amended return

H Check accounting method: (1) ☐ Cash (2) ☐ Accrual (3) ☐ Other (specify) ▶ ________

I Number of Schedules K-1. Attach one for each person who was a partner at any time during the tax year ▶ ________

J Check if Schedules C and M-3 are attached . . . ▶ ☐

K Check if partnership: (1) ☐ Aggregated activities for section 465 at-risk purposes (2) ☐ Grouped activities for section 469 passive activity purposes

Caution: Include **only** trade or business income and expenses on lines 1a through 22 below. See instructions for more information.

Income	1a	Gross receipts or sales	1a			
	b	Returns and allowances	1b			
	c	Balance. Subtract line 1b from line 1a			1c	
	2	Cost of goods sold (attach Form 1125-A)			2	
	3	Gross profit. Subtract line 2 from line 1c			3	
	4	Ordinary income (loss) from other partnerships, estates, and trusts (attach statement)			4	
	5	Net farm profit (loss) (attach Schedule F (Form 1040))			5	
	6	Net gain (loss) from Form 4797, Part II, line 17 (attach Form 4797)			6	
	7	Other income (loss) (attach statement)			7	
	8	**Total income (loss).** Combine lines 3 through 7			8	
Deductions (see instructions for limitations)	9	Salaries and wages (other than to partners) (less employment credits)			9	
	10	Guaranteed payments to partners			10	
	11	Repairs and maintenance			11	
	12	Bad debts			12	
	13	Rent			13	
	14	Taxes and licenses			14	
	15	Interest (see instructions)			15	
	16a	Depreciation (if required, attach Form 4562)	16a			
	b	Less depreciation reported on Form 1125-A and elsewhere on return	16b		16c	
	17	Depletion **(Do not deduct oil and gas depletion.)**			17	
	18	Retirement plans, etc.			18	
	19	Employee benefit programs			19	
	20	Other deductions (attach statement)			20	
	21	**Total deductions.** Add the amounts shown in the far right column for lines 9 through 20			21	
	22	**Ordinary business income (loss).** Subtract line 21 from line 8			22	
Tax and Payment	23	Interest due under the look-back method—completed long-term contracts (attach Form 8697)			23	
	24	Interest due under the look-back method—income forecast method (attach Form 8866)			24	
	25	BBA AAR imputed underpayment (see instructions)			25	
	26	Other taxes (see instructions)			26	
	27	**Total balance due.** Add lines 23 through 26			27	
	28	Payment (see instructions)			28	
	29	**Amount owed.** If line 28 is smaller than line 27, enter amount owed			29	
	30	**Overpayment.** If line 28 is larger than line 27, enter overpayment			30	

Sign Here

Under penalties of perjury, I declare that I have examined this return, including accompanying schedules and statements, and to the best of my knowledge and belief, it is true, correct, and complete. Declaration of preparer (other than partner or limited liability company member) is based on all information of which preparer has any knowledge.

▶ Signature of partner or limited liability company member ▶ Date

May the IRS discuss this return with the preparer shown below? See instructions. ☐ Yes ☐ No

Paid Preparer Use Only

Print/Type preparer's name	Preparer's signature	Date	Check ☐ if self-employed	PTIN
Firm's name ▶			Firm's EIN ▶	
Firm's address ▶			Phone no.	

For Paperwork Reduction Act Notice, see separate instructions. Cat. No. 11390Z Form **1065** (2020)

Schedule B Other Information

		Yes	No
1	What type of entity is filing this return? Check the applicable box: a ☐ Domestic general partnership b ☐ Domestic limited partnership c ☐ Domestic limited liability company d ☐ Domestic limited liability partnership e ☐ Foreign partnership f ☐ Other ▶		
2	At the end of the tax year:		
a	Did any foreign or domestic corporation, partnership (including any entity treated as a partnership), trust, or tax-exempt organization, or any foreign government own, directly or indirectly, an interest of 50% or more in the profit, loss, or capital of the partnership? For rules of constructive ownership, see instructions. If "Yes," attach Schedule B-1, Information on Partners Owning 50% or More of the Partnership		
b	Did any individual or estate own, directly or indirectly, an interest of 50% or more in the profit, loss, or capital of the partnership? For rules of constructive ownership, see instructions. If "Yes," attach Schedule B-1, Information on Partners Owning 50% or More of the Partnership		
3	At the end of the tax year, did the partnership:		
a	Own directly 20% or more, or own, directly or indirectly, 50% or more of the total voting power of all classes of stock entitled to vote of any foreign or domestic corporation? For rules of constructive ownership, see instructions. If "Yes," complete (i) through (iv) below		

(i) Name of Corporation	(ii) Employer Identification Number (if any)	(iii) Country of Incorporation	(iv) Percentage Owned in Voting Stock

		Yes	No
b	Own directly an interest of 20% or more, or own, directly or indirectly, an interest of 50% or more in the profit, loss, or capital in any foreign or domestic partnership (including an entity treated as a partnership) or in the beneficial interest of a trust? For rules of constructive ownership, see instructions. If "Yes," complete (i) through (v) below . .		

(i) Name of Entity	(ii) Employer Identification Number (if any)	(iii) Type of Entity	(iv) Country of Organization	(v) Maximum Percentage Owned in Profit, Loss, or Capital

		Yes	No
4	Does the partnership satisfy **all four** of the following conditions?		
a	The partnership's total receipts for the tax year were less than $250,000.		
b	The partnership's total assets at the end of the tax year were less than $1 million.		
c	Schedules K-1 are filed with the return and furnished to the partners on or before the due date (including extensions) for the partnership return.		
d	The partnership is not filing and is not required to file Schedule M-3 . . . . If "Yes," the partnership is not required to complete Schedules L, M-1, and M-2; item F on page 1 of Form 1065; or item L on Schedule K-1.		
5	Is this partnership a publicly traded partnership, as defined in section 469(k)(2)?		
6	During the tax year, did the partnership have any debt that was canceled, was forgiven, or had the terms modified so as to reduce the principal amount of the debt?		
7	Has this partnership filed, or is it required to file, Form 8918, Material Advisor Disclosure Statement, to provide information on any reportable transaction?		
8	At any time during calendar year 2020, did the partnership have an interest in or a signature or other authority over a financial account in a foreign country (such as a bank account, securities account, or other financial account)? See instructions for exceptions and filing requirements for FinCEN Form 114, Report of Foreign Bank and Financial Accounts (FBAR). If "Yes," enter the name of the foreign country ▶		
9	At any time during the tax year, did the partnership receive a distribution from, or was it the grantor of, or transferor to, a foreign trust? If "Yes," the partnership may have to file Form 3520, Annual Return To Report Transactions With Foreign Trusts and Receipt of Certain Foreign Gifts. See instructions		
10a	Is the partnership making, or had it previously made (and not revoked), a section 754 election? . . . . See instructions for details regarding a section 754 election.		
b	Did the partnership make for this tax year an optional basis adjustment under section 743(b) or 734(b)? If "Yes," attach a statement showing the computation and allocation of the basis adjustment. See instructions		

Form 1065 (2020) Page **3**

Schedule B **Other Information** *(continued)*

		Yes	No
c	Is the partnership required to adjust the basis of partnership assets under section 743(b) or 734(b) because of a substantial built-in loss (as defined under section 743(d)) or substantial basis reduction (as defined under section 734(d))? If "Yes," attach a statement showing the computation and allocation of the basis adjustment. See instructions		
11	Check this box if, during the current or prior tax year, the partnership distributed any property received in a like-kind exchange or contributed such property to another entity (other than disregarded entities wholly owned by the partnership throughout the tax year) . . . ▶ ☐		
12	At any time during the tax year, did the partnership distribute to any partner a tenancy-in-common or other undivided interest in partnership property? . . .		
13	If the partnership is required to file Form 8858, Information Return of U.S. Persons With Respect To Foreign Disregarded Entities (FDEs) and Foreign Branches (FBs), enter the number of Forms 8858 attached. See instructions . . . ▶		
14	Does the partnership have any foreign partners? If "Yes," enter the number of Forms 8805, Foreign Partner's Information Statement of Section 1446 Withholding Tax, filed for this partnership . . . ▶		
15	Enter the number of Forms 8865, Return of U.S. Persons With Respect to Certain Foreign Partnerships, attached to this return . . . ▶		
16a	Did you make any payments in 2020 that would require you to file Form(s) 1099? See instructions . . .		
b	If "Yes," did you or will you file required Form(s) 1099? . . .		
17	Enter the number of Forms 5471, Information Return of U.S. Persons With Respect To Certain Foreign Corporations, attached to this return . . . ▶		
18	Enter the number of partners that are foreign governments under section 892 . . . ▶		
19	During the partnership's tax year, did the partnership make any payments that would require it to file Form 1042 and 1042-S under chapter 3 (sections 1441 through 1464) or chapter 4 (sections 1471 through 1474)? . . .		
20	Was the partnership a specified domestic entity required to file Form 8938 for the tax year? See the Instructions for Form 8938		
21	Is the partnership a section 721(c) partnership, as defined in Regulations section 1.721(c)-1(b)(14)? . . .		
22	During the tax year, did the partnership pay or accrue any interest or royalty for which one or more partners are not allowed a deduction under section 267A? See instructions . . . If "Yes," enter the total amount of the disallowed deductions . . . ▶ $		
23	Did the partnership have an election under section 163(j) for any real property trade or business or any farming business in effect during the tax year? See instructions . . .		
24	Does the partnership satisfy one or more of the following? See instructions . . .		
a	The partnership owns a pass-through entity with current, or prior year carryover, excess business interest expense.		
b	The partnership's aggregate average annual gross receipts (determined under section 448(c)) for the 3 tax years preceding the current tax year are more than $26 million and the partnership has business interest.		
c	The partnership is a tax shelter (see instructions) and the partnership has business interest expense. If "Yes" to any, complete and attach Form 8990.		
25	Is the partnership electing out of the centralized partnership audit regime under section 6221(b)? See instructions. If "Yes," the partnership must complete Schedule B-2 (Form 1065). Enter the total from Schedule B-2, Part III, line 3 . . . ▶ ________ If "No," complete Designation of Partnership Representative below.		

Designation of Partnership Representative (see instructions)

Enter below the information for the partnership representative (PR) for the tax year covered by this return.

Name of PR ▶

U.S. address of PR ▶	U.S. phone number of PR ▶
If the PR is an entity, name of the designated individual for the PR ▶	
U.S. address of designated individual ▶	U.S. phone number of designated individual ▶

		Yes	No
26	Is the partnership attaching Form 8996 to certify as a Qualified Opportunity Fund? . . . If "Yes," enter the amount from Form 8996, line 16 . . . ▶ $		
27	Enter the number of foreign partners subject to section 864(c)(8) as a result of transferring all or a portion of an interest in the partnership or of receiving a distribution from the partnership . . . ▶		
28	At any time during the tax year, were there any transfers between the partnership and its partners subject to the disclosure requirements of Regulations section 1.707-8? . . .		
29	Since December 22, 2017, did a foreign corporation directly or indirectly acquire substantially all of the properties constituting a trade or business of your partnership, and was the ownership percentage (by vote or value) for purposes of section 7874 greater than 50% (for example, the partners held more than 50% of the stock of the foreign corporation)? If "Yes," list the ownership percentage by vote and by value. See instructions. Percentage: By Vote By Value		

Form **1065** (2020)

Form 1065 (2020) Page 4

Schedule K		Partners' Distributive Share Items		Total amount
Income (Loss)	1	Ordinary business income (loss) (page 1, line 22)	1	
	2	Net rental real estate income (loss) (attach Form 8825)	2	
	3a	Other gross rental income (loss) — 3a		
	b	Expenses from other rental activities (attach statement) — 3b		
	c	Other net rental income (loss). Subtract line 3b from line 3a	3c	
	4	Guaranteed payments: **a** Services 4a — **b** Capital 4b		
		c Total. Add lines 4a and 4b	4c	
	5	Interest income	5	
	6	Dividends and dividend equivalents: **a** Ordinary dividends	6a	
		b Qualified dividends 6b — **c** Dividend equivalents 6c		
	7	Royalties	7	
	8	Net short-term capital gain (loss) (attach Schedule D (Form 1065))	8	
	9a	Net long-term capital gain (loss) (attach Schedule D (Form 1065))	9a	
	b	Collectibles (28%) gain (loss) — 9b		
	c	Unrecaptured section 1250 gain (attach statement) — 9c		
	10	Net section 1231 gain (loss) (attach Form 4797)	10	
	11	Other income (loss) (see instructions) Type ▶	11	
Deductions	12	Section 179 deduction (attach Form 4562)	12	
	13a	Contributions	13a	
	b	Investment interest expense	13b	
	c	Section 59(e)(2) expenditures: **(1)** Type ▶ **(2)** Amount ▶	13c(2)	
	d	Other deductions (see instructions) Type ▶	13d	
Self-Employment	14a	Net earnings (loss) from self-employment	14a	
	b	Gross farming or fishing income	14b	
	c	Gross nonfarm income	14c	
Credits	15a	Low-income housing credit (section 42(j)(5))	15a	
	b	Low-income housing credit (other)	15b	
	c	Qualified rehabilitation expenditures (rental real estate) (attach Form 3468, if applicable)	15c	
	d	Other rental real estate credits (see instructions) Type ▶	15d	
	e	Other rental credits (see instructions) Type ▶	15e	
	f	Other credits (see instructions) Type ▶	15f	
Foreign Transactions	16a	Name of country or U.S. possession ▶		
	b	Gross income from all sources	16b	
	c	Gross income sourced at partner level	16c	
		Foreign gross income sourced at partnership level		
	d	Reserved for future use ▶ — **e** Foreign branch category ▶	16e	
	f	Passive category ▶ — **g** General category ▶ — **h** Other (attach statement) ▶	16h	
		Deductions allocated and apportioned at partner level		
	i	Interest expense ▶ — **j** Other ▶	16j	
		Deductions allocated and apportioned at partnership level to foreign source income		
	k	Reserved for future use ▶ — **l** Foreign branch category ▶	16l	
	m	Passive category ▶ — **n** General category ▶ — **o** Other (attach statement) ▶	16o	
	p	Total foreign taxes (check one): ▶ Paid ☐ Accrued ☐	16p	
	q	Reduction in taxes available for credit (attach statement)	16q	
	r	Other foreign tax information (attach statement)		
Alternative Minimum Tax (AMT) Items	17a	Post-1986 depreciation adjustment	17a	
	b	Adjusted gain or loss	17b	
	c	Depletion (other than oil and gas)	17c	
	d	Oil, gas, and geothermal properties—gross income	17d	
	e	Oil, gas, and geothermal properties—deductions	17e	
	f	Other AMT items (attach statement)	17f	
Other Information	18a	Tax-exempt interest income	18a	
	b	Other tax-exempt income	18b	
	c	Nondeductible expenses	18c	
	19a	Distributions of cash and marketable securities	19a	
	b	Distributions of other property	19b	
	20a	Investment income	20a	
	b	Investment expenses	20b	
	c	Other items and amounts (attach statement)		

Form **1065** (2020)

Form 1065 (2020) Page **5**

Analysis of Net Income (Loss)

1 Net income (loss). Combine Schedule K, lines 1 through 11. From the result, subtract the sum of Schedule K, lines 12 through 13d, and 16p 1

2 Analysis by partner type:	(i) Corporate	(ii) Individual (active)	(iii) Individual (passive)	(iv) Partnership	(v) Exempt Organization	(vi) Nominee/Other
a General partners						
b Limited partners						

Schedule L Balance Sheets per Books

	Beginning of tax year		End of tax year	
Assets	(a)	(b)	(c)	(d)
1 Cash				
2a Trade notes and accounts receivable				
b Less allowance for bad debts				
3 Inventories				
4 U.S. government obligations				
5 Tax-exempt securities				
6 Other current assets (attach statement)				
7a Loans to partners (or persons related to partners)				
b Mortgage and real estate loans				
8 Other investments (attach statement)				
9a Buildings and other depreciable assets				
b Less accumulated depreciation				
10a Depletable assets				
b Less accumulated depletion				
11 Land (net of any amortization)				
12a Intangible assets (amortizable only)				
b Less accumulated amortization				
13 Other assets (attach statement)				
14 Total assets				
Liabilities and Capital				
15 Accounts payable				
16 Mortgages, notes, bonds payable in less than 1 year				
17 Other current liabilities (attach statement)				
18 All nonrecourse loans				
19a Loans from partners (or persons related to partners)				
b Mortgages, notes, bonds payable in 1 year or more				
20 Other liabilities (attach statement)				
21 Partners' capital accounts				
22 Total liabilities and capital				

Schedule M-1 Reconciliation of Income (Loss) per Books With Income (Loss) per Return

Note: The partnership may be required to file Schedule M-3. See instructions.

1 Net income (loss) per books		6 Income recorded on books this year not included on Schedule K, lines 1 through 11 (itemize): a Tax-exempt interest $	
2 Income included on Schedule K, lines 1, 2, 3c, 5, 6a, 7, 8, 9a, 10, and 11, not recorded on books this year (itemize):			
3 Guaranteed payments (other than health insurance)		7 Deductions included on Schedule K, lines 1 through 13d, and 16p, not charged against book income this year (itemize): a Depreciation $	
4 Expenses recorded on books this year not included on Schedule K, lines 1 through 13d, and 16p (itemize): a Depreciation $ b Travel and entertainment $		8 Add lines 6 and 7	
5 Add lines 1 through 4		9 Income (loss) (Analysis of Net Income (Loss), line 1). Subtract line 8 from line 5	

Schedule M-2 Analysis of Partners' Capital Accounts

1 Balance at beginning of year		6 Distributions: a Cash	
2 Capital contributed: a Cash		b Property	
b Property		7 Other decreases (itemize):	
3 Net income (loss) per books			
4 Other increases (itemize):		8 Add lines 6 and 7	
5 Add lines 1 through 4		9 Balance at end of year. Subtract line 8 from line 5	

Form **1065** (2020)

二十四、美国合伙企业所得税申报表（中）

表 **1065** 财政部 国税局	美国合伙企业所得税申报表 为2020日历年度，或其他税务年度，起始日期________，2020 到结束日期________，20____. ▶ 前往 ***www.irs.gov/Form1065*** 查阅说明和最新信息。	OMB No. 1545-0123 2020

A 主要业务活动	输入或印刷体	合伙企业名称	**D** 雇主识别号码
B 主要产品或服务		门牌号、街道、房间或套房号码。如果是邮政信箱，请参阅说明。	**E** 成立日期
C 业务活动代码		城市或城镇、州或省、国家、和邮政编码或外国邮政编码	**F** 总资产（请参阅说明） $

G 勾选适用的框： **(1)** ☐ 初始税表 **(2)** ☐ 最终税表 **(3)** ☐ 名称更改 **(4)** ☐ 地址更改 **(5)** ☐ 修订税表

H 勾选会计方法： **(1)** ☐ 收付实现制 **(2)** ☐ 权责发生制 **(3)** ☐ 其他（列举） ▶ ________

I 附表K-1的数量。请附上在此税务年间的每个合伙人的附表K-1 ▸ ________

J 如果有附附表C和附表M-3，请勾选 . . . . ▶ ☐

K 勾选如果合伙企业： **(1)** ☐ 针对第465条有风险目的的汇总活动 **(2)** ☐ 为第469条被动活动目的的分组活动

注 意 。在 第 1a 行 到 第 22 行 中 仅 包 括 交 易 或 业 务 收 入 和 支 出 。更 多 相 关 信 息 请 参 阅 说 明 。

收入	**1a**	总额收入或销售额	**1a**		
	b	退货及折让	**1b**		
	c	余额。从第1a行中减去第1b行的数字		**1c**	
	2	销货成本（请附1125-A表）		**2**	
	3	销售利润。从第1c行中减去第2行的数字		**3**	
	4	普通收入（亏损）来自于其他合伙企业、房地产、信托（请附明细表）		**4**	
	5	农场净利润（亏损）（请附1040表或1040-SR表的附表F）		**5**	
	6	净收益（亏损）来自4797表第二部分第17行（请附4797表）		**6**	
	7	其他收入（亏损）（请附明细表）		**7**	
	8	总收入（亏损）。将第3行到第7行的数额加总		**8**	
扣减（扣减的限制请参阅说明）	**9**	薪水与工资（付给合伙人的除外）（减去雇佣抵税优惠）		**9**	
	10	付给合伙人的保证金		**10**	
	11	修理与维护		**11**	
	12	坏账		**12**	
	13	租金		**13**	
	14	税和执照		**14**	
	15	利息（请参阅说明）		**15**	
	16a	折旧（如果被要求，请附4562表）	**16a**		
	b	减：1125-A表和税表上其他地方的折旧	**16b**	**16c**	
	17	损耗（请不要扣减石油和天然气的耗损）		**17**	
	18	退休计划等		**18**	
	19	员工福利项目		**19**	
	20	其他扣减（请附明细表）		**20**	
	21	总扣减。将最右边的第9行到第20行的数额加总。		**21**	
	22	普通业务收入（亏损）。从第8行中减去第21行的数字		**22**	
税额和付款	**23**	根据回溯法-已完成的长期合同的应付利息（附8697表）		**23**	
	24	根据回溯法-收入预测法的应付利息（附8866表）		**24**	
	25	BBA AAR估算的未付款项（请参阅说明）		**25**	
	26	其他税金（请参阅说明）		**26**	
	27	应付余额总计。将第23至第26行的数额加总		**27**	
	28	付款（请参阅说明）		**28**	
	29	尚欠金额。如果第28行小于第27行，输入欠款额		**29**	
	30	超额支付。如果第28行大于第27行，请输入多付款项		**30**	

签名	根据美国法律有关伪证罪的规定，本人宣誓，我已审查这份税表及其附带的附表和声明，且基于我本人的知识和信任，所填写的内容是真实、正确和完整的。报税员（普通合伙人或有限责任公司成员除外）的声明基于报税员知道的所有信息。 是否允许国税局与下方显示的报税员讨论这份税表？请参阅说明. ☐是 ☐否 ▶ 普通合伙人或有限责任公司成员的签名 ▶ 日期

收费报税员专用	用印刷体输入报税员名字	报税员签名	日期	勾选，☐ 如果自雇	PTIN
	公司名称 ▶			公司EIN ▶	
	公司地址 ▶			电话号码	

表1065 2020 第2页

副表B	其他信息

		是	否
1	什么类型的实体提交的此税表？请勾选适用的框： **a** ☐ 国内普通合伙企业 **b** ☐ 国内有限合伙企业 **c** ☐ 国内有限责任公司 **d** ☐ 国内有限责任合伙企业 **e** ☐ 外国合伙企业 **f** ☐ 其他 ▶		
2	在税务年结束时：		
a	任何外国或国内公司，合伙企业（包括被视为合伙企业的任何实体），信托或免税组织或任何外国政府是否直接或间接拥有损益或资本中达50%或以上？有关构造性所有权的规则，请参阅说明。如果“是”，请附附表B-1，即拥有合伙企业50%或以上的合伙人信息		
b	任何个人或遗产是否直接或间接拥有50%或以上合伙企业的损益或资本？关于构造性所有权的规则，请参阅说明。如果“是”，请附附表B-1，即拥有合伙企业50%或以上的合伙人信息		
3	在税务年结束时，合伙企业是否：		
a	直接拥有20%或以上，或直接或间接拥有50%或以上的任何国外或国内股份公司的有权投票的所有类别股票中的总投票权？关于构造性所有权的规则，请参阅说明。 如果“是”，请完成下方(i)到(iv)的部分		

(i) 公司名称	(ii) 雇主识别号码（若有）	(iii) 公司成立所在国家	(iv) 拥有表决权股票的百分比

		是	否
b	直接拥有20%或以上，或直接或间接拥有50%或以上的任何国外或国内合伙企业的损益或资本的利益，或信托的受益权？关于构造性所有权的规则，请参阅说明。如果“是”，请完成下方(i)到(v)的部分		

(i) 实体名称	(ii) 雇主识别号码（若有）	(iii) 实体类别	(iv) 组织成立所在国家	(v) 拥有的损益或资本的最大百分比

		是	否
4	合伙企业是否满足所有以下四种情况？		
a	此税务年合伙企业的总收入低于$250,000。		
b	税务年结束时合伙企业的总资产低于一百万美元。		
c	在到期日当天或之前（包括延期的时间），该合伙企业的税表和附表K-1已一起提交并交给了合伙人		
d	合伙企业不需要提交也没有提交附表M-3 如果“是”，合伙企业不需要完成附表L、M-1、M-2；1065表的第1页的第F项；或附表K-1的第L项。		
5	该合伙企业是否是按照第469(k)(2)章节定义的上市合伙企业？		
6	在税务年间，合伙企业是否有任何债务被取消、被免除或修改了条款以减少债务的本金数额？		
7	该合伙企业是否提交或需要提交8918表，关于重要顾问披露的声明，以提供关于任何应报告交易的信息？		
8	在2019年日历年度的任何时候，合伙企业是否在外国的金融账户（例如：银行帐户、证券帐户或其他金融帐户）拥有利益、署名或其他权力？关于FinCen114表的提交要求和例外，关于外国银行和金融帐户的报告，请参阅说明。如果“是”，请输入外国国家的名称 ▶		
9	在税务年间的任何时候，合伙企业是否从外国信托获得红利分配，或该企业是外国信托的授以人或过户经办人？ 如果“是”，合伙企业需要提交3520表，关于上报与外国信托的交易和接受特定的外国馈赠的年度报表。请参阅说明		
10a	合伙企业是否做出了或曾经做过（并且没有撤销）第754章节的选择？ 关于第754章节选择的详细信息，请参阅说明。		
b	合伙企业是否根据第743（b）或734（b）章节对本税务年作出可选择的基础调整？ 如果“是”，请附上显示了基础调整的计算和分配的明细表。请参阅说明		

表**1065** 2020

表1065 2020， 第3页

副表B 其他信息（继续）

		是	否
c	合伙企业是否因为存在大量内置损失（按照第743(d)章节的定义）或实质性扣减（根据第734(d)章节的定义），需要根据第743(b)或734(b)章节调整合伙企业资产的基础？如果“是”，请附上显示了基础调整的计算和分配的明细表。请参阅说明		
11	勾选此框，如果在当前或上一税务年间的任何时候，合伙企业进行了来自同类财产交换的固定资产分配，或摊入这种固定资产到另一个实体（在整个税务年的合伙企业全资拥有的非独立实体除外） ▶ □		
12	在税务年间的任何时候，合伙企业是否向任何合伙人分配共同租赁或其他未分割的合伙企业所有权收益？		
13	如果合伙企业被要求提交8858表，美国人关于外国非独立实体和外国分支的信息报告，请输入附上的8858表的数量。请参阅说明 ▶		
14	合伙企业是否有任何外国合伙人？如果“是”，请输入为此合伙企业提交的8805表的数量，关于外国合伙人第1446章节预扣税款的信息报告。 ▶		
15	输入附在此税表的8865表的数量，美国人关于特定外国合伙企业的报告。 ▶		
16a	2020年期间，您是否有需要提交1099表的付款？请参阅说明		
b	如果“是”，您是否有或即将提交要求的1099表？		
17	输入附在此税表的5471表的数量，美国人关于特定外国公司的信息报告 ▶		
18	输入合伙人是外国政府（按照第892章节的定义）的人数 ▶		
19	在合伙企业的税务年内，合伙企业是否支付了任何款项，要求其根据第3章（第1441至1464节）或第4章（第1471至1474节）提交1042表和1042-S表？		
20	合伙企业是否是特定国内实体，需要在该税务年提交8938表？请参阅8938表的说明		
21	合伙企业是否为第1.721（c）-1T（b）（14）条所定义的721（c）合伙企业？		
22	在税务年间，合伙企业是否支付或应计了第267A条不允许扣减的任何利息或版费？请参阅说明		
	如果“是”，输入不允许扣减的总额 ▶ $		
23	合伙企业是否做出了在第163（j）条下针对税务年内有效的任何房地产贸易或业务或任何农业业务的选择？请参阅说明		
24	合伙企业是否满足以下一项或多项？请参阅说明		
a	合伙企业拥有一个传递实体，该传递实体在当期或上一年有结转的超额商业利息费用。		
b	合伙企业在当前税务年之前的三个纳税年度的年均总收入总额（根据第448（c）条确定）超过2600万美元，并且该合伙企业有商业利息。		
c	合伙企业是避税场所（请参见说明）且合伙企业有商业利息费用。如果“是”，完成并附上8990表。		
25	合伙企业是否根据第6221（b）条的规定退出集中式合伙企业审计制度？请参阅说明。如果“是”，合伙企业必须填写附表B-2（1065表）。输入附表B-2第三部分第3行的总计 ▶ ________		
	如果“否”，请在下面填写指定合伙企业代表。		

指定合伙企业代表（请参阅说明）

请在下方输入此税表的税务年间合伙企业代表信息。

合伙企业代表名称 ▶

合伙企业代表的美国地址	▶	合伙企业代表的美国电话	▶

如果合伙企业代表是实体，输入合伙企业代表的指定个人名称 ▶

指定个人的美国地址	▶	指定个人的美国电话	▶

		是	否
26	合伙企业是否附8996表格以证明是合格机会基金？		
	如果“是”，输入8996表第14行金额 ▶ $		
27	输入由于转让合伙企业的全部或部分权益或从合伙企业获得分利而要遵守第864（c）（8）条规定的外国合伙人的数量 ▶		
28	在税务年间的任何时候，合伙企业及其合伙人之间是否有任何根据第1.707-8条披露要求的转移？		

表**1065** 2020

表1065 2020 第4页

副表K		合伙人的利润分成项目			总金额
收入（亏损）	1	普通业务收入（亏损）（第1页，第22行）		1	
	2	净房地产出租收入（亏损）（请附8825表）		2	
	3a	其他总出租收入（亏损）	3a		
	b	其他出租活动的费用（请附明细表）	3b		
	c	其他净出租收入（亏损）。从第3a行中减去第3b行的数字		3c	
	4	保证金 a 服务	4a		
		b 资本	4b		
		c 总计。将第4a行和第4b行加总		4c	
	5	利息收入		5	
	6	股息和股息等价物： a 普通股息		6a	
		b 符合条件的股息	6b		
		c 股息等价物	6c		
	7	版税收入		7	
	8	净短期资本利得（亏损）（请附1065表的附表D）		8	
	9a	净长期资本利得（亏损）（请附1065表的附表D）		9a	
	b	收藏增益（损失）（28%）	9b		
	c	不可收复的第1250章节增益（请附明细表）	9c		
	10	净增益（亏损）第1231章节（请附4797表）		10	
	11	其他收入（亏损）（请参阅说明） 类型 ▶		11	
扣减	12	符合第179章节的扣减（请附4562表）		12	
	13a	摊入		13a	
	b	投资利息费用		13b	
	c	符合第59(e)(2)章节的支出； (1) 类型 ▶ (2) 金额 ▶		13c(2)	
	d	其他扣减（请参阅说明） 类型 ▶		13d	
自雇	14a	自营职业净利润（亏损）		14a	
	b	农业或渔业收入总和		14b	
	c	非农业收入总和		14c	
抵税优惠	15a	低收入住房优惠（第42(j)(5)章节）		15a	
	b	低收入住房优惠（其他）		15b	
	c	符合条件的修复费用（出租房地产）（如果适用，请附3468表）		15c	
	d	其他出租房地产优惠（请参阅说明） 类型 ▶		15d	
	e	其他出租优惠（请参阅说明） 类型 ▶		15e	
	f	其他优惠（请参阅说明） 类型 ▶		15f	
外国交易	16a	国家或美国领地的名称 ▶			
	b	来自所有来源的总收入		16b	
	c	合伙人层面的总收入		16c	
		合伙企业层面的外国总收入			
	d	保留以备将来使用 ▶			
	e	国外分支机构类别 ▶		16e	
	f	间接类别 ▶ g 一般类别 ▶ h 其他（请附明细表） ▶		16h	
		按合伙人层面分配和分摊的扣减			
	i	利息费用 ▶ j 其他 ▶		16j	
		按合伙企业层面分配和分摊到外国来源收入的扣减			
	k	保留以备将来使用 ▶			
	l	国外分支机构类别 ▶		16l	
	m	间接类别 ▶ n 一般类别 ▶ o 其他（请附明细表） ▶		16o	
	p	外国税总额（勾选一个）： ▶ 已付 ☐ 应计 ☐		16p	
	q	可用于抵税优惠的税额的扣减（请附明细表）		16q	
	r	其他外国税的信息（请附明细表）			
替代性最低限额税（AMT）项目	17a	1986年后的折旧调整		17a	
	b	调整后的利得或损失		17b	
	c	损耗（石油和天然气除外）		17c	
	d	石油、天然气和地热能 - 总收入		17d	
	e	石油、天然气和地热能 - 扣减		17e	
	f	其他替代性最低限额税项目（请附明细表）		17f	
其他信息	18a	免税利息收入		18a	
	b	其他免税收入		18b	
	c	不可扣减的费用		18c	
	19a	现金和有价证券的分配		19a	
	b	其他资产的分配		19b	
	20a	投资收益		20a	
	b	投资支出		20b	
	c	其他项目和金额（请附明细表）			

表1065 2020

表1065 2020　　　　第5页

净利润（亏损）分析

1	净利润（亏损）。将附表K的第1行到第11行的数字加总。从结果中减去附表K的第12行到第13d行和第16p行的总数	1	

2 根据合伙人类型分析：	(i) 股份公司	(ii) 个人（直接）	(iii) 个人（间接）	(iv) 合伙企业	(v) 豁免组织	(vi) 代理人/其他
a 普通合伙人						
b 有限合伙人						

副表L　资产负债表（账面）

	税务年期初余额		税务年期末余额	
资产	(a)	(b)	(c)	(d)
1 现金				
2a 应收商业票据和应收账款				
b 减：坏账准备金				
3 存货				
4 美国政府债券				
5 免税证券				
6 其他流动资产（请附明细表）				
7a 合伙人贷款（或合伙人相关人员）				
b 抵押贷款和不动产贷款				
8 其他投资（请附明细表）				
9a 房屋和其他可折旧的资产				
b 减：累积折旧				
10a 递耗资产				
b 减：累积折耗				
11 土地（摊提净值）				
12a 无形资产（仅包含可摊提的）				
b 减：累积摊提				
13 其他资产（请附明细表）				
14 资产总计				
负债和资本				
15 应付账款				
16 一年内到期的抵押贷款、应付票据、应付债券				
17 其他流动负债（请附明细表）				
18 所有无追索权的贷款				
19a 合伙人借款（或合伙人相关人员）				
b 一年或以上到期的抵押贷款、应付票据、应付债券				
20 其他负债（请附明细表）				
21 合伙人的资本帐户				
22 负债和资本总计				

副表M－1　账面收入（亏损）和税表收入（亏损）调节表

注意：合伙企业可能被要求提交附表M-3。请参阅说明。

1 账面净利润（亏损）		6 收入，记录在账面上的但未包括在附表K的第1行到第11行的部分（逐项）： a 免税利息　$	
2 收入，包括在附表K第1、2、3c、5、6a、7、8、9a、10和11行中的，但今年未记录在账面上的部分（逐项）：		7 扣减，包括在附表K的第1行到第13d行和第16p行的，但今年未记录在账面上的部分（逐项）：	
3 保证金付款（医疗保险除外）		a 折旧　$	
4 费用，今年记录在账面上的但未包括在附表K的第1行到第13d行和第16p行的部分（逐项）： a 折旧　$ b 旅费和交际费　$		8 将第6行和第7行加总	
5 将第1行到第4行的数字加总		9 收入（亏损）（净利润（亏损）分析，第1行）。从第5行中减去第8行的数字	

副表M－2　合伙人资本帐户分析

1 期初余额		6 分配：a 现金	
2 资本摊入：a 现金		b 固定资产	
b 资产		7 其他扣减（逐项）：	
3 账面净利润（亏损）			
4 其他增加（逐项）：		8 将第6行和第7行加总	
5 将第1行到第4行的数字加总		9 期末余额（从第5行中减去第8行的数字）	

表1065 2020

二十五、美国合伙企业 K-1 副表（英）

651119

☐ Final K-1 ☐ Amended K-1 OMB No. 1545-0123

Schedule K-1 (Form 1065) **2020**

Department of the Treasury
Internal Revenue Service

For calendar year 2020, or tax year

beginning / / 2020 ending / /

Partner's Share of Income, Deductions, Credits, etc. ► See separate instructions.

Part I Information About the Partnership

A Partnership's employer identification number

B Partnership's name, address, city, state, and ZIP code

C IRS Center where partnership filed return ►

D ☐ Check if this is a publicly traded partnership (PTP)

Part II Information About the Partner

E Partner's SSN or TIN (Do not use TIN of a disregarded entity. See instructions.)

F Name, address, city, state, and ZIP code for partner entered in E. See instructions.

G ☐ General partner or LLC member-manager ☐ Limited partner or other LLC member

H1 ☐ Domestic partner ☐ Foreign partner

H2 ☐ If the partner is a disregarded entity (DE), enter the partner's:

TIN ________ Name ________

I1 What type of entity is this partner? ________

I2 If this partner is a retirement plan (IRA/SEP/Keogh/etc.), check here ☐

J Partner's share of profit, loss, and capital (see instructions):

	Beginning	Ending
Profit	%	%
Loss	%	%
Capital	%	%

Check if decrease is due to sale or exchange of partnership interest . . ☐

K Partner's share of liabilities:

	Beginning	Ending
Nonrecourse . .	$	$
Qualified nonrecourse financing . . .	$	$
Recourse . . .	$	$

☐ Check this box if Item K includes liability amounts from lower tier partnerships.

L **Partner's Capital Account Analysis**

Beginning capital account . . . $ ________
Capital contributed during the year . . $ ________
Current year net income (loss) . . . $ ________
Other increase (decrease) (attach explanation) $ ________
Withdrawals & distributions . . . $ (________)
Ending capital account . . . . $ ________

M Did the partner contribute property with a built-in gain or loss?
☐ **Yes** ☐ **No** If "Yes," attach statement. See instructions.

N **Partner's Share of Net Unrecognized Section 704(c) Gain or (Loss)**
Beginning . . . . $
Ending . . . . $

Part III Partner's Share of Current Year Income, Deductions, Credits, and Other Items

1	Ordinary business income (loss)	15	Credits
2	Net rental real estate income (loss)		
3	Other net rental income (loss)	16	Foreign transactions
4a	Guaranteed payments for services		
4b	Guaranteed payments for capital		
4c	Total guaranteed payments		
5	Interest income		
6a	Ordinary dividends		
6b	Qualified dividends		
6c	Dividend equivalents	17	Alternative minimum tax (AMT) items
7	Royalties		
8	Net short-term capital gain (loss)		
9a	Net long-term capital gain (loss)	18	Tax-exempt income and nondeductible expenses
9b	Collectibles (28%) gain (loss)		
9c	Unrecaptured section 1250 gain		
10	Net section 1231 gain (loss)	19	Distributions
11	Other income (loss)		
		20	Other information
12	Section 179 deduction		
13	Other deductions		
14	Self-employment earnings (loss)		

21 ☐ More than one activity for at-risk purposes*

22 ☐ More than one activity for passive activity purposes*

*See attached statement for additional information.

For IRS Use Only

For Paperwork Reduction Act Notice, see Instructions for Form 1065. www.irs.gov/Form1065 Cat. No. 11394R **Schedule K-1 (Form 1065) 2020**

二十六、美国合伙企业K-1副表（中）

651119

☐ 最终K-1 ☐ 修订K-1 OMB No. 1545-0123

K-1副表
（1065表）
财政部
国税局

2020

涵盖了2020年日历年度，或其他税务年度

起始日期 / / 2020 结束日期 / /

合伙人的收入、扣减、优惠等份额

请参阅表格背面和单独说明。

第一部分 合伙企业的相关信息

A 合伙企业的雇主识别号码

B 合伙企业的名称、地址、城市、州和邮政编码

C 合伙企业提交税表的国税局中心

D ☐ 勾选，如果这是一家上市合伙企业（PTP）

第二部分 合伙人的相关信息

E 合伙人的身份号码（如果是非实体企业，请不要使用TIN）

F 合伙人的名称、地址、城市、州和邮政编码

G ☐ 普通合伙人或有限责任公司成员经理 ☐ 有限责任合伙人或其他有限责任公司成员

H1 ☐ 国内合伙人 ☐ 外国合伙人

H2 ☐ 如果合伙人是非实体企业（DE），请输入合伙人的税号 ______ 名字 ______

I1 这位合伙人是什么类型的实体？

I2 如果这位合伙人是一个退休计划（IRA/SEP/Keogh），请勾选 ☐

J 合伙人的利润、亏损和资本的份额（请参阅说明）

	期初	期末
利润	%	%
亏损	%	%
资本	%	%

若损益和/或资本减少是否是由于出售或置换合伙权益而引起的，请勾选 . ☐

K 合伙人年末的负债份额

	期初	期末
无追索权	$	$
合格的无追索权融资	$	$
有追索权	$	$

☐ 债务是否包括来自下级合伙企业的款项，请勾选

L 合伙人的资本账户分析

资本账户期初余额 . . .	$
年内的资本贡献 . . .	$
今年的增加（减少） . . .	$
其他增加（减少）	$
取出和分配	$( )
资本账户期末余额 . . .	$

M 合伙人是否贡献带有内置增益或亏损的固定资产？
☐ 是 ☐ 否 如果是，请添加说明

N 未确认的税法第704(c)条例净盈亏
期初余额 . . . . $
期末余额 . . . . $

第三部分 合伙人的本年度收入、扣减、优惠、其他事项的份额

1	普通业务收入（亏损）	15	抵税优惠
2	净房地产出租收入（亏损）		
3	其它净出租收入（亏损）	16	对外交易
4a	固定报酬（服务）		
4b	固定报酬（资本）		
4c	固定报酬总额		
5	利息收入		
6a	普通股息		
6b	合格股息		
6c	股息等价物	17	替代最低限额税（AMT）项目
7	版税收入		
8	净短期资本利得（亏损）		
9a	净长期资本利得（亏损）	18	免税收入和不可扣减的费用
9b	收藏增益（损失）（28%）		
9c	不可收复的增益（第1250条例）		
10	净增益（亏损）（第1231条例）	19	分配
11	其他收入（亏损）		
		20	其它信息
12	第179条例折旧		
13	其它抵减		
14	自雇收入（亏损）		

21 ☐ 是否有一项以上活动出于风险目的
22 ☐ 是否有一项以上活动用于被动活动
*更多信息见附表

国税局专用

隐私法案和减少纸张行动通知，请参见1065表说明 www.irs.gov/Form1065 Cat. No. 11394R K-1附表（1065表）2020

二十七、外国特定金融资产申报表（英）

Form **8938** | **Statement of Specified Foreign Financial Assets** | OMB No. 1545-2195
Department of the Treasury Internal Revenue Service

▶ Go to *www.irs.gov/Form8938* for instructions and the latest information.
▶ Attach to your tax return.

For calendar year 2020 or tax year beginning , 2020, and ending , 20

2020 Attachment Sequence No. **938**

If you have attached continuation statements, check here ☐ **Number of continuation statements** ______

1 Name(s) shown on return	2 Taxpayer identification number (TIN)

3 Type of filer
a ☐ Specified individual b ☐ Partnership c ☐ Corporation d ☐ Trust

4 If you checked box 3a, skip this line 4. If you checked box 3b or 3c, enter the name and TIN of the specified individual who closely holds the partnership or corporation. If you checked box 3d, enter the name and TIN of the specified person who is a current beneficiary of the trust. (See instructions for definitions and what to do if you have more than one specified individual or specified person to list.)

a Name b TIN

Part I Foreign Deposit and Custodial Accounts Summary

1	Number of deposit accounts (reported in Part V) ▶	
2	Maximum value of all deposit accounts	$
3	Number of custodial accounts (reported in Part V) ▶	
4	Maximum value of all custodial accounts	$
5	Were any foreign deposit or custodial accounts closed during the tax year?	☐ Yes ☐ No

Part II Other Foreign Assets Summary

1	Number of foreign assets (reported in Part VI) ▶	
2	Maximum value of all assets (reported in Part VI)	$
3	Were any foreign assets acquired or sold during the tax year?	☐ Yes ☐ No

Part III Summary of Tax Items Attributable to Specified Foreign Financial Assets (see instructions)

(a) Asset category	**(b)** Tax item	**(c)** Amount reported on form or schedule	Where reported **(d)** Form and line	**(e)** Schedule and line
1 Foreign deposit and custodial accounts	a Interest	$		
	b Dividends	$		
	c Royalties	$		
	d Other income	$		
	e Gains (losses)	$		
	f Deductions	$		
	g Credits	$		
2 Other foreign assets	a Interest	$		
	b Dividends	$		
	c Royalties	$		
	d Other income	$		
	e Gains (losses)	$		
	f Deductions	$		
	g Credits	$		

Part IV Excepted Specified Foreign Financial Assets (see instructions)

If you reported specified foreign financial assets on one or more of the following forms, enter the number of such forms filed. You do not need to include these assets on Form 8938 for the tax year.

1. Number of Forms 3520 ______ 2. Number of Forms 3520-A ______ 3. Number of Forms 5471 ______
4. Number of Forms 8621 ______ 5. Number of Forms 8865 ______

Part V Detailed Information for Each Foreign Deposit and Custodial Account Included in the Part I Summary (see instructions)

If you have more than one account to report in Part V, attach a continuation statement for each additional account. See instructions.

1 Type of account ☐ Deposit ☐ Custodial	2 Account number or other designation

3 Check all that apply a ☐ Account opened during tax year b ☐ Account closed during tax year
c ☐ Account jointly owned with spouse d ☐ No tax item reported in Part III with respect to this asset

4 Maximum value of account during tax year $

5 Did you use a foreign currency exchange rate to convert the value of the account into U.S. dollars? ☐ Yes ☐ No

6 If you answered "Yes" to line 5, complete all that apply.

(a) Foreign currency in which account is maintained	**(b)** Foreign currency exchange rate used to convert to U.S. dollars	**(c)** Source of exchange rate used if not from U.S. Treasury Department's Bureau of the Fiscal Service

For Paperwork Reduction Act Notice, see the separate instructions. Cat. No. 37753A Form **8938** (2020)

Form 8938 (2020) Page 2

Part V Detailed Information for Each Foreign Deposit and Custodial Account Included in the Part I Summary (see instructions) *(continued)*

7a Name of financial institution in which account is maintained | **b** Global Intermediary Identification Number (GIIN) (Optional)

8 Mailing address of financial institution in which account is maintained. Number, street, and room or suite no.

9 City or town, state or province, and country (including postal code)

Part VI Detailed Information for Each "Other Foreign Asset" Included in the Part II Summary (see instructions)

If you have more than one asset to report in Part VI, attach a continuation statement for each additional asset. See instructions.

1 Description of asset | **2** Identifying number or other designation

3 Complete all that apply. See instructions for reporting of multiple acquisition or disposition dates.

a Date asset acquired during tax year, if applicable . . . .

b Date asset disposed of during tax year, if applicable . . . .

c ☐ Check if asset jointly owned with spouse **d** ☐ Check if no tax item reported in Part III with respect to this asset

4 Maximum value of asset during tax year (check box that applies)

a ☐ $0–$50,000 **b** ☐ $50,001–$100,000 **c** ☐ $100,001–$150,000 **d** ☐ $150,001–$200,000

e If more than $200,000, list value . . . . $

5 Did you use a foreign currency exchange rate to convert the value of the asset into U.S. dollars? . . . ☐ Yes ☐ No

6 If you answered "Yes" to line 5, complete all that apply.

(a) Foreign currency in which asset is denominated	**(b)** Foreign currency exchange rate used to convert to U.S. dollars	**(c)** Source of exchange rate used if not from U.S. Treasury Department's Bureau of the Fiscal Service

7 If asset reported on line 1 is stock of a foreign entity or an interest in a foreign entity, enter the following information for the asset.

a Name of foreign entity **b** GIIN (Optional)

c Type of foreign entity **(1)** ☐ Partnership **(2)** ☐ Corporation **(3)** ☐ Trust **(4)** ☐ Estate

d Mailing address of foreign entity. Number, street, and room or suite no.

e City or town, state or province, and country (including postal code)

8 If asset reported on line 1 is not stock of a foreign entity or an interest in a foreign entity, enter the following information for the asset.

Note: If this asset has more than one issuer or counterparty, attach a continuation statement with the same information for each additional issuer or counterparty. See instructions.

a Name of issuer or counterparty

Check if information is for ☐ Issuer ☐ Counterparty

b Type of issuer or counterparty

(1) ☐ Individual **(2)** ☐ Partnership **(3)** ☐ Corporation **(4)** ☐ Trust **(5)** ☐ Estate

c Check if issuer or counterparty is a ☐ U.S. person ☐ Foreign person

d Mailing address of issuer or counterparty. Number, street, and room or suite no.

e City or town, state or province, and country (including postal code)

Form 8938 (2020) Page ______

(Continuation Statement)

Name(s) shown on return	TIN

Part V **Detailed Information for Each Foreign Deposit and Custodial Account Included in the Part I Summary** (see instructions)

1 Type of account ☐ Deposit ☐ Custodial | 2 Account number or other designation

3 Check all that apply a ☐ Account opened during tax year b ☐ Account closed during tax year
c ☐ Account jointly owned with spouse d ☐ No tax item reported in Part III with respect to this asset

4 Maximum value of account during tax year . . . . $

5 Did you use a foreign currency exchange rate to convert the value of the account into U.S. dollars? . . ☐ Yes ☐ No

6 If you answered "Yes" to line 5, complete all that apply.

(a) Foreign currency in which account is maintained	**(b)** Foreign currency exchange rate used to convert to U.S. dollars	**(c)** Source of exchange rate used if not from U.S. Treasury Department's Bureau of the Fiscal Service

7a Name of financial institution in which account is maintained | **b** GIIN (Optional) . . .

8 Mailing address of financial institution in which account is maintained. Number, street, and room or suite no.

9 City or town, state or province, and country (including postal code)

Part VI **Detailed Information for Each "Other Foreign Asset" Included in the Part II Summary** (see instructions)

1 Description of asset | 2 Identifying number or other designation

3 Complete all that apply. See instructions for reporting of multiple acquisition or disposition dates.
a Date asset acquired during tax year, if applicable . . . . ______
b Date asset disposed of during tax year, if applicable . . . . ______
c ☐ Check if asset jointly owned with spouse d ☐ Check if no tax item reported in Part III with respect to this asset

4 Maximum value of asset during tax year (check box that applies)
a ☐ \$0–\$50,000 b ☐ \$50,001–\$100,000 c ☐ \$100,001–\$150,000 d ☐ \$150,001–\$200,000
e If more than \$200,000, list value . . . . $

5 Did you use a foreign currency exchange rate to convert the value of the asset into U.S. dollars? . . . ☐ Yes ☐ No

6 If you answered "Yes" to line 5, complete all that apply.

(a) Foreign currency in which asset is denominated	**(b)** Foreign currency exchange rate used to convert to U.S. dollars	**(c)** Source of exchange rate used if not from U.S. Treasury Department's Bureau of the Fiscal Service

7 If asset reported on line 1 is stock of a foreign entity or an interest in a foreign entity, enter the following information for the asset.
a Name of foreign entity ______ **b** GIIN (Optional) . . .
c Type of foreign entity **(1)** ☐ Partnership **(2)** ☐ Corporation **(3)** ☐ Trust **(4)** ☐ Estate
d Mailing address of foreign entity. Number, street, and room or suite no.

e City or town, state or province, and country (including postal code)

8 If asset reported on line 1 is not stock of a foreign entity or an interest in a foreign entity, enter the following information for the asset.
a Name of issuer or counterparty ______
Check if information is for ☐ Issuer ☐ Counterparty

b Type of issuer or counterparty
(1) ☐ Individual **(2)** ☐ Partnership **(3)** ☐ Corporation **(4)** ☐ Trust **(5)** ☐ Estate

c Check if issuer or counterparty is a ☐ U.S. person ☐ Foreign person
d Mailing address of issuer or counterparty. Number, street, and room or suite no.

e City or town, state or province, and country (including postal code)

Form **8938** (2020)

二十八、外国特定金融资产申报表（中）

表 8938 国税局 财政部	外国特定金融资产申报表 ▶ 前往 www.irs.gov/Form8938 查阅说明和最新信息。 ▶ 附在您的税表上。	OMB No. 1545-2195 2020 附件序列号 175

公历年20　　或税务年开始于　　, 20　　并结束于　　, 20

如果您有附延续表格，请勾选此处 ☐ 延续表格个数 ______

1 税表上的姓名	2 报税人识别码（TIN）

3 填表人类型

a ☐ 特定个人　b ☐ 合伙企业　c ☐ 公司　d ☐ 信托

4 如果您勾选了3a框，跳过第4行。如果您勾选了3b或3c框，输入持有合伙企业或公司的特定个人的姓名和TIN。如果您勾选了3d框，输入现为信托受益人的特定个人的姓名和TIN。（关于定义和如果您有超过一个特定个人在列表上该做什么，请参阅说明。）

a 姓名　　b TIN

部分I 海外存款和托管帐户总结

1	存款账户个数（报告在部分V） . . . . ▶	
2	总存款账户最高额	$
3	托管账户个数（报告在部分V） . . . . ▶	
4	总托管账户最高额	$
5	是否有海外存款或托管账户在税务年间关闭?	☐ 是 ☐ 否

部分II 其他海外资产总结

1	海外资产个数 . . . . ▶	
2	总资产最高额（报告在部分VI）	$
3	是否有海外资产在税务年间获得或出售?	☐ 是 ☐ 否

部分III 特定海外金融资产税项总结（请参阅说明）

(a) 资产类型	(b) 税项	(c) 报告在表或附表上的金额	报告在何处	
			(d) 表和行	(e) 附表和行
1 海外存款和托管帐户总结	1a 利息	$		
	1b 股息	$		
	1c 版税	$		
	1d 其他收入	$		
	1e 利得（损失）	$		
	1f 扣减	$		
	1g 优惠	$		
2 其他海外资产	2a 利息	$		
	2b 股息	$		
	2c 版税	$		
	2d 其他收入	$		
	2e 利得（损失）	$		
	2f 扣减	$		
	2g 优惠	$		

部分IV 特定海外金融资产税项除外（请参阅说明）

如果您报告特定海外金融资产在一个或更多的下述表格，输入填表个数。您不需要包括这些资产在税务年的8938表内。

1. 3520表个数 ______　2. 3520-A表个数 ______　3. 5471表个数 ______
4. 8621表个数 ______　5. 8865表个数 ______

部分V 每个报告在部分I总结中的海外存款和托管账户详细信息（请参阅说明）

如果您有超过一个账户报告在部分V，请附延续表格给每一个额外账户（请参阅说明）。

1	账户类型 ☐ 存款 ☐ 托管	2 账户号或其他名称
3	勾选所有符合条件的框 a ☐ 税务年间所开账户 b ☐ 税务年间关闭账户 c ☐ 与配偶共同所有账户 d ☐ 此资产没有税项报告在部分III中	
4	税务年间账户最高额	$
5	您是否有用海外货币汇率将账户金额转换为美元? . .	☐ 是 ☐ 否
6	如果您在第5行回答“是”，请完成以下内容。	

(a) 账户所持的海外货币	(b) 用以转换为美元的海外货币汇率	(c) 汇率来源，如果不是来自美国财政部财政局

关于减少书面文件的法案，请参阅您税表的说明。　Cat. No. 37753A　表 8938 (2020)

表 8938 (2020) 第2页

部分V 每个报告在部分I总结中的海外存款和托管账户详细信息（请参阅说明）（接上表）

7a 账户所在金融机构的名称 | **b** 全球中介识别码（GIN）（选填）

8 账户所在金融机构的邮寄地址。号码、街道和房间或公寓号。

9 城市或城镇、州或省和国家（包括邮政编码）

部分VI 每个报告在部分II总结中的“其他海外资产”详细信息（请参阅说明）

如果您有超过一个账户报告在部分VI，请附延续表格给每一个额外账户（请参阅说明）。

1 资产介绍 | **2** 识别码或其他名称

3 完成所有符合项。请参阅说明关于报告多个获得或处置日。

a 在税务年间获得资产日期，如果适用

b 在税务年间处置资产日期，如果适用

c ☐ 勾选如果资产与配偶共同所有 **d** ☐ 勾选如果此资产没有税项报告在部分III中

4 资产税务年间最高价值（勾选符合条件的框）

a ☐ $0–$50,000 **b** ☐ $50,001–$100,000 **c** ☐ $100,001–$150,000 **d** ☐ $150,001–$200,000

e 如果超过¥200，000，列出金额 $

5 您是否有用海外货币汇率将账户金额转换为美元？ ☐ 是 ☐ 否

6 如果您在第5行回答“是”，请完成以下内容。

(a) 资产计价的海外货币	**(b)** 用以转换为美元的海外货币汇率	**(c)** 汇率来源，如果不是来自美国财政部财政局

7 如果报告在第1行的财产是海外组织股票或海外组织利息，输入资产的下列信息。

a 海外组织名称 **b** GIIN （选填）

c 海外组织类型 **(1)** ☐ 合伙企业 **(2)** ☐ 公司 **(3)** ☐ 信托 **(4)** ☐ 遗产

d 海外组织的邮寄地址。号码、街道和房间或公寓号。

e 城市或城镇、州或省和国家（包括邮政编码）

8 如果报告在第1行的财产不是海外组织股票或海外组织利息，输入资产的下列信息。

注意：如果该资产有超过一个发行商或交易对手，请附相同信息延续表格给每一个额外发行商或交易对手（请参阅说明）。

a 发行商或交易对手名称

勾选框如果信息是为 ☐ 发行商 ☐ 交易对手

b 发行商或交易对手类型

(1) ☐ 个人 **(2)** ☐ 合伙企业 **(3)** ☐ 公司 **(4)** ☐ 信托 **(5)** ☐ 遗产

c 勾选框如果发行商或交易对手是 ☐ 美国人 ☐ 海外人员

d 发行商或交易对手的邮寄地址。号码、街道和房间或公寓号。

e 城市或城镇、州或省和国家（包括邮政编码）

表 **8938** (202

表 8938 **(2020)** 第_页

（延续表格）

税表上的姓名 | TIN

部分V 每个报告在部分I总结中的海外存款和托管账户详细信息（请参阅说明）

1 账户类型 ☐ 存款 ☐ 托管 | **2** 账户号或其他名称

3 勾选所有符合条件的框 **a** ☐ 税务年间所开账户 **b** ☐ 税务年间关闭账户
c ☐ 与配偶共同所有账户 **d** ☐ 此资产没有税项报告在部分III中

4 税务年间账户最高额 . . . . $

5 您是否有用海外货币汇率将账户金额转换为美元? . . ☐是 ☐否

6 如果您在第5行回答“是”，请完成以下内容。

(a) 账户所持的海外货币	**(b)** 用以转换为美元的海外货币汇率	**(c)** 汇率来源，如果不是来自美国财政部财政局

7a 账户所在金融机构的名称 | **b** GIIN （选填） . . .

8 账户所在金融机构的邮寄地址。号码、街道和房间或公寓号。

9 城市或城镇、州或省和国家（包括邮政编码）

部分VI 每个报告在部分II总结中的“其他海外资产”详细信息（请参阅说明）

1 资产介绍 | **2** 识别码或其他名称

3 完成所有符合项。请参阅说明关于报告多个获得或处置日。
a 在税务年间获得资产日期，如果适用 . . . . ________
b 在税务年间处置资产日期，如果适用 . . . . ________
c ☐ 勾选如果资产与配偶共同所有 **d** ☐ 勾选如果此资产没有税项报告在部分III中

4 资产税务年间最高价值（勾选符合条件的框）
a ☐ $0–$50,000 **b** ☐ $50,001–$100,000 **c** ☐ $100,001–$150,000 **d** ☐ $150,001–$200,000
e 如果超过$200，000，列出金额 . . . . $

5 您是否有用海外货币汇率将账户金额转换为美元? . . ☐是 ☐否

6 如果您在第5行回答“是”，请完成以下内容。

(a) 资产计价的海外货币	**(b)** 用以转换为美元的海外货币汇率	**(c)** 汇率来源，如果不是来自美国财政部财政局

7 如果报告在第1行的财产是海外组织股票或海外组织利息，输入资产的下列信息。
a 海外组织名称 ________ **b** GIIN （选填） . . .
c 海外组织类型 **(1)** ☐ 合伙企业 **(2)** ☐ 公司 **(3)** ☐ 信托 **(4)** ☐ 遗产
d 海外组织的邮寄地址。号码、街道和房间或公寓号。
e 城市或城镇、州或省和国家（包括邮政编码）

8 如果报告在第1行的财产不是海外组织股票或海外组织利息，输入资产的下列信息。

a 发行商或交易对手名称 ________
勾选框如果信息是为 ☐ 发行商 ☐ 交易对手

b 发行商或交易对手类型
(1) ☐ 个人 **(2)** ☐ 合伙企业 **(3)** ☐ 公司 **(4)** ☐ 信托 **(5)** ☐ 遗产

c 勾选框如果发行商或交易对手是 ☐ 美国人 ☐ 海外人员
d 发行商或交易对手的邮寄地址。号码、街道和房间或公寓号。

e 城市或城镇、州或省和国家（包括邮政编码）

二十九、外国银行和账户申报表（英）

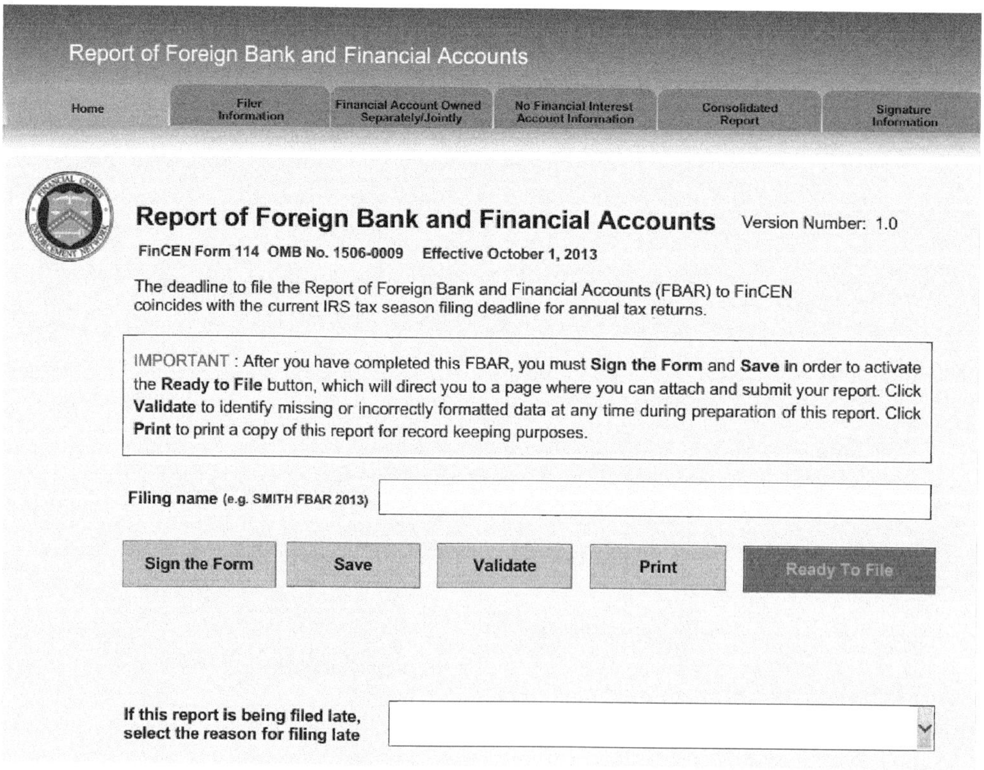

Report of Foreign Bank and Financial Accounts

Home | Filer Information | Financial Account Owned Separately/Jointly | No Financial Interest Account Information | Consolidated Report | Signature Information

Report of Foreign Bank and Financial Accounts Version Number: 1.0

FinCEN Form 114 OMB No. 1506-0009 Effective October 1, 2013

The deadline to file the Report of Foreign Bank and Financial Accounts (FBAR) to FinCEN coincides with the current IRS tax season filing deadline for annual tax returns.

IMPORTANT : After you have completed this FBAR, you must **Sign the Form** and **Save** in order to activate the **Ready to File** button, which will direct you to a page where you can attach and submit your report. Click **Validate** to identify missing or incorrectly formatted data at any time during preparation of this report. Click **Print** to print a copy of this report for record keeping purposes.

Filing name (e.g. SMITH FBAR 2013)

Sign the Form | Save | Validate | Print | Ready To File

If this report is being filed late, select the reason for filing late

1 This report is for calendar year ended 12/31 ☐ Amended ☐ Prior Report BSA Identifier ☐

Part I Filer Information

2 Type of filer

3 U.S. Taxpayer Identification Number

3a TIN type

4 Foreign identification

a Type

b Number

c Country/Region of issue

5 Individual's date of birth

6 Last name or organization's name

7 First name

8 Middle name

8a Suffix

9 Address

10 City

11 State

12 ZIP/postal code

13 Country/Region

14a Does the filer have a financial interest in 25 or more financial accounts?

☐ Yes Enter number of accounts ☐ **If "Yes" is checked do not complete Part II or Part III, but retain records of this information**

☐ No

14b Does the filer have signature authority over but no financial interest in 25 or more financial accounts?

☐ Yes Enter number of accounts ☐ **If "Yes" is checked Complete Part IV items 34 through 43 for each person on whose behalf the filer has signature authority.**

☐ No

Part II Information on Financial Account(s) Owned Separately 1 of 1

15 Maximum account value | 15a Maximum account value unknown ☐

16 Type of account

17 Financial institution name

18 Account number or other designation

19 Address

20 City | 21 State

22 Foreign postal code | 23 Country/Region

Part III **Information on Financial Account(s) Owned Jointly 1 of 1**

Account Information

15 Maximum account value

15a Maximum account value unknown ☐

16 Type of account

17 Financial institution name

18 Account number or other designation

19 Address

20 City

21 State

22 Foreign postal code

23 Country/ Region

24 Number of joint owners

Principal Joint Owner Information

Check ☐ if entity

25 Taxpayer Identification Number (TIN)

25 a TIN type

26 Last name or organization name

27 First name

28 Middle name

28a Suffix

29 Address

30 City

31 State

32 ZIP/postal code

33 Country/ Region

Part IV Information on Financial Account(s) Where Filer has Signature or Other Authority but No financial Interest in the Account(s) 1 of 1

Account Information

15 Maximum account value

15a Maximum account value unknown ☐

16 Type of account

17 Financial institution name

18 Account number or other designation

19 Address

20 City

21 State

22 Foreign postal code

23 Country/ Region

Owner Information

Check ☐ if entity

34 Last name or organization name

35 Taxpayer Identification Number (TIN)

35 a TIN type

36 First name

37 Middle name

37a Suffix

38 Address

39 City

40 State/territory/province

41 ZIP/postal code

42 Country/Region

43 Filer's title with this owner

Part V **Information on Financial Account(s) Where Filer is Filing a Consolidated Report 1 of 1**

Account Information

15 Maximum account value

15a Maximum account value unknown

16 Type of account

17 Financial institution name

18 Account number or other designation

19 Address

20 City

21 State

22 Foreign postal code

23 Country/ Region

Owner Information

34 Organization name

35 Taxpayer Identification Number (TIN)

35 a TIN type

38 Address

39 City

40 State/territory/province

41 ZIP/postal code

42 Country/Region

Signature 44a Check here ☐ if this report is completed by a third party preparer and complete the third party preparer section.

44 Filer signature: **Please return to the Home tab to sign the report.**

45 Filer title

46 Date of signature (Date of signature will be auto-populated when the report is signed.)

Third Party Preparer Use Only

47 Preparer's last name

48 First name

49 Middle name/initial

50 Check ☐ if self employed

51 Preparer's TIN

51a TIN type

52 Contact phone number

52a Extension

53 Firm's name

54 Firm's TIN

54a TIN type

55 Address

56 City

57 State

58 ZIP/postal code

59 Country/Region

Back to Home

三十、外国银行和账户申报表（中）

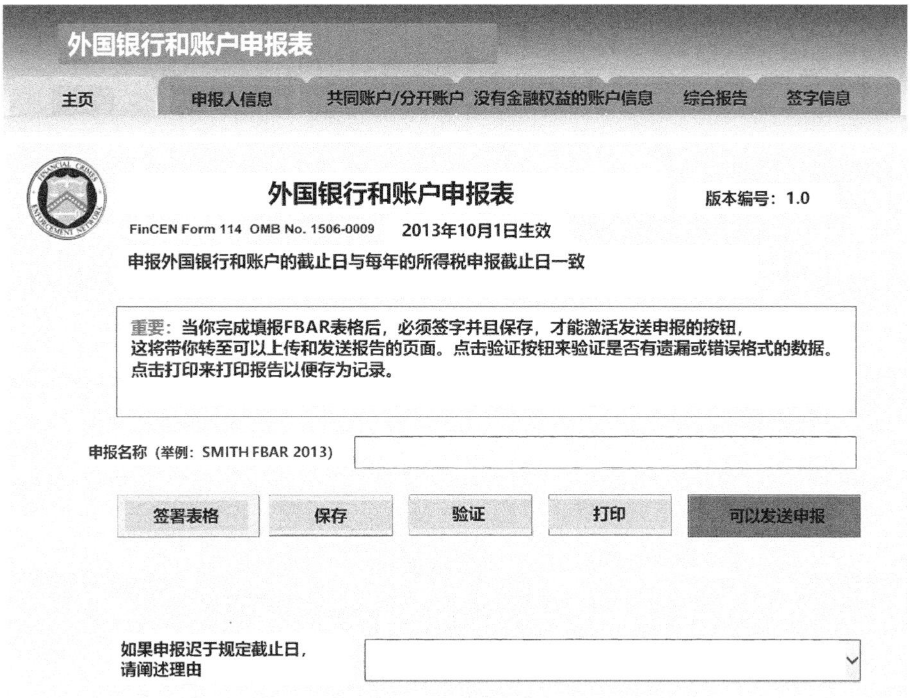

这份报告是__年度12月31日截止 修改 □ 此前申报的BSA号码

第一部分 申报人信息

2 申报人类型

3 美国报税号

3a 报税号类型

4 外国身份

a 类别

b 号码

c 国家/地区

5 个人生日

6 个人姓氏或公司名称

7 名字

8 中间名

8a 后缀

9 地址

10 城市

11 州

12 邮编

13 国家/地区

14a 申报人是否有25个或以上的金融账户?

□ 是 输入账户数量 如果选”是”，请不要填报第二或第三部分，仅作信息记录

□ 否

14b 申报人是否有25个或以上有签字权但没有权益的金融账户?

□ 是 输入账户数量 如果选”是”，请按人次填报第四部分的34-43项

□ 否

Page 2 of 7

第二部分 分开拥有的金融账户信息 **第1项** + -

15 账户的最高值

15a 账户的最高值未知 ☐

16 账户类型

17 金融机构名称

18 账户号码

19 地址

20 城市

21 州

22 邮编

23 国家/地区

第三部分 共同拥有的金融账户信息 第1项

账户信息

15 账户的最高值

15a 账户的最高值未知

16 账户类型

17 金融机构名称

18 账户号码

19 地址

20 城市

21 州

22 邮编

23 国家/地区

24 共同拥有人数量

共同拥有人信息

勾选 是否为企业

25 美国报税号

25 报税号类型

26 姓氏或企业名称

27 名字

28 中间名

28a 后缀

29 地址

30 城市

31 州

32 邮编

33 国家/地区

第四部分 申报人拥有签字权但没有权益的账户信息 第1项

账户信息

15 账户的最高值 15a 账户的最高值未知 ☐

16 账户类型

17 金融机构名称

18 账户号码

19 地址

20 城市 21 州

22 邮编 23 国家/地区

账户拥有人信息 勾选 ☐ 是否为企业

34 姓氏或企业名称

35 美国报税号 35 报税号类型

36 名字

37 中间名

37a 后缀

38 地址

39 城市

40 州

41 邮编

42 国家/地区

43 申报人和账户拥有人的关系

第五部分 申报综合报告的申报人的账户信息 第1项

账户信息

15 账户的最高值 15a 账户的最高值未知 ☐

16 账户类型

17 金融机构名称

18 账户号码

19 地址

20 城市 21 州

22 邮编 23 国家/地区

账户拥有人信息

34 企业名称

35 美国报税号 35 报税号类型

38 地址

39 城市

40 州

41 邮编

42 国家/地区

Page 6 of 7

签字 44a 勾选 ☐ 如果这份报告是由第三方报税师完成，请填写第三方报税师部分

44 申报人签字	请返回主页以签字		
45 申报人称谓			
46 签字日期	（签字时日期将自动生成）		

第三方报税师专用

47 报税师的姓			
48 报税师的名			
49 中间名			
50 勾选 ☐ 如果是自雇			
51 报税师税号		51a 税号类型	
52 联系电话		52a 分机号	
53 公司名字			
54 公司税号		54a 税号类型	
55 公司地址			
56 城市			
57 州			
58 邮政编码			
59 国家/地区			

返回主页

Page 7 of 7

三十一、海外信托交易和某些海外赠与年度申报表（英）

Form **3520**
Department of the Treasury
Internal Revenue Service

Annual Return To Report Transactions With Foreign Trusts and Receipt of Certain Foreign Gifts

▶ Go to *www.irs.gov/Form3520* for instructions and the latest information.

OMB No. 1545-0159

2020

Note: All information must be in English. Show all amounts in U.S. dollars. File a **separate** Form 3520 for **each** foreign trust.

For calendar year 2020, or tax year beginning , 2020, ending , 20

A Check appropriate boxes: ☐ Initial return ☐ Final return ☐ Amended return

B Check box that applies to person filing return: ☐ Individual ☐ Partnership ☐ Corporation ☐ Trust ☐ Executor

C Check if any excepted specified foreign financial assets are reported on this form. See instructions . . . . ☐

Check all applicable boxes. See applicable instructions.

☐ You are **(a)** a U.S. transferor who, directly or indirectly, transferred money or other property during the current tax year to a foreign trust; **(b)** a U.S. person who (1) during the current tax year, transferred property (including cash) to a related foreign trust (or a person related to the trust) in exchange for an obligation, or (2) holds a qualified obligation from the trust that is currently outstanding; or **(c)** the executor of the estate of a U.S. decedent and (1) the decedent made a transfer to a foreign trust by reason of death, (2) the decedent was treated as the owner of any portion of a foreign trust immediately prior to death, or (3) the decedent's estate included any portion of the assets of a foreign trust. **Complete all applicable identifying information requested below and Part I of the form.**

☐ You are a U.S. owner of all or any portion of a foreign trust at any time during the tax year. **Complete all applicable identifying information requested below and Part II of the form.**

☐ You are **(a)** a U.S. person (including a U.S. owner) or an executor of the estate of a U.S. person who, during the current tax year, received, directly or indirectly, a distribution from a foreign trust; **(b)** a U.S. person who is a U.S. owner or beneficiary of a foreign trust and in the current tax year, you or a U.S. person related to you received (1) a loan of cash or marketable securities, directly or indirectly, from such foreign trust, or (2) the uncompensated use of trust property; or **(c)** a U.S. person who is a U.S. owner or beneficiary of a foreign trust and in the current tax year such foreign trust holds an outstanding qualified obligation of yours or a U.S. person related to you. **Complete all applicable identifying information requested below and Part III of the form.**

☐ You are a U.S. person who, during the current tax year, received certain gifts or bequests from a foreign person. **Complete all applicable identifying information requested below and Part IV of the form.**

1a Name of U.S. person(s) with respect to whom this Form 3520 is being filed (see instructions)			**b** Taxpayer identification number (TIN)
c Number, street, and room or suite no. If a P.O. box, see instructions.			**d** Spouse's TIN
e City or town	**f** State or province	**g** ZIP or foreign postal code	**h** Country

i Check the box if you are married and filing a joint 2020 income tax return, and you are filing a joint Form 3520 with your spouse . . . ☐

j If an automatic 2-month extension applies for the U.S. person's tax return, check this box and attach statement. See instructions . . ▶ ☐

k If an extension was requested for the tax return, check this box ☐ and enter the form number of the tax return to be filed. ▶

2a Name of foreign trust (if applicable)			**b** Employer identification number (EIN), if any
c Number, street, and room or suite no. If a P.O. box, see instructions.			**d** Date foreign trust was created
e City or town	**f** State or province	**g** ZIP or foreign postal code	**h** Country

3 Did the foreign trust appoint a U.S. agent (defined in the instructions) who can provide the IRS with all relevant trust information? ☐ **Yes** ☐ **No**
If "Yes," complete lines 3a through 3g. If "No," and you are required to complete Part I, complete lines 15 through 18.

3a Name of U.S. agent			**b** TIN, if any
c Number, street, and room or suite no. If a P.O. box, see instructions.			
d City or town	**e** State or province	**f** ZIP or postal code	**g** Country

4a Name of U.S. decedent (see instructions)	**b** Address	**c** TIN of decedent
d Date of death		**e** EIN of estate

f Check applicable box.
☐ U.S. decedent made transfer to a foreign trust by reason of death.
☐ U.S. decedent treated as owner of foreign trust immediately prior to death.
☐ Assets of foreign trust were included in estate of U.S. decedent.

For Privacy Act and Paperwork Reduction Act Notice, see instructions. Cat. No. 19594V Form **3520** (2020)

Form 3520 (2020) Page 2

Part I Transfers by U.S. Persons to a Foreign Trust During the Current Tax Year (see instructions)

5a Name of trust creator	b Address	c TIN, if any

6a Country code of country where trust was created	b Country code of country whose law governs the trust	c Date trust was created

7a Will any person (other than the foreign trust) be treated as the owner of the transferred assets after the transfer? . . . . ☐ Yes ☐ No

b (i) Name of foreign trust owner	(ii) Address	(iii) Country of residence	(iv) TIN, if any	(v) Relevant Code section

8 Was the transfer a completed gift or bequest? If "Yes," see instructions . . . ☐ Yes ☐ No

9a Now or at any time in the future, can any part of the income or corpus of the trust benefit any U.S. beneficiary? . . . . ☐ Yes ☐ No

b If "No," could the trust be revised or amended to benefit a U.S. beneficiary? . . . ☐ Yes ☐ No

10 Reserved for future use . . . Yes No

Schedule A—Obligations of a Related Trust (see instructions)

11a During the current tax year, did you transfer property (including cash) to a related foreign trust in exchange for an obligation of the trust or an obligation of a person related to the trust? See instructions . . . ☐ Yes ☐ No

If "Yes," complete the rest of Schedule A, as applicable. If "No," go to Schedule B.

b Were any of the obligations you received (with respect to a transfer described in line 11a above) qualified obligations? . . ☐ Yes ☐ No

If "Yes," complete the rest of Schedule A and attach a copy of each loan document entered into with respect to each qualified obligation reported on line 11b. If these documents have been attached to a Form 3520 filed within the previous 3 years, attach only relevant updates.

If "No," go to Schedule B.

(i) Date of transfer giving rise to obligation	(ii) Maximum term	(iii) Yield to maturity	(iv) FMV of obligation

12 With respect to each qualified obligation you reported on line 11b, do you agree to extend the period of assessment of any income or transfer tax attributable to the transfer, and any consequential income tax changes for each year that the obligation is outstanding, to a date 3 years after the maturity date of the obligation? . . . ☐ Yes ☐ No

Note: You have the right to refuse to extend the period of limitations or limit this extension to a mutually agreed-upon issue(s) or mutually agreed-upon period of time. Generally, if you refuse to extend the period of limitations with respect to each qualified obligation you reported on line 11b, then such obligation is not a qualified obligation and you cannot check "Yes" to the question on line 11b.

Schedule B—Gratuitous Transfers (see instructions)

13 During the current tax year, did you make any transfers (directly or indirectly) to the trust and receive less than FMV, or no consideration at all, for the property transferred? . . . ☐ Yes ☐ No

If "Yes," complete columns (a) through (i) below and the rest of Schedule B, as applicable. When completing columns (a) through (i) with respect to each nonqualified obligation, enter "-0-" in column (h).

If "No," go to Schedule C.

(a) Date of transfer	(b) Description of property transferred	(c) FMV of property transferred	(d) U.S. adjusted basis of property transferred	(e) Gain recognized at time of transfer, if any	(f) Excess, if any, of column (c) over the sum of columns (d) and (e)	(g) Description of property received, if any	(h) FMV of property received	(i) Excess of column (c) over column (h)
Totals ▶					$			$

14 You are required to attach a copy of each sale or loan document entered into in connection with a transfer reported on line 13. If these documents have been attached to a Form 3520 filed within the previous 3 years, attach only relevant updates.

Are you attaching a copy of any of the following?	Yes	No	Attached Previously	Year Attached
a Sale document . . .	☐	☐	☐	______
b Loan document . . .	☐	☐	☐	______
c Subsequent variances to original sale or loan documents . . .	☐	☐	☐	

Form 3520 (2020)

Form 3520 (2020) Page 3

Part I Schedule B—Gratuitous Transfers *(continued)*

Note: Complete lines 15 through 18 only if you answered "No" to line 3, acknowledging that the foreign trust did not appoint a U.S. agent to provide the IRS with all relevant trust information.

15 (a) Name of beneficiary	(b) Address of beneficiary	(c) U.S. beneficiary? Yes	(c) U.S. beneficiary? No	(d) TIN, if any

16 (a) Name of trustee	(b) Address of trustee	(c) TIN, if any

17 (a) Name of other person with trust powers	(b) Address of other person with trust powers	(c) Description of powers	(d) TIN, if any

18 If you checked "No" on line 3, you are required to attach a copy of all trust documents as indicated below. If these documents have been attached to a Form 3520-A or Form 3520 filed within the previous 3 years, attach only relevant updates.

	Are you attaching a copy of any of the following?	Yes	No	Attached Previously	Year Attached
a	Summary of all written and oral agreements and understandings relating to the trust	☐	☐	☐	
b	Trust instrument	☐	☐	☐	
c	Memoranda or letters of wishes	☐	☐	☐	
d	Subsequent variances to original trust documents	☐	☐	☐	
e	Trust financial statements	☐	☐	☐	
f	Organizational chart and other trust documents	☐	☐	☐	

Schedule C—Qualified Obligations Outstanding in the Current Tax Year (see instructions)

19 Did you, at any time during your tax year, hold an outstanding obligation of a related foreign trust (or a person related to the trust) that you reported as a qualified obligation in the current tax year? ☐ Yes ☐ No

If "Yes," complete columns (a) through (f) below for each obligation.

(a) Date of original obligation	(b) Tax year qualified obligation first reported	(c) Amount of principal payments made during your tax year	(d) Amount of interest payments made during your tax year	(e) Balance of the outstanding obligation at the end of the tax year	(f) Does the obligation still meet the criteria for a qualified obligation? Yes	(f) No

Form 3520 (2020)

Part II U.S. Owner of a Foreign Trust (see instructions)

20

(a) Name of foreign trust owner	(b) Address	(c) Country of tax residence	(d) TIN, if any	(e) Relevant Code section

21a Country code of country where foreign trust was created	b Country code of country whose law governs the trust	c Date foreign trust was created

22 Did the foreign trust file Form 3520-A for the current year? . . . . . ☐ Yes ☐ No

If "Yes," attach the Foreign Grantor Trust Owner Statement you received from the foreign trust.

If "No," to the best of your ability, complete and attach a substitute Form 3520-A for the foreign trust.

See instructions for information on penalties for failing to complete and attach a substitute Form 3520-A.

23 Enter the gross value of the portion of the foreign trust that you are treated as owning at the end of your tax year . ▶ $

Part III Distributions to a U.S. Person From a Foreign Trust During the Current Tax Year (see instructions)

Note: If you received an amount from a portion of a foreign trust of which you are treated as the owner, only complete lines 24 and 27.

24 Enter cash amounts or FMV of property received, directly or indirectly, during your current tax year, from the foreign trust (exclude loans and uncompensated use of trust property included on line 25).

(a) Date of distribution	(b) Description of property received	(c) FMV of property received (determined on date of distribution)	(d) Description of property transferred, if any	(e) FMV of property transferred	(f) Excess of column (c) over column (e)
Total . . . . . ▶					$

25 During your current tax year, did you (or a person related to you) receive a loan or uncompensated use of trust property from a related foreign trust (including an extension of credit upon the purchase of property from the trust)? . . . . . ☐ Yes ☐ No

If "Yes," complete columns (a) through (g) below for each such loan or use of trust property.

Note: See instructions for additional information, including how to complete columns (a) through (g) for use of trust property.

(a) FMV of loan proceeds or property	(b) Date of original transaction	(c) Maximum term of repayment of obligation	(d) Interest rate of obligation	(e) Is the obligation a qualified obligation? Yes	No	(f) FMV of qualified obligation	(g) Amount treated as distribution from the trust (subtract column (f) from column (a))
Total . . . . . ▶							$

26 With respect to each obligation you reported as a qualified obligation on line 25, do you agree to extend the period of assessment of any income or transfer tax attributable to the transaction, and any consequential income tax changes for each year that the obligation is outstanding, to a date 3 years after the maturity date of the obligation? . . . . . ☐ Yes ☐ No

Note: You have the right to refuse to extend the period of limitations or limit this extension to a mutually agreed-upon issue(s) or mutually agreed-upon period of time. Generally, if you refuse to extend the period of limitations with respect to an obligation that you reported as a qualified obligation on line 25, then such obligation is not a qualified obligation and you cannot check "Yes" in column (e) of line 25.

27 Total distributions received during your current tax year. Add line 24, column (f), and line 25, column (g) . . . . ▶ $

28 Did the trust, at any time during the current tax year, hold an outstanding obligation of yours (or a person related to you) that you reported as a qualified obligation? . . . . . ☐ Yes ☐ No

If "Yes," complete columns (a) through (f) below for each obligation.

(a) Date of original loan transaction	(b) Tax year qualified obligation first reported	(c) Amount of principal payments made during your tax year	(d) Amount of interest payments made during your tax year	(e) Balance of the outstanding obligation at the end of the tax year	(f) Does the loan still meet the criteria of a qualified obligation? Yes	No

Form 3520 (2020) Page 5

Part III **Distributions to a U.S. Person From a Foreign Trust During the Current Tax Year** *(continued)*

29 Did you receive a Foreign Grantor Trust Beneficiary Statement from the foreign trust with respect to a distribution? ☐ Yes ☐ No ☐ N/A
If "Yes," attach the statement and do not complete the remainder of Part III with respect to that distribution.
If "No," complete Schedule A with respect to that distribution. Also, complete Schedule C if you enter an amount greater than zero on line 37.

30 Did you receive a Foreign Nongrantor Trust Beneficiary Statement from the foreign trust with respect to a distribution? ☐ Yes ☐ No ☐ N/A
If "Yes," attach the statement and complete either Schedule A or Schedule B below. See instructions. Also, complete Schedule C if you enter an amount greater than zero on line 37 or line 41a.
If "No," complete Schedule A with respect to that distribution. Also, complete Schedule C if you enter an amount greater than zero on line 37.

Schedule A—Default Calculation of Trust Distributions (see instructions)

31	Enter amount from line 27	31	
32	Number of years the trust has been a foreign trust (see instructions) ▶ 32		
33	Enter total distributions received from the foreign trust during the 3 preceding tax years (or during the number of years the trust has been a foreign trust, if fewer than 3 years)	33	
34	Multiply line 33 by 1.25	34	
35	Average distribution. Divide line 34 by 3.0 (or the number of years the trust has been a foreign trust, if fewer than 3 years) and enter the result	35	
36	Amount treated as ordinary income earned in the current year. Enter the smaller of line 31 or line 35	36	
37	Amount treated as accumulation distribution. Subtract line 36 from line 31. If zero, do not complete the rest of Part III	37	
38	Applicable number of years of trust. Divide line 32 by 2.0 and enter the result here ▶ 38		

Schedule B—Actual Calculation of Trust Distributions (see instructions)

39	Enter amount from line 27	39	
40a	Amount treated as ordinary income in the current tax year	40a	
b	Qualified dividends ▶ 40b		
41a	Amount treated as accumulation distribution. If zero, do not complete Schedule C, Part III	41a	
b	Amount of line 41a that is tax exempt ▶ 41b		
42a	Amount treated as net short-term capital gain in the current tax year	42a	
b	Amount treated as net long-term capital gain in the current tax year	42b	
c	28% rate gain ▶ 42c		
d	Unrecaptured section 1250 gain ▶ 42d		
43	Amount treated as distribution from trust corpus	43	
44	Enter any other distributed amount received from the foreign trust not included on lines 40a, 41a, 42a, 42b, and 43. (Attach explanation.)	44	
45	Amount of foreign trust's aggregate undistributed net income	45	
46	Amount of foreign trust's weighted undistributed net income	46	
47	Applicable number of years of trust. Divide line 46 by line 45 and enter the result here ▶ 47		

Schedule C—Calculation of Interest Charge (see instructions)

48	Enter accumulation distribution from line 37 or line 41a, as applicable	48	
49	Enter tax on total accumulation distribution from line 28 of Form 4970. (Attach Form 4970—see instructions.)	49	
50	Enter applicable number of years of foreign trust from line 38 or line 47, as applicable (round to nearest half year) ▶ 50		
51	Combined interest rate imposed on the total accumulation distribution (see instructions)	51	
52	Interest charge. Multiply the amount on line 49 by the combined interest rate on line 51	52	
53	Tax attributable to accumulation distributions. Add lines 49 and 52. Enter here and as "additional tax" on your income tax return	53	

Form **3520** (2020)

Form 3520 (2020) Page 6

Part IV U.S. Recipients of Gifts or Bequests Received During the Current Tax Year From Foreign Persons (see instructions)

54 During your current tax year, did you receive more than $100,000 that you treated as gifts or bequests from a nonresident alien (including a distribution received from a domestic trust treated as owned by a foreign person) or a foreign estate? See instructions for special rules regarding related donors . . . . ☐ Yes ☐ No

If "Yes," complete columns (a) through (c) with respect to each such gift or bequest in excess of $5,000. If more space is needed, attach a statement.

(a) Date of gift or bequest	(b) Description of property received	(c) FMV of property received
Total . . . . ▶		$

55 During your current tax year, did you receive more than $16,649 that you treated as gifts from a foreign corporation or a foreign partnership (including a distribution received from a domestic trust treated as owned by a foreign person)? See instructions regarding related donors . . . . ☐ Yes ☐ No

If "Yes," complete columns (a) through (g) with respect to each such gift. If more space is needed, attach a statement.

(a) Date of gift	(b) Name of foreign donor	(c) Address of foreign donor	(d) TIN, if any

(e) Check the box that applies to the foreign donor		(f) Description of property received	(g) FMV of property received
Corporation	**Partnership**		

56 Do you have any reason to believe that the foreign donor, in making any gift or bequest described in lines 54 and 55, was acting as a nominee or intermediary for any other person? If "Yes," see instructions . . . . ☐ Yes ☐ No

Sign Here

Under penalties of perjury, I declare that I have examined this return, including any accompanying reports, schedules, or statements, and to the best of my knowledge and belief, it is true, correct, and complete.

Signature	Title	Date

Paid Preparer Use Only

Print/Type preparer's name	Preparer's signature	Date	Check ☐ if self-employed	PTIN
Firm's name ▶			Firm's EIN ▶	
Firm's address ▶			Phone no.	

Form **3520** (2020)

三十二、海外信托交易和某些海外赠与年度申报表（中）

表 **3520**　　海外信托交易和某些海外赠与年度申报表　　OMB No. 1545-0159

国税局
财政部　　▶前往 *www.irs.gov/Form3520* 查阅说明和最新信息。　　**2020**

注意：所有信息必须为英语。所有金额为美元。每个海外信托分别填报3520表。

为日历年2020，或税务年开始于　　结束于　　, 20

A 勾选合适的框：☐ 初始税表　☐ 初始税表（已填延期）　☐ 最终税表　☐ 修改税表

B 勾选适用于的税表：☐ 个人　☐ 合伙企业　☐ 公司　☐ 信托　☐ 执行者

C 勾选框如果有任何例外的海外金融资产报告在此表上（请参阅说明） . . . . ☐

勾选所有符合条件的框。

☐ **(a)** 您是美国过户经办人其直接或间接地转让金钱或其他资产给海外信托在税务年间，
(b) 您是美国人其（1）在当前税务年，转让资产（包括现金）给相关海外信托（或信托相关人）以换取义务，或（2）持有当前尚未履行的信托的合格义务，或（c）您是美国死者遗产的执行者和（1）死者因死亡向海外信托转让，（2）死者在即将死亡前被认为是任何海外信托部分的所有者，或（3）死者的遗产包括了海外信托资产的任何部分。

完成以下和部分I要求的所有适用的识别信息并参阅部分I的说明。

☐ 您在税务年中任何时间的是全部或任何部分的海外信托的美国所有者。完成以下和表格第二部分要求的所有适用的识别信息，并参阅第二部分的说明。如果您在第3行和第三部分回答“否”，您可能还需要完成第一部分的第15至18行。请参阅第一部分和第三部分的说明。

☐（a）您是美国人（包括美国所有人）或该美国人遗产的执行人，在当前税务年中，该人直接或间接地收到了海外信托的分配，（b）您是海外信托的美国所有人或受益人的美国人并且在当前税务年中，您或与您相关的美国人收到（1）直接或间接地从该海外信托获得现金或有价证券贷款，或（2）无偿使用信托资产，或（c）您是海外信托的美国所有者或受益人的美国人并且在当前税务年，该海外信托持有您或与您相关的美国人的未履行合格义务。完成以下要求的所有适用的识别信息和表格第三部分并参阅第三部分的说明。

☐ 您是美国人，在当前税务年中，收到了来自外国人的某些礼物或遗赠。完成以下要求的所有适用的识别信息和表格第四部分并参阅第四部分的说明。

1a 与此3520表有关的美国人士的姓名（请参阅说明）			**b** 识别码
c 号码、街道和房间或公寓号。（如果是PO信箱，请参阅说明）			**d** 配偶识别码
e 城市或城镇	**f** 州或省	**g** 邮政编码或外国邮政编码	**h** 国家

i 勾选框如果您已婚并填报2019联合收入税表，并且您和您配偶填报联合3520表。 ☐

j 提交美国个人税表的服务中心 . . . . ▶

k 如果税表有申请延期，请勾选此框 ☐ 并输入填报税表的表格号码 ▶

2a 海外信托名称（如适用）			**b(1)** 雇主识别号（如果有）
c 号码、街道和房间或公寓号。（如果是PO信箱，请参阅说明）			**b(2)** 参考ID号（请参阅说明）
d 城市或城镇	**e** 州或省	**f** 邮政编码或外国邮政编码	**g** 国家

3 外国信托是否指定了美国代理商（在说明中定义），该代理商可以向IRS提供所有相关的信托信息？ . . . . ☐ 是　☐ 否

如果“是”，请完成第3a行至第3g行。如果“否”，请确保完成部分I的第15行至第18行。

3a 美国代理商名称			**b** 识别号（如果有）
c 号码、街道和房间或公寓号。（如果是PO信箱，请参阅说明）			
d 城市或城镇	**e** 州或省	**f** 邮政编码	**g** 国家

4a 美国死者姓名（请参阅说明。）	**b** 地址	**c** 死者的TIN
d 死亡日期		**e** 遗产的EIN

f 勾选符合条件的框。
☐ 美国死者因死亡向海外信托转移。
☐ 美国死者在即将死亡前被认为是海外信托的所有者。
☐ 美国死者的遗产包括了海外信托资产。

关于减少书面文件的法案，请参阅您税表的说明。　　Cat. No. 19594V　　表 **3520** (2020)

表 3520 **(2020)** 第2页

部分I 在当前税务年美国人向外国信托的转让（请参阅说明）

5a 信托创建人姓名	b 地址	c 识别号（如果有）

6a 信托创建国家的国家代码	b 法律管辖信托的国家的国家代码	c 信托创建日期

7a 转让后，任何人（外国信托除外）将被视为转让资产的所有者吗？ . . ☐是 ☐否

b (i) 所有海外信托所有者的姓名	(ii) 地址	(iii) 居住国家	(iv) 识别号（如果有）	(v) 相关代码条款

8 转让是完全礼物还是遗赠？如果“是”，请参阅说明 . . . . ☐是 ☐否

9a 现在或将来的任何时候，该信托的任何收入或部分都受益于美国受益人吗？ . . . ☐是 ☐否

b 如果“否”，可以对信托进行修订或修改以受益美国受益人吗？ . . . . ☐是 ☐否

10 保留 . . . . ☐是 ☐否

附表A-相关信托的义务（请参阅说明）

11a 在当前税务年，您是否将资产（包括现金）转让到相关海外信托基金以换取信托义务或与信托相关人的义务（请参阅说明）？ . . . . ☐是 ☐否

如果“是”，请完成附表A的其余部分（如适用）。如果“否”，请前往附表B。

b 您是否有收到的任何义务（就上文第11a行所述的转让而言）为合格的义务？ . ☐是 ☐否

如果“是”，请完成附表A的其余部分并附上关于在第11（b）行报告的每项合格义务而订立的每份贷款文件的副本。如果这些文件已附加到过去三年内提交的3520表格中，请仅附加相关更新。

如果“否”，请前往附表B。

(i) 转让产生义务的日期	(ii) 最长期限	(iii) 到期收益率	(iv) 义务的公平市场价值

12 关于您在第11b行报告的每项合格义务：您是否同意延长因转让产生的任何收入或转让税的评估期，以及未履行义务每年的任何间接所得税变化，到义务到期日后3年 . . . . ☐是 ☐否

注意：您有权拒绝延长限制期限或限制此延期至共同商定问题或共同商定的时间段。通常，如果您拒绝延长关于您在第11b行报告的每项合格义务的时效期限，则该义务不是合格义务并且您不能勾选第11b行的“是”。

附表B：无偿转让（请参阅说明）

13 在当前税务年间，您是否（直接或间接）向信托转让任何资产且收到少于公允市场价值，或未考虑价值？ . . . . ☐是 ☐否

如果“是”，请填写下面的（a）至（i）栏以及附表B的其余部分，如适用。在完成（a）至（i）栏时对于每项不合格的义务，在（h）栏中输入“ -0-”。

如果“否”，请前往附表C。

(a) 转让日期	(b) 资产转让说明	(c) 资产转让市场价值	(d) 转让资产的美国调整后基础	(e) 转让时确认的收益，如果有	(f) （d）和（e）列之和超过（c）列	(g) 已收资产解释，如果有	(h) 已收资产市场价值	(i) （c）栏超过（h）栏
总计 ▶					$			$

14 您需要附与第13行报告的转让相关的每个销售或贷款文件的副本。如果这些文件已附在过去3年内提交的3520表中，仅附相关更新。

您是否附上以下副本：	是	否	先前附加	附加年份
a 销售文件？	☐	☐	☐	
b 贷款文件？	☐	☐	☐	
c 原始销售或贷款文件的后续变更？	☐	☐	☐	

表 3520 **(2020)** 第3页

部分I 附表B：无偿转让（接上页）

注意：填写第15至18行当您在第3行回答“否”，并确认该海外信托未指定美国代理商向IRS提供所有相关的信托信息。

15 (a) 受益人的名称	(b) 受益人的地址	(c) 美国受益人？ 是	否	(d) 识别码，如果有

16 (a) 受托人的名称	(b) 受托人的地址	(c) 识别码，如果有

17 (a) 具有信托权的其他人的名称	(b) 具有信任权的其他人的地址	(c) 权力说明	(d) 识别码，如果有

18 如果您在第3行勾选“否”，您需附一下列示的所有信托文档的副本。如果这些文件已附在过去3年内提交的3520-A表或3520表中，仅附相关更新。

您是否附上以下副本：	是	否	先前附加	附加年份
a 与信托相关的所有书面和口头协议和谅解的总结？	☐	☐	☐	
b 信托文书？	☐	☐	☐	
c 备忘录或意愿书？	☐	☐	☐	
d 原始信托文件的后续变更？	☐	☐	☐	
e 信托财务报表？	☐	☐	☐	
f 其他信托文件？	☐	☐	☐	

附表C-当前税务年未履行的合格义务（请参阅说明）

19 您是否在税务年中任何时候，持有您在当前税务年中被报告为“合格义务”的相关外国信托（或与该信托相关的人）的未履行义务？ ☐ 是 ☐ 否

如果“是”，完成下列的（a）至（e）列。

(a) 原始义务的日期	(b) 首次填报合格义务的年份	(c) 您税务年支付的本金金额	(d) 您税务年支付的利息金额	(e) 义务是否仍符合合格义务的标准？ 是	否

表 **3520** **(2020)**

表 3520 **(2020)** 第4页

部分II 海外信托的美国所有人（请参阅说明）

20

(a) 所有海外信托所有人的名称	(b) 地址	(c) 税收居住国	(d) 识别码，如果有	(e) 相关代码条款

21

(a) 海外信托创建国家的国家代码	(b) 法律管辖海外信托的国家的国家代码	(c) 海外信托创建日期
		D

22 海外信托是否填报了本年度的3520-A表？ . . . . ☐ 是 ☐ 否

如果“是”，请附上您从海外信托收到的海外资助人信托所有人声明

如果“否”，则尽您所能，完成并附上替代3520-A表为外国信托。

有关未完成并附加替代3520-A表的罚款信息，请参阅说明。

23 输入您在税务年末时被视为拥有的海外信托部分的总价值 ▶ $

部分III 在当前税务年从海外信托向美国人的分配金（请参阅说明）

注意：如果您从将您作为所有者的海外信托部分中收到一笔金额，仅完成第24和27行。

24 在您当前税务年间，直接或间接从海外信托收到的现金金额或财产的公允市场价值（不包括贷款和包括在第25行无偿使用的信托资产）。

(a) 分配日期	(b) 已收资产说明	(c) 收到资产的市场价值（根据分配日期确定）	(d) 转让资产说明，如果有	(e) 转让资产市场价值	(f) （c）栏超过（e）栏
总计 . . . . ▶					$

25 在您当前税务年，您（或与您相关的人）是否从相关海外信托中获得了贷款或无偿使用的信托资产（包括从该信托购买资产时获得的延期优惠） . . . . . . ☐ 是 ☐ 否

如果“是”，完成下列（a）至（g）栏给每笔此类贷款或信托资产的使用。

注意：更多额外信息请参阅说明，包括如何完成（a）至（g）列关于信托资产使用。

(a) 贷款收益或资产的公允市场价值	(b) 原始交易日期	(c) 最长还款期限	(d) 义务的利息率	(e) 义务是“合格义务”吗？		(f) 合格义务的公允市场价值	(g) 视为信托分配的金额（从（a）列减去（f）列）
				是	否		
总计 . . . . ▶							$

26 关于您在第25行上报告为“合格义务”的每项义务：您是否同意延长该交易产生的任何所得税或转让税的评估期限，以及该义务每年产生的任何未履行的相应所得税变化 ，到义务到期日后三年？ . . . . . . ☐ 是 ☐ 否

注意：您有权拒绝延长期限或将限制此延期至共同商定问题或共同商定的时间段。通常，如果您拒绝延长关于您在第25行报告的"合格义务"的义务期限，则该义务不是合格义务并且您不能勾选第25行（e）栏的“是”。

27 您当前税务年收到的总分配。将第24行第（f）列和第25行第（g）列加总 . . ▶ $

28 在当前纳税年度中的任何时候，该信托是否持您（或与您相关的人）的报告为“合格义务”的未履行义务？ . . . . ☐ 是 ☐ 否

如果为“是”，请为每个义务填写以下（a）至（e）栏

(a) 原始义务交易的日期	(b) 首次填报合格义务的年份	(c) 您税务年支付的本金金额	(d) 您税务年支付的利息金额	(e) 义务是否仍符合合格义务的标准？	
				是	否

表 3520 **(2020)** 第5页

部分III 在当前税务年从海外信托向美国人的分配金（接上页）

29 您是否收到海外信托的相关分配的海外资助人信托受益人声明？ ☐ 是 ☐ 否 ☐ 不适用

如果“是”，请附声明并不要完成与该分配相关的第三部分的其余部分。

如果“否”，完成与该分配相关的附表A。完成附表C如果您在第37行中输入的金额大于零。

30 您是否收到海外信托的相关分配的海外非资助人信托受益人声明？ ☐ 是 ☐ 否 ☐ 不适用

如果“是”，请附声明并完成以下的附表A或附表B（请参阅说明）。完成附表C如果您在第37行或第41a行中输入的金额大于零。

如果“否”，完成与该分配有相关的附表A。完成附表C如果您在第37行输入的金额大于零。

附表A-信托分配的默认计算（请参阅说明）

31	输入第27行数额		
32	信托已成为海外信托的年数（请参阅说明） ▶		
33	输入在前三个税务年（或该信托为海外信托的年份，如果少于3年）从海外信托收到的总分配		
34	将第33行乘以1.25		
35	平均分配。将第34行除以3（或该信托成为海外信托的年数，如果少于3），然后输入结果		
36	视为当年获得的普通收入。输入第31行或第35行中的较小者		
37	视为累积分配的金额。从第31行减去36行。如果为-0-，不要完成第三部分的其余部分		
38	适用的信托年数。将第32行除以2并在此处输入结果 ▶		

附表B-信托分配的实际计算（请参阅说明）

39	输入第27行数额		
40a	在当前税务年视为普通收入的金额		
b	合格股息 ▶		
41a	视为累积分配的金额。如果为-0-，则不完成附表C，第III部分		
b	第41a行免税的金额 ▶		
42a	在当前税务年视为短期资本净收益的金额		
b	在当前税务年视为长期资本净收益的金额		
c	28%比率收益 ▶		
d	未收回的1250条款收益 ▶		
43	视为从信托资产分配的金额		
44	输入从海外信托收到的但未包括在第40a，41a，42a，42b和43行中的任何其他分配金额（附解释）		
45	海外信托的未分配净收入总额		
46	海外信托的加权未分配净收入金额		
47	适用的信托年数。将第46行除以第45行并在此处输入结果 ▶		

附表C-利息费用的计算（请参阅说明）

48	输入第37行或第41a行的累积分配，如适用		
49	输入4970表第28行的总累积分配税（附4970表-请参阅说明）		
50	输入第38行或第47行的适用海外信托年数（四舍五入至最接近的半年） ▶		
51	总累积分配的合并利率（请参阅说明）		
52	利息费用。将第49行的金额乘以第51行的合并利率		
53	归因于累积分配的税项。将第49和第52行加总。在此处输入并在您的所得税表中作为“附加税”		

表 **3520** **(2020)**

表 3520 **(2020)** 第6页

部分IV 在当前税务年中从外国人收到的美国礼物或遗赠的美国收件人（请参阅说明）

54 在当前税务年内，您是否收到了超过100,000美元的非居民外国人的礼物或遗赠（包括从视为外国人所有的国内信托获得的分配）或海外遗产？相关捐助者的特殊规则请参见说明 . . . . ☐ 是 ☐ 否

如果“是”，完成（a）至（c）列为每笔超过5,000美元的礼物或遗赠。如果需要更多空间，请附表。

(a) 礼物或遗赠的日期	(b) 已收资产说明	(c) 已收资产公允市场价值
总计	. . . . ▶	$

55 在当前税务年中，您是否从海外公司或海外合伙企业收到了超过16,388美元的礼品（包括从视为外国人所有的国内信托获得的分配）？请参阅说明关于捐赠者 . . . . ☐ 是 ☐ 否

如果“是”，则对每份此类礼物填写（a）至（g）列。如果需要更多空间，请附表

(a) 赠礼日期	(b) 海外捐助者名称	(c) 海外捐助者地址	(d) 识别号，如果有

(e) 勾选符合海外捐助者的框		(f) 已收资产说明	(g) 已收资产公允市场价值
公司	合伙企业		

56 您是否有任何理由相信海外捐助者在做出第54和55行所述的任何礼物或遗赠时，是作为任何其他人的代理人或中介人？如果“是”，请参阅说明 ☐ 是 ☐ 否

签名	根据美国法律有关伪证罪的规定，本人宣誓，我已审查这份税表及其附带的副表和声明，且基于我本人的知识和信任，所填写的内容是真实、正确和完整的。报税员（纳税人除			
	▶ 您的签名	▶ 称谓	▶ 日期	
收费报税员专用	报税员姓名	报税员签名	日期	勾选如果 ☐ 自雇	PTIN
	公司名称 ▶			公司 EIN ▶	
	公司地址 ▶			电话号码	

表 **3520** **(2020)**

三十三、持有海外公司的美国人的信息披露申报表（英）

Form **5471** (Rev. December 2021) Department of the Treasury Internal Revenue Service

Information Return of U.S. Persons With Respect to Certain Foreign Corporations

► Go to *www.irs.gov/Form5471* for instructions and the latest information.

Information furnished for the foreign corporation's annual accounting period (tax year required by section 898) (see instructions) beginning , 20 , and ending , 20

OMB No. 1545-0123

Attachment Sequence No. **121**

Name of person filing this return	**A** Identifying number
Number, street, and room or suite no. (or P.O. box number if mail is not delivered to street address)	**B** Category of filer (See instructions. Check applicable box(es).): 1a☐ 1b☐ 1c☐ 2☐ 3☐ 4☐ 5a☐ 5b☐ 5c☐
City or town, state, and ZIP code	**C** Enter the total percentage of the foreign corporation's voting stock you owned at the end of its annual accounting period %

Filer's tax year beginning , 20 , and ending , 20

D Check box if this is a final Form 5471 for the foreign corporation . . . ☐

E Check if any excepted specified foreign financial assets are reported on this form (see instructions) . . . ☐

F Check the box if this Form 5471 has been completed using "Alternative Information" under Rev. Proc. 2019-40 . . . ☐

G If the box on line F is checked, enter the corresponding code for "Alternative Information" (see instructions) . . . ►

H Person(s) on whose behalf this information return is filed:

(1) Name	**(2)** Address	**(3)** Identifying number	**(4)** Check applicable box(es)		
			Shareholder	Officer	Director

Important: *Fill in all applicable lines and schedules. All information* ***must*** *be in English. All amounts* ***must*** *be stated in U.S. dollars unless otherwise indicated.*

1a Name and address of foreign corporation	**b(1)** Employer identification number, if any
	b(2) Reference ID number (see instructions)
	c Country under whose laws incorporated

d Date of incorporation	**e** Principal place of business	**f** Principal business activity code number	**g** Principal business activity	**h** Functional currency code

2 Provide the following information for the foreign corporation's accounting period stated above.

a Name, address, and identifying number of branch office or agent (if any) in the United States	**b** If a U.S. income tax return was filed, enter:	
	(i) Taxable income or (loss)	(ii) U.S. income tax paid (after all credits)

c Name and address of foreign corporation's statutory or resident agent in country of incorporation	**d** Name and address (including corporate department, if applicable) of person (or persons) with custody of the books and records of the foreign corporation, and the location of such books and records, if different

Schedule A Stock of the Foreign Corporation

(a) Description of each class of stock	**(b)** Number of shares issued and outstanding	
	(i) Beginning of annual accounting period	(ii) End of annual accounting period

For Paperwork Reduction Act Notice, see instructions. Cat. No. 49958V Form **5471** (Rev. 12-2021)

Schedule B Shareholders of Foreign Corporation

Part I U.S. Shareholders of Foreign Corporation (see instructions)

(a) Name, address, and identifying number of shareholder	**(b)** Description of each class of stock held by shareholder. **Note:** This description should match the corresponding description entered in Schedule A, column (a).	**(c)** Number of shares held at beginning of annual accounting period	**(d)** Number of shares held at end of annual accounting period	**(e)** Pro rata share of subpart F income (enter as a percentage)

Part II Direct Shareholders of Foreign Corporation (see instructions)

(a) Name, address, and identifying number of shareholder. Also, include country of incorporation or formation, if applicable.	**(b)** Description of each class of stock held by shareholder. **Note:** This description should match the corresponding description entered in Schedule A, column (a).	**(c)** Number of shares held at beginning of annual accounting period	**(d)** Number of shares held at end of annual accounting period

Form 5471 (Rev. 12-2021) Page 3

Schedule C **Income Statement** (see instructions)

Important: *Report all information in functional currency in accordance with U.S. generally accepted accounting principles (GAAP). Also, report each amount in U.S. dollars translated from functional currency (using GAAP translation rules). However, if the functional currency is the U.S. dollar, complete only the U.S. Dollars column. See instructions for special rules for dollar approximate separate transactions method (DASTM) corporations.*

				Functional Currency	U.S. Dollars
Income	1a	Gross receipts or sales	1a		
	b	Returns and allowances	1b		
	c	Subtract line 1b from line 1a	1c		
	2	Cost of goods sold	2		
	3	Gross profit (subtract line 2 from line 1c)	3		
	4	Dividends	4		
	5	Interest	5		
	6a	Gross rents	6a		
	b	Gross royalties and license fees	6b		
	7	Net gain or (loss) on sale of capital assets	7		
	8a	Foreign currency transaction gain or loss—unrealized	8a		
	b	Foreign currency transaction gain or loss—realized	8b		
	9	Other income (attach statement)	9		
	10	Total income (add lines 3 through 9)	10		
Deductions	11	Compensation not deducted elsewhere	11		
	12a	Rents	12a		
	b	Royalties and license fees	12b		
	13	Interest	13		
	14	Depreciation not deducted elsewhere	14		
	15	Depletion	15		
	16	Taxes (exclude income tax expense (benefit))	16		
	17	Other deductions (attach statement—exclude income tax expense (benefit))	17		
	18	Total deductions (add lines 11 through 17)	18		
Net Income	19	Net income or (loss) before unusual or infrequently occurring items, and income tax expense (benefit) (subtract line 18 from line 10)	19		
	20	Unusual or infrequently occurring items	20		
	21a	Income tax expense (benefit)—current	21a		
	b	Income tax expense (benefit)—deferred	21b		
	22	Current year net income or (loss) per books (combine lines 19 through 21b)	22		
Other Comprehensive Income	23a	Foreign currency translation adjustments	23a		
	b	Other	23b		
	c	Income tax expense (benefit) related to other comprehensive income	23c		
	24	Other comprehensive income (loss), net of tax (line 23a plus line 23b less line 23c)	24		

Form **5471** (Rev. 12-2021)

Schedule F Balance Sheet

Important: *Report all amounts in U.S. dollars prepared and translated in accordance with U.S. GAAP. See instructions for an exception for DASTM corporations.*

	Assets		(a) Beginning of annual accounting period	(b) End of annual accounting period
1	Cash	1		
2a	Trade notes and accounts receivable	2a		
b	Less allowance for bad debts	2b	( )	( )
3	Derivatives	3		
4	Inventories	4		
5	Other current assets (attach statement)	5		
6	Loans to shareholders and other related persons	6		
7	Investment in subsidiaries (attach statement)	7		
8	Other investments (attach statement)	8		
9a	Buildings and other depreciable assets	9a		
b	Less accumulated depreciation	9b	( )	( )
10a	Depletable assets	10a		
b	Less accumulated depletion	10b	( )	( )
11	Land (net of any amortization)	11		
12	Intangible assets:			
a	Goodwill	12a		
b	Organization costs	12b		
c	Patents, trademarks, and other intangible assets	12c		
d	Less accumulated amortization for lines 12a, 12b, and 12c	12d	( )	( )
13	Other assets (attach statement)	13		
14	Total assets	14		
	Liabilities and Shareholders' Equity			
15	Accounts payable	15		
16	Other current liabilities (attach statement)	16		
17	Derivatives	17		
18	Loans from shareholders and other related persons	18		
19	Other liabilities (attach statement)	19		
20	Capital stock:			
a	Preferred stock	20a		
b	Common stock	20b		
21	Paid-in or capital surplus (attach reconciliation)	21		
22	Retained earnings	22		
23	Less cost of treasury stock	23	( )	( )
24	Total liabilities and shareholders' equity	24		

Schedule G Other Information

		Yes	No
1	During the tax year, did the foreign corporation own at least a 10% interest, directly or indirectly, in any foreign partnership?		
	If "Yes," see the instructions for required statement.		
2	During the tax year, did the foreign corporation own an interest in any trust?		
3	During the tax year, did the foreign corporation own any foreign entities that were disregarded as separate from their owner under Regulations sections 301.7701-2 and 301.7701-3 or did the foreign corporation own any foreign branches (see instructions)?		
	If "Yes," you are generally required to attach Form 8858 for each entity or branch (see instructions).		
4a	During the tax year, did the filer pay or accrue any base erosion payment under section 59A(d) to the foreign corporation or did the filer have a base erosion tax benefit under section 59A(c)(2) with respect to a base erosion payment made or accrued to the foreign corporation (see instructions)?		
	If "Yes," complete lines 4b and 4c.		
b	Enter the total amount of the base erosion payments ▶ $		
c	Enter the total amount of the base erosion tax benefit ▶ $		
5a	During the tax year, did the foreign corporation pay or accrue any interest or royalty for which the deduction is not allowed under section 267A?		
	If "Yes," complete line 5b.		
b	Enter the total amount of the disallowed deductions (see instructions) ▶ $		

Form 5471 (Rev. 12-2021) Page 5

Schedule G **Other Information** *(continued)*

		Yes	No
6a	Is the filer of this Form 5471 claiming a foreign-derived intangible income deduction (under section 250) with respect to any amounts listed on Schedule M? . . . . If "Yes," complete lines 6b, 6c, and 6d.		
b	Enter the amount of gross income derived from sales, leases, exchanges, or other dispositions (but not licenses) from transactions with the foreign corporation that the filer included in its computation of foreign-derived deduction eligible income (FDDEI) (see instructions) . . . . ▶ $		
c	Enter the amount of gross income derived from a license of property to the foreign corporation that the filer included in its computation of FDDEI (see instructions) . . . . ▶ $		
d	Enter the amount of gross income derived from services provided to the foreign corporation that the filer included in its computation of FDDEI (see instructions) . . . . ▶ $		
7	During the tax year, was the foreign corporation a participant in any cost sharing arrangement? . . . . If the answer to question 7 is "Yes," complete a separate Schedule G-1 for each cost sharing arrangement in which the foreign corporation was a participant during the tax year.		
8	From April 25, 2014, to December 31, 2017, did the foreign corporation purchase stock or securities of a shareholder of the foreign corporation for use in a triangular reorganization (within the meaning of Regulations section 1.358-6(b)(2))?		
9a	Did the foreign corporation receive any intangible property in a prior year or the current tax year for which the U.S. transferor is required to report a section 367(d) annual income inclusion for the tax year? . . . . If "Yes," go to line 9b.		
b	Enter in functional currency the amount of the earnings and profits reduction pursuant to section 367(d)(2)(B) for the tax year . . . . ▶		
10	During the tax year, was the foreign corporation an expatriated foreign subsidiary under Regulations section 1.7874-12(a)(9)? . . . . If "Yes," see instructions and attach statement.		
11	During the tax year, did the foreign corporation participate in any reportable transaction as defined in Regulations section 1.6011-4? . . . . If "Yes," attach Form(s) 8886 if required by Regulations section 1.6011-4(c)(3)(i)(G).		
12	During the tax year, did the foreign corporation pay or accrue any foreign tax that was disqualified for credit under section 901(m)?		
13	During the tax year, did the foreign corporation pay or accrue foreign taxes to which section 909 applies, or treat foreign taxes that were previously suspended under section 909 as no longer suspended?		
14	Did you answer "Yes" to any of the questions in the instructions for line 14? . . . . If "Yes," enter the corresponding code(s) from the instructions and attach statement ▶		
15	Does the foreign corporation have interest expense disallowed under section 163(j) (see instructions)? . . . . . If "Yes," enter the amount . . . . ▶ $		
16	Does the foreign corporation have previously disallowed interest expense under section 163(j) carried forward to the current tax year (see instructions)? . . . . If "Yes," enter the amount . . . . ▶ $		
17a	Did any extraordinary reduction with respect to a controlling section 245A shareholder occur during the tax year (see instructions)?		
b	If the answer to question 17a is "Yes," was an election made to close the tax year such that no amount is treated as an extraordinary reduction amount or tiered extraordinary reduction amount (see instructions)?		
18	Does the reporting corporation have any loan to or from the related party to which the safe-haven rate rules of Regulations section 1.482-2(a)(2)(iii)(B) are applicable, and for which the reporting corporation used a rate of interest within the safe-haven range of Regulations section 1.482-2(a)(2)(iii)(B)(1) (100% to 130% of the AFR for the relevant term)?		
19a	Did the reporting corporation make at least one distribution or acquisition (as defined by Regulations section 1.385-3) during the period including the tax year and the preceding three tax years, or, during the period beginning 36 months before the date of the respective distribution or acquisition and ending 36 months afterward, did the reporting corporation issue or refinance indebtedness owed to a related party?		
b	If the answer to question 19a is "Yes," provide the following. **(1)** The amount of such distribution(s) and acquisition(s) . . . . ▶ $ **(2)** The amount of such related party indebtedness . . . . ▶ $		

Schedule I **Summary of Shareholder's Income From Foreign Corporation** (see instructions)

If item H on page 1 is completed, a separate Schedule I must be filed for each Category 4, 5a, or 5b filer for whom reporting is furnished on this Form 5471. This Schedule I is being completed for:

Name of U.S. shareholder ► Identifying number ►

1a	Section 964(e)(4) subpart F dividend income from the sale of stock of a lower-tier foreign corporation (see instructions)	1a	
b	Section 245A(e)(2) subpart F income from hybrid dividends of tiered corporations (see instructions)	1b	
c	Subpart F income from tiered extraordinary disposition amounts not eligible for subpart F exception under section 954(c)(6)	1c	
d	Subpart F income from tiered extraordinary reduction amounts not eligible for subpart F exception under section 954(c)(6)	1d	
e	Section 954(c) Subpart F Foreign Personal Holding Company Income (enter result from Worksheet A)	1e	
f	Section 954(d) Subpart F Foreign Base Company Sales Income (enter result from Worksheet A)	1f	
g	Section 954(e) Subpart F Foreign Base Company Services Income (enter result from Worksheet A)	1g	
h	Other subpart F income (enter result from Worksheet A)	1h	
2	Earnings invested in U.S. property (enter the result from Worksheet B)	2	
3	Reserved for future use	3	
4	Factoring income	4	
	See instructions for reporting amounts on lines 1, 2, and 4 on your income tax return.		
5a	Section 245A eligible dividends (see instructions)	5a	
b	Extraordinary disposition amounts (see instructions)	5b	
c	Extraordinary reduction amounts (see instructions)	5c	
d	Section 245A(e) dividends (see instructions)	5d	
e	Dividends not reported on line 5a, 5b, 5c, or 5d	5e	
6	Exchange gain or (loss) on a distribution of previously taxed earnings and profits	6	

		Yes	No
7a	Was any income of the foreign corporation blocked?		
b	Did any such income become unblocked during the tax year (see section 964(b))?		
	If the answer to either question is "Yes," attach an explanation.		
8a	Did this U.S. shareholder have an extraordinary disposition (ED) account with respect to the foreign corporation at any time during the tax year (see instructions)?		

b If the answer to question 8a is "Yes," enter the U.S. shareholder's ED account balance at the beginning of the CFC year $ ______________ and at the end of the tax year $ ______________. Provide an attachment detailing any changes from the beginning to the ending balances.

c Enter the CFC's aggregate ED account balance with respect to all U.S. shareholders at the beginning of the CFC year $ ______________ and at the end of the tax year $ ______________. Provide an attachment detailing any changes from the beginning to the ending balances.

9 Enter the sum of the hybrid deduction accounts with respect to stock of the foreign corporation (see instructions) $

三十四、持有海外公司的美国人的信息披露申报表（中）

表 **5471**

(Rev. 12月 2019)

国税局
财政部

持有海外公司的美国人的信息披露申报表

▶前往 ***www.irs.gov/Form5471*** 查阅说明和最新信息。

海外公司信息披露的年度会计期间（898部分要求的税务年）（请参阅说明）

开始于 , 20 , 并结束于 , 20

OMB No. 1545-0123

附件序列号 **121**

填写此税表人的姓名

A 识别号码

号码、街道和公寓号（或邮政信箱，如果信件未直接投递到街道地址）

B 填表人类别（请参阅说明。勾选符合条件的框）

1☐ 2☐ 3☐ 4☐ 5☐

城市、城镇、州和邮政编码

C 输入您在海外公司年度会计期末所拥有的全部表决股权的比率 %

填表人税务年度开始于 , 20 , 并结束于 , 20

D 如果是海外公司的最终5471表格，请勾选此框 . . . . ☐

E 如果有任何可免报特定海外金融资产报告在此表上，请勾选此框（请参阅说明） . . . . ☐

F 代表此信息披露报表的人

(1) 姓名	**(2)** 地址	**(3)** 识别号码	**(4)** 勾选符合条件的框		
			股东	专员	总监

重要：填写所有符合要求的行和附表。所有的信息必须为英文。所有的数额必须用美元表述，除非有特殊说明。

1a 海外公司的名称和地址

b(1) 雇主身份识别号码

b(2) 参考识别码（请参阅说明）

c 在该国法律下成立

d 成立日期	**e** 主要经营地点	**f** 主要经营业务代码	**g** 主要营业活动	**h** 功能性货币

2 提供关于海外公司上述会计期间的信息。

a 在美国的分支办公室或机构的名称、地址和识别号码

b 如果有填报美国所得税，请输入：

(i) 应税收入或损失	(ii) 已付美国所得税金（优惠后）

c 在成立国家的机构的名称、地址

d 保管海外公司账簿和记录的人员的名称和地址或账簿和记录的地址（包括公司部门，如果适用）

附表A 海外公司的股票

(a) 每种股票类别说明	**(b)** 发行和流通的股数	
	(i) 会计年度期初	(ii) 会计年度期末

关于减少书面文件的法案，请参阅说明。 Cat. No. 49958V 表 **5471** (Rev. 12-2019)

表 5471 (Rev. 12-2019) 第2页

副表B 海外公司股东

第一部分 美国海外公司股东（请参阅说明）

(a) 股东的姓名、地址和识别码	(b) 股东所持每种股票类型的说明。注意：此处的说明需要与附表A（a）列相对应的说明相符合	(c) 会计年度期初所持股份	(d) 会计年度期末所持股份	(e) F子部分收入的比率（请输入百分比）

第二部分 海外公司直接股东（请参阅说明）

(a) 姓名、地址和股东识别码。如果适用，请包括成立或组建公司的国家。	(b) 股东所持每种股票类型的说明。注意：此处的说明需要与附表A（a）列相对应的说明相符合	(c) 会计年度期初所持股份	(d) 会计年度期末所持股份

表 5471 (Rev. 12-2019) 第3页

副表C 利润表（请参阅说明）

重要：根据美国GAAP用功能性货币申报所有信息。同时，用转换自功能性货币的美元形式申报每一个数额（用GAAP兑换规则）。但是如果功能性货币已是美元，则只完成美元一列。关于DASTM公司的特殊规则请参阅说明。

				功能货币	美元
收入	1a	总收入或销售额	1a		
	b	退货及折让	1b		
	c	从第1a行中减去第1b行的数字	1c		
	2	主营业务成本	2		
	3	销售利润（从第1c行中减去第2行的数字）	3		
	4	股息	4		
	5	利息	5		
	6a	总租金	6a		
	b	总版税和执照费	6b		
	7	销售资本资产净利得或（损失）	7		
	8a	外币交易利得或损失-未实现	8a		
	b	外币交易利得或损失-已实现	8b		
	9	其他收入（请附表）	9		
	10	总收入（将第3行到第9行加总）	10		
扣减	11	未在其他部分扣减的佣金	11		
	12a	租金	12a		
	b	版税和执照费	12b		
	13	利息	13		
	14	未在其他部分扣减的折旧	14		
	15	折耗	15		
	16	税额（除了所得税费用（福利））	16		
	17	其他扣减（请附表-除了所得税费用（福利））	17		
	18	总扣减额（将第11行到第17行加总）	18		
净收入	19	在非正常或非频繁发生事项和所得税费用（福利）之前的净收入或（损失）（从第10行中减去第18行的数字）	19		
	20	非正常或非频繁发生事项	20		
	21a	所得税费用（福利）-当前	21a		
	b	所得税费用（福利）-递延	21b		
	22	当前账面年净收入或（损失）（将第19行到第21b行加总）	22		
其他综合收入	23a	外币交易调整	23a		
	b	其他	23b		
	c	关于其他综合收入的所得税费用（福利）	23c		
	24	其他综合收入（损失），净税额（第23a行加第23b行再减去第23c行）	24		

表 5471 (Rev. 12-2019)

表 5471 (Rev. 12-2019) 第4页

副表F 资产负债表

重要：根据美国GAAP用美元准备和转换来申报所有数额。关于DASTM公司的特例请参阅说明。

	资产		(a) 会计年度期初	(b) 会计年度期末
1	现金	1		
2a	商业票据和应收账款	2a		
b	减去坏账折让	2b	( )	( )
3	衍生品	3		
4	库存	4		
5	其他流动资产（请附表）	5		
6	贷给股东及其他关联人贷款	6		
7	子公司投资（请附表）	7		
8	其他投资（请附表）	8		
9a	建筑物和其他可折旧资产	9a		
b	减去累计折旧	9b	( )	( )
10a	可折耗资产	10a		
b	减去累计折耗	10b	( )	( )
11	土地（扣除任何摊销）	11		
12	无形资产：			
a	商誉	12a		
b	成立成本	12b		
c	专利、商标和其他无形资产	12c		
d	从第12a、12b、12c行中减去累计摊销	12d	( )	( )
13	其他资产（请附表）	13		
14	总资产	14		
	负债和所有者权益			
15	应付账款	15		
16	其他流动负债（请附表）	16		
17	衍生品	17		
18	来自股东及其他关联人贷款	18		
19	其他负债（请附表）	19		
20	股本：			
a	优先股	20a		
b	普通股	20b		
21	实收资本公积（请附调整表）	21		
22	留存收益	22		
23	减去库存股成本	23	( )	( )
24	总负债和所有者权益	24		

副表G 其他信息

		是	否
1	在税务年间，海外公司是否拥有至少10%的直接或间接的利息，在任何海外合伙企业？		
	如果“是”，请参阅要求报表的说明。		
2	在税务年间，海外公司是否拥有利息在任何信托？		
3	在税务年间，海外公司是否拥有任何海外组织其在规则301.7701-2和301.7701-3下的非独立于个人的形式或海外公司是否拥有任何海外分支（请参阅说明）？		
	如果“是”，您通常被要求为每个组织或分支附8858表（请参阅说明）。		
4a	在税务年间，填表人是否有付或应计59A（d）条款中税基侵蚀付款给海外公司或填表人是否有59A(c)(2)条款中因付或应计税基侵蚀付款而产生的税基侵蚀税务福利（请参阅说明）？		
	如果“是”，请完成第4b行和第4c行。		
b	请输入税基侵蚀付款全额 ▶ $		
c	请输入税基侵蚀税务福利全额 ▶ $		
5a	在税务年间，海外公司是否有付或应计给在267A条款下未被允许扣减的部分任何利息或版税		
	如果“是”，请完成第5b行。		
b	输入不被允许抵扣全额（请参阅说明） ▶ $		

表 5471 (Rev. 12-2019) 第5页

副表G 其他信息（接前）

		是	否
6a	填表人是否有在此5471表上根据附表M列示的任何数额来申报海外派生的无形收入扣减（条款250下）		
	如果“是”，请完成第6b行、第6c行和第6d行。		
b	输入总收入来自于与海外公司的销售、租赁、交换或其他处置（但非执照），填表人将其包括在海外来源扣减合格收入（FDDEI）的计算当中（请参阅说明） . . . . ▶ $		
c	输入总收入来自于对海外公司财产执照，填表人将其包括在FDDEI计算当中（请参阅说明） . . . . ▶ $		
d	输入总收入来自于提供给海外公司的服务，填表人将其包括在FDDEI计算当中（请参阅说明） . . . . ▶ $		
7	税务年间，海外公司是否是成本分摊合约的参与者？		
8	在税务年进程中，海外公司是否有成为成本分摊合约的参与者？		
9	若问题7的答案为“是”，海外公司是否是有效期开始于2009年1月5日前的成本分摊合约的参与者？		
10	若问题7的答案为“是”，美国纳税人在税务年间有无做出任何平台贡献（规则1.482-7（c）条款定义）给成本分摊合约？		
11	若问题10的答案为“是”，输入平台贡献美元现值 . . . . ▶ $		
12	若问题10的答案为“是”，勾选规则1.482-7（g）条款下用以计算平台贡献交易价格方法的框： ☐ 比较非控制交易方法 ☐ 收入法 ☐ 收购价格法 ☐ 市值法 ☐ 剩余利润分配法 ☐ 未指定方法		
13	从2014年4月25到2017年12月31号，海外公司是否有购买海外公司的股东的股票或债券用于三角重组（规则1.358-6（b）（2））？		
14a	海外公司是否在前一年或当前税务年收到无形资产其转让方需要报告367（d）条款年度收入在税务年？		
	如果“是”，请前往第14b行。		
b	输入税务年收入和利润扣减的数额根据367（d）（2）（B）条款 . . . . ▶ $		
15	在税务年间，海外公司是否为规则1.7874-12（a）（9）条款中的外籍海外子公司		
	如果“是”，请参阅说明和附上附表。		
16	在税务年间，海外公司是否有参与任何规则1.6011-4条款中的可报告交易？		
	如果“是”，如果规则1.6011-4（c）（3）（i）（G）要求请附8886表。		
17	在税务年间，海外公司是否有付或应计任何901（m）条款中不满足优惠的海外税金？		
18	在税务年间，海外公司是否有付或应计任何适用909条款的海外税金？或先前909条款下暂扣但现在视为不再暂扣的海外税金？		
19	您是否有在第19行说明的问题中回答“是”？ . . . . 如果“是”，输入说明中相对应代码和附上附表（请参阅说明）。 ▶		
20	海外公司是否有163（j）条款下未被允许的利息费用？ . . . . . 如果“是”，输入金额 . . . . ▶ $		
21	海外公司是否有先前163（j）条款下未被允许的结转到当前税务年的利息费用（请参阅说明）？ . . . . 如果“是”，输入金额 . . . . ▶ $		

副表I 股东海外公司收入总结（请参阅说明）

如果有完成第1页F项，必须填写单独的附表I给每个类别4或类别5的其信息报告在此5471表上的填表人。此附表I是为：

美国股东姓名 ► 识别码 ►

1a	964（e）（4）条款F子部分来自出售低级海外公司股票的股息收入（请参阅说明）	1a	
b	245A（e）（2）条款F子部分来自分层公司混合股息的收入（请参阅说明）	1b	
c	954（c）条款F子部分海外人员所持公司收入（输入工作表A数额）	1c	
d	954（d）条款F子部分海外基地公司销售收入（输入工作表A数额）	1d	
e	954（e）条款F子部分海外基地公司服务收入（输入工作表A数额）	1e	
f	其他F子部分收入（请参阅说明）	1f	
2	投资美国地产收益（输入说明中工作表B数额）	2	
3	245A条款合格股息（请参阅说明）	3	
4	保理收入	4	
	请参阅说明为报告数额在您的所得税税表第1、2和4 行。		
5	已收股息（根据989（b）（1）条款在付款日的即期汇率换算）	5	
6	分配先前已征税的收益和利润的交换利得或（损失）	6	

	是	否
• 海外公司收入是否有被冻结？		
• 在税务年这类收入是否有被解冻（参阅946（b）条款）？		
如果任何一个回答是“是”，请附说明。		

三十五、持有25%美国公司股份或在美贸易经营的外国公司申报表(英)

Form **5472** (Rev. December 2021)

Department of the Treasury
Internal Revenue Service

Information Return of a 25% Foreign-Owned U.S. Corporation or a Foreign Corporation Engaged in a U.S. Trade or Business
(Under Sections 6038A and 6038C of the Internal Revenue Code)
▶ Go to *www.irs.gov/Form5472* for instructions and the latest information.

For tax year of the reporting corporation beginning ______________ , ______ , and ending ______________ , ______

Note: Enter all information in English and money items in U.S. dollars.

OMB No. 1545-0123

Part I **Reporting Corporation** (see instructions). All reporting corporations must complete Part I.

1a Name of reporting corporation	**1b Employer identification number**
Number, street, and room or suite no. (If a P.O. box, see instructions.)	**1c** Total assets $
City or town, state, and ZIP code (If a foreign address, see instructions.)	
1d Principal business activity ▶	**1e** Principal business activity code ▶

1f Total value of gross payments made or received reported on **this** Form 5472. See instructions. $	**1g** Total number of Forms 5472 filed for the tax year	**1h** Total value of gross payments made or received reported on **all** Forms 5472. See instructions. $

1i Check here if this is a consolidated filing of Form 5472 . . ▶ ☐	**1j** Check here if this is the initial year for which the U.S. reporting corporation is filing a Form 5472 . . . . ▶ ☐	**1k** Total number of Parts VIII attached to Form 5472	**1l** Country of incorporation

1m Date of incorporation	**1n** Country(ies) under whose laws the reporting corporation files an income tax return as a resident	**1o** Principal country(ies) where business is conducted

2 Check here if, at any time during the tax year, any foreign person owned, directly or indirectly, at least 50% of **(a)** the total voting power of all classes of the stock of the reporting corporation entitled to vote, or **(b)** the total value of all classes of stock of the reporting corporation ▶ ☐

3 Check here if the reporting corporation is a foreign-owned domestic disregarded entity (foreign-owned U.S. DE) treated as a corporation for purposes of section 6038A. See instructions . . . . ▶ ☐

Part II **25% Foreign Shareholder** (see instructions)
Check here if any direct (or ultimate indirect) 25% foreign shareholder listed in Part II is a surrogate foreign corporation under section 7874(a)(2)(B). ▶ ☐

4a Name and address of direct 25% foreign shareholder

4b(1) U.S. identifying number, if any	**4b(2)** Reference ID number (see instructions)	**4b(3)** Foreign taxpayer identification number (FTIN), if any (see instructions)
4c Principal country(ies) where business is conducted	**4d** Country of citizenship, organization, or incorporation	**4e** Country(ies) under whose laws the direct 25% foreign shareholder files an income tax return as a resident

5a Name and address of direct 25% foreign shareholder

5b(1) U.S. identifying number, if any	**5b(2)** Reference ID number (see instructions)	**5b(3)** FTIN, if any (see instructions)
5c Principal country(ies) where business is conducted	**5d** Country of citizenship, organization, or incorporation	**5e** Country(ies) under whose laws the direct 25% foreign shareholder files an income tax return as a resident

6a Name and address of ultimate indirect 25% foreign shareholder

6b(1) U.S. identifying number, if any	**6b(2)** Reference ID number (see instructions)	**6b(3)** FTIN, if any (see instructions)
6c Principal country(ies) where business is conducted	**6d** Country of citizenship, organization, or incorporation	**6e** Country(ies) under whose laws the ultimate indirect 25% foreign shareholder files an income tax return as a resident

7a Name and address of ultimate indirect 25% foreign shareholder

7b(1) U.S. identifying number, if any	**7b(2)** Reference ID number (see instructions)	**7b(3)** FTIN, if any (see instructions)
7c Principal country(ies) where business is conducted	**7d** Country of citizenship, organization, or incorporation	**7e** Country(ies) under whose laws the ultimate indirect 25% foreign shareholder files an income tax return as a resident

For Paperwork Reduction Act Notice, see instructions. Cat. No. 49987Y Form **5472** (Rev. 12-2021)

Part III **Related Party** (see instructions). All reporting corporations must complete this question and the rest of Part III.
Check applicable box: Is the related party a ☐ foreign person or ☐ U.S. person?

8a Name and address of related party

8b(1) U.S. identifying number, if any	**8b(2)** Reference ID number (see instructions)	**8b(3)** FTIN, if any (see instructions)

8c Principal business activity ▶ **8d** Principal business activity code ▶

8e Relationship—Check boxes that apply: ☐ Related to reporting corporation ☐ Related to 25% foreign shareholder ☐ 25% foreign shareholder

8f Principal country(ies) where business is conducted

8g Country(ies) under whose laws the related party files an income tax return as a resident

Part IV **Monetary Transactions Between Reporting Corporations and Foreign Related Party** (see instructions)
Caution: Part IV **must** be completed if the "foreign person" box is checked in the heading for Part III.
If estimates are used, check here. ▶ ☐

9	Sales of stock in trade (inventory)	9	
10	Sales of tangible property other than stock in trade	10	
11	Platform contribution transaction payments received	11	
12	Cost sharing transaction payments received	12	
13a	Rents received (for other than intangible property rights)	13a	
b	Royalties received (for other than intangible property rights)	13b	
14	Sales, leases, licenses, etc., of intangible property rights (for example, patents, trademarks, secret formulas)	14	
15	Consideration received for technical, managerial, engineering, construction, scientific, or like services	15	
16	Commissions received	16	
17	Amounts borrowed (see instructions) **a** Beginning balance ________ **b** Ending balance or monthly average ▶	17b	
18	Interest received	18	
19	Premiums received for insurance or reinsurance	19	
20	Loan guarantee fees received	20	
21	Other amounts received (see instructions)	21	
22	**Total.** Combine amounts on lines 9 through 21	22	
23	Purchases of stock in trade (inventory)	23	
24	Purchases of tangible property other than stock in trade	24	
25	Platform contribution transaction payments paid	25	
26	Cost sharing transaction payments paid	26	
27a	Rents paid (for other than intangible property rights)	27a	
b	Royalties paid (for other than intangible property rights)	27b	
28	Purchases, leases, licenses, etc., of intangible property rights (for example, patents, trademarks, secret formulas)	28	
29	Consideration paid for technical, managerial, engineering, construction, scientific, or like services	29	
30	Commissions paid	30	
31	Amounts loaned (see instructions) **a** Beginning balance ________ **b** Ending balance or monthly average ▶	31b	
32	Interest paid	32	
33	Premiums paid for insurance or reinsurance	33	
34	Loan guarantee fees paid	34	
35	Other amounts paid (see instructions)	35	
36	**Total.** Combine amounts on lines 23 through 35	36	

Part V **Reportable Transactions of a Reporting Corporation That Is a Foreign-Owned U.S. DE** (see instructions)
Describe on an attached separate sheet any other transaction as defined by Regulations section 1.482-1(i)(7), such as amounts paid or received in connection with the formation, dissolution, acquisition, and disposition of the entity, including contributions to and distributions from the entity, and check here. ▶ ☐

Part VI **Nonmonetary and Less-Than-Full Consideration Transactions Between the Reporting Corporation and the Foreign Related Party** (see instructions)
Describe these transactions on an attached separate sheet and check here. ▶ ☐

Form 5472 (Rev. 12-2021) Page **3**

Part VII **Additional Information.** All reporting corporations must complete Part VII.

37 Does the reporting corporation import goods from a foreign related party? ☐ Yes ☐ No

38a If "Yes," is the basis or inventory cost of the goods valued at greater than the customs value of the imported goods? ☐ Yes ☐ No

b If "Yes," attach a statement explaining the reason or reasons for such difference.

c If the answers to questions 37 and 38a are "Yes," were the documents used to support this treatment of the imported goods in existence and available in the United States at the time of filing Form 5472? ☐ Yes ☐ No

39 During the tax year, was the foreign parent corporation a participant in any cost sharing arrangement (CSA)? ☐ Yes ☐ No

40a During the tax year, did the reporting corporation pay or accrue any interest or royalty for which the deduction is not allowed under section 267A? See instructions ☐ Yes ☐ No

b If "Yes," enter the total amount of the disallowed deductions $

41a Does the reporting corporation claim a foreign-derived intangible income (FDII) deduction (under section 250) with respect to amounts listed in Part IV? ☐ Yes ☐ No

b If "Yes," enter the amount of gross income derived from sales, leases, exchanges, or other dispositions (but not licenses) of property to the foreign related party that the reporting corporation included in its computation of foreign-derived deduction eligible income (FDDEI). See instructions $

c If "Yes," enter the amount of gross income derived from a license of property to the foreign related party that the reporting corporation included in its computation of FDDEI. See instructions $

d If "Yes," enter the amount of gross income derived from services provided to the foreign related party that the reporting corporation included in its computation of FDDEI. See instructions $

42 Did the reporting corporation have any loan to or from the related party, to which the safe-haven rate rules of Regulations section 1.482-2(a)(2)(iii)(B) are applicable, and for which the reporting corporation used a rate of interest within the safe-haven range of Regulations section 1.482-2(a)(2)(iii)(B)(1) (100% to 130% of the AFR for the relevant term)? ☐ Yes ☐ No

43a Did the reporting corporation make at least one distribution or acquisition (as defined by Regulations section 1.385-3) during the tax year or, during the period beginning 36 months before the date of the respective acquisition or distribution and ending 36 months afterward, did the reporting corporation issue or refinance indebtedness owed to a related party? ☐ Yes ☐ No

b If the answer to question 43a is "Yes," provide the following.

(1) The amount of such distribution(s) and acquisition(s) $

(2) The amount of such related party indebtedness $

Part VIII **Cost Sharing Arrangement (CSA)**

Note: Complete a separate Part VIII for each CSA in which the reporting corporation was a participant during the tax year. Report all amounts in U.S. dollars. (See instructions.)

44 Provide a brief description of the CSA with respect to which this Part VIII is being completed.

45 During the course of the tax year, did the reporting corporation become a participant in the CSA? ☐ Yes ☐ No

46 Was the CSA in effect before January 5, 2009? ☐ Yes ☐ No

47 What was the reporting corporation's share of reasonably anticipated benefits for the CSA? %

48a Enter the total amount of stock-based compensation deductions claimed by the reporting corporation $

b Enter the total amount of deductions for the tax year for stock-based compensation that was granted during the term of the CSA and, at date of grant, is directly identified with, or reasonably allocable to, the intangible development activity under the CSA $

c Was there any stock-based compensation granted during the term of the CSA to individuals who performed functions in business activities that generate cost shared intangibles that was not treated as directly identified with, or reasonably allocable to, the intangible development activity? ☐ Yes ☐ No

49a Enter the total amount of intangible development costs for the CSA $

b Enter the amount of intangible development costs allocable to the reporting corporation based on the reporting corporation's reasonably anticipated benefits share $

Part IX **Base Erosion Payments and Base Erosion Tax Benefits Under Section 59A** (see instructions)

50 Amounts defined as base erosion payments under section 59A(d) $

51 Amount of base erosion tax benefits under section 59A(c)(2) $

52 Amount of total qualified derivative payments as described in section 59A(h) made by the reporting corporation $

53 Reserved for future use

Form **5472** (Rev. 12-2021)

三十六、持有25%美国公司股份或在美贸易经营的外国公司申报表（中）

表 **5472**
(Rev. December 2018)
国税局
财政部

持有25%美国公司股份或在美贸易经营的外国公司申报表
（根据《内部税收法》第6038A和6038C条）

▶ 前往 *www.irs.gov/Form5472* 查阅说明和最新信息。

为税务年开始于 ______________, ______，并结束于 ______________, ______

注意：请以英文输入所有信息，并以美元输入货币项目。

OMB No. 1545-0123

第一部分 报告公司（请参阅说明）。所有报告公司必须完成第一部分。

1a 申报公司名称	**1b** 识别号码
号码、街道和公寓号（或邮政信箱，请参阅说明）	**1c** 总资产
城市、城镇、州和邮政编码（如果是外国地址，请参阅说明）	$

1d 主要业务活动 ▶	**1e** 主要业务活动代码 ▶

1f 在此5472表上报告的已付款或已收到的总付款总额。请参阅说明。 $	**1g** 税务年提交的5472表总数	**1h** 在所有5472表上报告的已付款或已收到的总付款总额。请参阅说明。 $
1i 勾选此处如果是合并报告5472表 . . . . ▶☐	**1j** 勾选此处如果是美国报告公司提交5472表的起始年 . . ▶☐ 参考ID号（请参阅说明）	**1k** 成立国家

1l 申报公司根据其法律作为居民提交收入税表的国家	**1m** 开展业务的主要国家

2 勾选此处，如果在税务年中的任何时候，有任何外国人直接或间接拥有至少50%（a）有权投票的报告公司的所有股票类别的总表决权，或（b）报告公司所有类别的股票的总价值 ☐

3 勾选此处如果报告公司是根据第6038A条的规定被视作公司的外资所有的国内非实体企业（外国拥有的美国DE） . . . . ▶☐

第二部分 25%的外国股东（请参阅说明）
勾选此处如果在第二部分所列的任何直接（或最终间接）25%的外国股东是第7874（a）（2）（B）条所指的代理外国公司。 ▶ ☐

1a 直接25%外国股东的姓名和地址

1b(1) 美国识别号，如果有	**1b(2)** 参考ID号（请参阅说明）	**1b(3)** 外国纳税人识别码（FTIN），如果有，请参阅说明
1c 开展业务的主要国家	**1d** 国籍，组织或成立的国家	**1e** 直接25%的外国股东在其法律下作为居民提交所得税申报表的国家

2a 直接25%外国股东的姓名和地址

2b(1) 美国识别号，如果有	**2b(2)** 参考ID号（请参阅说明）	**2b(3)** FTIN，如果有(请参阅说明)
2c 开展业务的主要国家	**2d** 国籍，组织或成立的国家	**2e** 直接25%的外国股东在其法律下作为居民提交所得税申报表的国家

3a 最终间接25%外国股东的姓名和地址

3b(1) 美国识别号，如果有	**3b(2)** 参考ID号（请参阅说明）	**3b(3)** FTIN，如果有(请参阅说明)
3c 开展业务的主要国家	**3d** 国籍，组织或成立的国家	**3e** 间接25%的外国股东在其法律下作为居民提交所得税申报表的国家

4a 最终间接25%外国股东的姓名和地址

4b(1) 美国识别号，如果有	**4b(2)** 参考ID号（请参阅说明）	**4b(3)** FTIN，如果有(请参阅说明)
4c 开展业务的主要国家	**4d** 国籍，组织或成立的国家	**4e** 间接25%的外国股东在其法律下作为居民提交所得税申报表的国家

关于减少书面文件的法案，请参阅说明。 Cat. No. 49987Y 表 **5472** (Rev. 12-2018)

表 5472 (Rev. 12-2018) 第2页

第三部分 相关方（请参阅说明）。所有报告公司都必须完成此问题以及第三部分的其余部分。
勾选适用框：相关方是否是 ☐ 外国人或 ☐ 美国人？

1a 相关方名称和地址

1b(1) 美国识别号，如果有 | **1b(2)** 参考ID号（请参阅说明） | **1b(3)** FTIN，如果有(请参阅说明)

1c 主要业务活动 ► | **1d** 主要业务活动代码 ►

1e 关系-勾选适用的框： ☐ 与申报公司有关 ☐ 与25%的外国股东有关 ☐ 25%的外国股东

1f 开展业务的主要国家 | **1g** 相关方根据其法律提交所得税申报表的国家/地区

第四部分 报告公司与外国相关方之间的货币交易（请参阅说明）
注意：如果在第三部分的标题中选中了“外国人”框，则第四部分必须完成。
如果使用预估，勾选此处。 ► ☐

1	贸易存货的销售（存货）	1	
2	出售存货以外的有形财产	2	
3	收到的平台捐款交易付款	3	
4	收到的费用分摊交易付款 其他已付金额（请参阅说明）	4	
5a	收到的租金（无形财产权除外）	5a	
b	收到的版税（无形财产权除外）	5b	
6	无形财产（例如专利，商标，秘密配方）的销售，租赁，许可等	6	
7	技术，管理，工程，建筑，科学或类似服务收到的对价	7	
8	收到的佣金	8	
9	借款金额（请参阅说明）a 期初余额 ____ b 期末余额或每月平均值 ►	9b	
10	利息收入	10	
11	收到的保险或再保险保费	11	
12	其他收到的金额（请参阅说明）	12	
13	总计。将第1行到第12行金额加总	13	
14	购买的贸易存货（库存）	14	
15	购买的贸易以外的有形财产	15	
16	已付平台捐款交易付款	16	
17	已付的费用分摊交易付款	17	
18a	已付租金（无形财产权除外）	18a	
b	支付的版税（无形财产权除外）	18b	
19	购买，租赁，许可等无形财产权（例如专利，商标，秘密配方）	19	
20	为技术，管理，工程，建筑，科学或类似服务支付的对价	20	
21	支付佣金	21	
22	借款金额（请参阅说明） a 期初余额 ____ b 期末余额或每月平均值 ►	22b	
23	已付利息	23	
24	为保险或再保险支付的保费	24	
25	其他已付金额（请参阅说明）	25	
26	总计。将第14行到第25行金额加总	26	

第五部分 外国所持美国DE的报告公司的可报告交易（请参阅说明）
解释在所附的单独页面上根据法规第1.482-1（i）（7）条所定义的任何其他交易，例如与实体的成立，解散，收购和处置有关的已付或已收款项，包括对实体的捐款和实体的分配，请在此处勾选。
► ☐

第六部分 报告公司与外国相关方之间的非货币和不超过对价交易（请参阅说明）

解释在所附的单独页面上的交易，并在此处勾选。 ► ☐

表 5472 (Rev. 12-2018)

表 5472 (Rev. 12-2018) 第3页

第七部分 附加信息。所有报告公司必须完成第七部分。

1 申报公司是否从外国相关方进口货物? . . . . ☐ 是 ☐ 否

2a 如果“是”，则该货物的成本或库存成本是否大于进口货物的海关价值? . ☐ 是 ☐ 否

b 如果为“是”，请附上表格说明造成这种差异的一个或多个原因。

c 如果问题1和2a回答“是”，那么在提交5472表时，是否有文件用于支持这种对进口货物进行这种处理并在美国可用? . . . . ☐ 是 ☐ 否

3 在税务年间，外国母公司是否参与任何分摊费用合约? . . . . ☐ 是 ☐ 否

4 在税务年间，外国母公司是否参与了任何分摊费用合约? . ☐ 是 ☐ 否

5a 在税务年间，报告公司是否向相关方支付或应计了任何利息或特许权使用费，其根据267A条不允许扣除？请参阅说明 . . . . ☐ 是； ☐ 否

b 如果为“是”，则输入不允许扣除的总额 . . . . $

6a 报告公司是否就第四部分中列出的金额要求扣除外国来源的无形收入（FDII）（根据第250条）? . . . . ☐ 是 ☐ 否

b 如果“是”，输入报告公司的外国来源的抵扣合格收入时所包括的向外国相关方出售，租赁，交换或其他处置（但不是许可）财产所得的总收入金额（ FDDEI）。请参阅说明 . . . . $

c 如果“是”，输入报告公司在计算FDDEI时所包括的外国关联方的财产许可证产生的总收入。请参阅说明。 . . . . $

d 如果“是”，输入报告公司在计算FDDEI中所包括的，提供给外国关联方的服务所产生的总收入金额。请参阅说明 . . . . $

第八部分 根据第59A条获得的基本侵蚀付款和基本侵蚀税收优惠（请参阅说明）

1 根据第59A（d）条定义为基本侵蚀补偿的金额 . . . . $

2 第59A（c）（2）条规定的基本侵蚀税收益额 . . . . $

3 报告法人公司第59A（h）条所述的合格衍生工具付款总额 . . $

4 保留以备将来使用 . . . . ■

表 **5472** (Rev. 12-2018)

三十七、《美国法典》：第 26 标题——《国内税收法典》（英 / 中）

U.S. Code: Title 26 - Internal Revenue Code
SUBTITLE A - Income Taxes
SUBTITLE B - Estate and Gift Taxes
SUBTITLE C - Employment Taxes
SUBTITLE D - Miscellaneous Excise Taxes
SUBTITLE E - Alcohol, Tobacco, and Certain Other Excise Taxes
SUBTITLE F - Procedure and Administration
SUBTITLE G - The Joint Committee on Taxation
SUBTITLE H - Financing of Presidential Election Campaigns
SUBTITLE I - Trust Fund Code
SUBTITLE J - Coal Industry Health Benefits
SUBTITLE K - Group Health Plan Requirements

美国法典：第26标题——国内税收法典
第A分标题：所得税
第B分标题：遗产税与赠与税
第C分标题：雇佣税
第D分标题：杂项消费税
第E分标题：酒、烟以及其他特定消费税
第F分标题：征收程序与行政管理
第G分标题：税收联合委员会
第H分标题：总统竞选运动的资金筹集
第I分标题：信托基金法典
第J分标题：煤炭行业健康利益
第K分标题：团体健康计划要求